AF261840

GRANDS HOMMES

ET

GRANDS FAITS DE L'HISTOIRE DE FRANCE

de 1804 à nos jours

TYPOGRAPHIE FIRMIN-DIDOT ET Cie. — MESNIL (EURE).

GRANDS HOMMES

ET

GRANDS FAITS

DE

L'HISTOIRE DE FRANCE

de 1804 à nos jours

NOTICES par M. Édouard SIMÉON

OUVRAGE ILLUSTRÉ DE **394** GRAVURES SUR BOIS

d'après les dessins de

E. BAYARD, YAN'DARGENT, FÉRAT, FERDINANDUS, GUIGUET, LIX, PARENT, PHILIPPOTEAUX,
H. ROUSSEAU, ROUX, THORIGNY, VALNAY.

PARIS

ANCIENNE LIBRAIRIE FURNE

Combet & Cie, éditeurs

5, Rue Palatine, 5

LA FÊTE DU CAMP DE BOULOGNE

Bonaparte, résolu à faire la guerre aux Anglais, entreprit les préparatifs d'un immense armement.

Il fit construire une multitude de bateaux plats, à rames et à voiles, pouvant transporter 150.000 hommes, 10.000 chevaux et 400 canons, avec la pensée de se lancer, sur cette immense flottille, avec son armée, en choisissant un moment favorable.

Il choisit Boulogne, pour point d'attaque et y fit poursuivre de vastes travaux avec une fiévreuse activité. On creusa un bassin, afin d'y pouvoir abriter la moitié de la grande flottille ; on établit d'autres abris à Wimereux, Ambleteuse et Étaples ; on construisit trois forts. Cinq cents canons, distribués tout le long des collines, commandaient au loin la mer et tenaient à distance les escadres ennemies.

Bonaparte avait cru pouvoir agir vers le printemps de 1804. Les complots tramés contre sa vie, vinrent un moment détourner son attention. Après la proclamation de l'empire, Napoléon revint, avec une ardeur nouvelle, au projet de descente, dont les préparatifs n'avaient pas été interrompus. Il comptait tenter l'entreprise d'août à septembre 1804.

Napoléon partit dans les premiers jours d'août pour Boulogne et y fit une distribution de décorations, qui eut un grand retentissement. En présence de cent mille hommes rangés en bataille entre les collines et la mer, il donna les croix de chevalier à tous les militaires qui s'étaient distingués par des actions d'éclat. Cette cérémonie réussit par ce qu'elle avait de démocratique, et chacun, dans le peuple comme dans l'armée, vit avec joie que le soldat et l'officier portaient sur leur poitrine, pour prix de leur courage, la même marque d'honneur.

Le canon, pendant ce temps, grondait sur la mer. Une nouvelle division de la flottille arrivait du Havre en repoussant l'attaque de la croisière anglaise (16 août 1804). Mais la marine française ne sut pas se rendre maîtresse de la mer.

Suspendant encore une fois ses coups contre l'Angleterre, Napoléon quitta subitement Boulogne pour se transporter dans les provinces du Rhin et faire la guerre aux alliés des Anglais, l'Autriche et la Russie.

BONAPARTE, proclamé empereur le 18 mai 1804, prit le nom de Napoléon Ier.

Maître du pouvoir après le 18 brumaire, il avait voulu assurer l'ordre et établir un gouvernement fort; il apaisa les querelles des partis, réorganisa l'administration, reconstitua l'instruction publique et fonda les grandes institutions du Code civil, du Concordat et de la Légion d'honneur. Il entreprit de grands travaux publics, favorisa le commerce et l'industrie, et par ses réformes, qui assuraient le fonctionnement régulier des services publics, procura au pays quelques années de grande prospérité matérielle. Mais les grandes guerres qu'il entreprit, les levées continuelles d'hommes et d'impôts qu'elles nécessitèrent, les lourdes exigences des vainqueurs dans les dernières années du règne, laissèrent la France très affaiblie. Le despotisme de Napoléon lassa tout le monde et cet homme, le plus grand capitaine avec César, finit par la défaite et par la ruine.

Lorsque l'Empire fut définitivement vaincu, la situation était triste. Le territoire français était occupé par les armées étrangères; il fallait payer un milliard aux alliés. Enfin le traité du 20 novembre 1815 laissait la France plus petite qu'elle ne l'était avant 1789.

JOSÉPHINE (Marie-Rose-Joséphine Tascher de la Pagerie), naquit aux Trois-Ilets (Martinique), le 23 juin 1763. — Venue en France à l'âge de quinze ans (1779), elle épousa cette même année le général Alexandre de Beauharnais, qui périt sur l'échafaud quatre jours avant le 9 thermidor. Elle-même se trouvait en prison et en sortit grâce à l'influence de Mme Tallien.

Elle resta, avec ses deux enfants, Eugène et Hortense, sans fortune, bientôt même presque plongée dans la plus profonde misère, quand elle fit la connaissance du général Bonaparte, encore obscur et inconnu, qui l'épousa le 9 mars 1796. Mais, douze jours après, Bonaparte était nommé général en chef de l'armée d'Italie et Joséphine partagea dès lors la haute fortune de son mari.

Elle devint impératrice des Français, fut sacrée et couronnée à Notre-Dame par le pape Pie VII, le 2 décembre 1804 et dut, cinq ans après, se résigner à un divorce que prononça un sénatus-consulte le 16 décembre 1809. Le motif de ce divorce était d'ordre tout politique, Joséphine n'ayant pas donné d'héritier à Napoléon. Elle se retira à la Malmaison, avec le titre et le rang d'impératrice-reine. Elle y mourut le 29 mai 1814.

CÉRÉMONIE DU SACRE A NOTRE-DAME

Napoléon avait décidé, avant la proclamation de l'Empire, qu'il serait sacré et couronné. Il voulut être sacré par le Pape, mais à Paris, pour dépasser Charlemagne. Jamais empereur n'avait été sacré hors de Rome. Il y eut beaucoup d'hésitations chez Pie VII qui, pourtant, se résigna à venir à Paris.

La cérémonie du sacre eut lieu à Notre-Dame, le 2 décembre 1804, avec une magnificence théâtrale. David, devenu le peintre de l'Empereur, avait réglé cette fête de l'Empire, comme autrefois celles de la République, et dessiné les costumes, qui ne lui faisaient pas honneur, c'était un amalgame bizarre des Césars, de Charlemagne et d'Henri IV. Napoléon et Joséphine avaient un étrange aspect avec leurs grands manteaux dont la queue était portée par les princes et princesses de la famille impériale. Les assistants, d'après ce que raconte l'archevêque de Malines, M. de Pradt, avaient grand'peine à tenir leur sérieux.

Après avoir oint d'huile consacrée le front et les mains de l'empereur, puis béni l'épée qu'il lui ceignit, le pape voulut le couronner. Mais Napoléon saisit vivement la couronne dans les mains de Pie VII et la plaça lui-même sur sa tête ; il ne voulait pas qu'on pût dire qu'il avait reçu de l'Église la couronne impériale. Mais alors, à quoi bon faire venir le Pape de Rome ? De même, loin de jurer, comme avaient fait jusque là les rois de France, d'exterminer les hérésies, l'empereur jura de maintenir la liberté des cultes en même temps que l'égalité des droits, que la liberté politique et civile, que l'irrévocabilité de la vente des biens nationaux. C'était le seul écho de la Révolution dans cette cérémonie surannée et il y avait là une étrange dissonance avec tout le reste.

Vu de près, le Sacre n'avait été qu'une scène d'opéra d'un goût douteux. A distance et pour la foule, il produisit l'effet d'imagination que Napoléon avait cherché.

Au mois de mars 1805, Napoléon s'adjugea à lui-même la couronne d'Italie. Le 26 mai, il se fit sacrer roi, dans la cathédrale de Milan, par l'archevêque de cette ville, et se mit sur la tête la « couronne de fer » des anciens rois lombards.

PASSAGE DU RHIN PAR L'ARMÉE FRANÇAISE

Avec une rapidité merveilleuse, Napoléon leva son camp de Boulogne et transporta tous les corps de la Grande Armée en Allemagne, ne voulant pas laisser aux Russes et aux Autrichiens le temps d'opérer leur jonction.

Il arriva le 26 septembre à Strasbourg et fut informé que l'armée autrichienne avait passé l'Inn et occupé Ulm. L'armée ennemie comptait à peine 80.000 hommes, sous les ordres du général Mack. Napoléon disposait de plus de 200.000 hommes; car les deux corps français mandés du Hanovre et de la Hollande venaient de joindre les Bavarois, sur le Mein, et formaient avec eux une armée d'au moins 60,000 hommes prête à donner la main à la Grande Armée arrivée en trois semaines des côtes de la Manche sur le Rhin. Cette armée était la mieux organisée, la plus belle et la plus solide du monde.

Le général autrichien ne comprit rien à l'immense péril qui le menaçait. Précédant la Grande Armée russe et les réserves autrichiennes, il conduisit son armée vers les défilés de la Forêt Noire et les bords du Rhin et s'imagina que les Français allaient déboucher, pour venir droit à lui, par ces défilés fameux.

Napoléon l'entretint dans cette erreur, en engageant des détachements dans la Forêt Noire; mais au lieu de la franchir, il la tourna avec le gros de l'armée, passa le Rhin plus au nord, côtoya les montagnes de la Souabe et tombe, par la Franconie, sur les derrières de Mack. Le passage du Danube fut forcé le 7 octobre par le corps du maréchal Soult; le corps de Bernadotte entra à Munich. Napoléon, marchant en personne contre Mack, lui coupa la route de Vienne, l'enveloppa et l'investit dans Ulm. Le 14 octobre, les Autrichiens furent battus à Elchingen; le 19, Ulm capitula.

En moins de trois semaines, une armée de 80,000 hommes était anéantie; les Français avaient fait près de 60,000 prisonniers et conquis 200 canons et 80 drapeaux; leurs pertes étaient presque nulles, tant le succès avait été peu disputé. Il fallait maintenant commencer une nouvelle campagne contre l'armée russe et lui faire éprouver le même sort

BATAILLE D'AUSTERLITZ

Napoléon s'était remis en mouvement presque immédiatement après la capitulation d'Ulm. La route de Vienne se trouvait ouverte. Napoléon précipita sa marche, entra à Vienne le 13 novembre 1805 et s'y trouva entre deux armées : à droite l'armée autrichienne d'Italie, qui se dirigeait vers la Hongrie pour aller retrouver les Russes en Moravie, à gauche l'armée austro-russe, qui occupait la Moravie.

Napoléon courut à celle-ci, franchit le Danube et entra, le 19 novembre, dans l'importante place de Brünn. Les deux empereurs d'Autriche et de Russie avaient déjà leur quartier général à Austerlitz. Napoléon avait pris une excellente position défensive entre la ville de Brünn et le château d'Austerlitz. La bataille s'engagea le 2 décembre.

Cent mille Russes et Autrichiens, sous les ordres des empereurs François II et Alexandre 1er, étaient établis sur le plateau de Pratzen. Napoléon, qui n'a que quatre-vingt mille hommes, dégarnit sa droite, afin d'attirer l'ennemi de ce côté, et garde au centre une puissante réserve. L'ennemi, qui croit pouvoir tourner l'armée française et lui couper la route de Vienne, quitte imprudemment le plateau de Pratzen, clef de la position, et, comme Napoléon l'avait prévu, se jette sur notre droite. Nos régiments résistent avec énergie, mais, trop peu nombreux, se retirent lentement.

Napoléon cependant opérait contre le centre des coalisés l'action décisive qui devait couper en deux leur armée. Il lançait le corps du maréchal Soult et la garde impériale sur le plateau de Pratzen. Les corps russes et autrichiens qui l'occupent sont culbutés. La garde impériale russe arrive à l'aide ; elle est renversée à son tour par la garde impériale française. Russes et Autrichiens se retirent en désordre du côté d'Austerlitz. Pendant ce temps, l'aile gauche ennemie est aux prises avec les corps de Lannes et de Murat qui la rompent et la rejettent en déroute vers Austerlitz.

Napoléon, victorieux au centre, acheva la journée en accablant cette aile gauche. La victoire était complète. Les coalisés avaient perdu une trentaine de mille hommes, 133 canons, et un nombre considérable de drapeaux.

VILLENEUVE (Pierre-Charles-Jean-Baptiste Sylvestre de) vice-amiral, né le 31 décembre 1763 à Valensoles (Basses-Alpes), était garde-marine à quinze ans. Il se distingua dans la guerre d'Amérique et devint capitaine de vaisseau en 1793, et contre-amiral en 1796.

Pendant l'expédition d'Égypte, il commandait l'aile droite à la bataille d'Aboukir; l'inhabileté de ses manœuvres et son indécision causèrent en partie le désastre de cette journée.

Grâce à l'influence de ses amis, il conserva la faveur de Bonaparte. Nommé vice-amiral en 1804, il fut chargé d'attirer au loin les flottes anglaises pour faciliter le succès de la descente en Angleterre. Sorti de Toulon en 1805, il rallia la flotte espagnole à Cadix, fit une pointe dans la mer des Antilles, en évitant Nelson, revint précipitamment combattre une flotte anglaise, à la hauteur du Ferrol, mais, après son succès, fit preuve d'une inconcevable indécision et n'osa pas entrer dans la Manche.

Retiré à Cadix, il livra quelques jours après à Nelson la funeste bataille de Trafalgar, où il fut fait prisonnier.

Redevenu libre, il reçut l'ordre de se rendre chez lui en Provence, et désespéré, se donna la mort à Rennes (avril 1806).

BERTHIER (Louis-Alexandre), maréchal de France, né à Versailles, le 20 novembre 1753, était le fils d'un ingénieur distingué. Lieutenant d'état-major en 1770, capitaine de dragons en 1777, il fit la guerre d'Amérique et revint avec le grade de colonel. En 1789, il était major-général de la garde nationale de Versailles. Il servit ensuite dans les armées de la République, devint chef d'état-major de l'armée du Nord, général de division en 1795, fit avec Bonaparte les campagnes d'Italie de 1796 et de 1797, puis commanda en chef l'armée d'Italie et fit partie de l'expédition d'Égypte. Ministre de la guerre après le 18 brumaire, il commanda en chef l'armée de réserve et combattit à Marengo. Fait maréchal de France et grand-veneur en 1804, major-général de la grande armée en 1805, prince souverain de Neufchâtel en 1806, sénateur et vice-connétable en 1807, il devint prince de Wagram en 1809, fit les campagnes de Russie, de Saxe et de France.

Le maréchal Berthier signa en 1814 l'acte de déchéance et fut nommé par Louis XVIII pair de France, capitaine des gardes et commandeur de l'ordre de Saint-Louis. Au retour de l'île d'Elbe, désirant rester neutre, il se retira à Bamberg, en Bavière. Il y mourut assassiné le 1er juin 1815.

DRAPEAUX RUSSES ET AUTRICHIENS PORTÉS TRIOMPHALEMENT AU SÉNAT

La brillante victoire d'Austerlitz mit fin à la troisième coalition. Les coalisés, hors de combat, demandèrent la paix. Elle fut signée à Presbourg, le 26 décembre 1805.

L'Autriche dut céder l'Istrie et la Dalmatie, réunies au royaume d'Italie. En Allemagne, elle céda le Tyrol et l'empereur d'Autriche renonça aux droits féodaux qui lui restaient sur les États de l'Allemagne du Sud. L'Autriche perdait quatre millions de sujets, avec toutes ses positions des Hautes-Alpes et presque toutes celles de la mer. Elle payait en outre 70 millions, destinés à constituer des dotations pour les chefs et les soldats de la Grande-Armée.

La constitution allemande se trouvait, en outre, modifiée au détriment de l'Autriche. Peu de jours avant la conclusion de la paix, Napoléon avait signé trois traités d'alliance avec les électeurs de Bavière, de Wurtemberg et de Bade. Il avait conféré le titre de roi aux électeurs de Bavière et de Wurtemberg, créant ainsi deux royautés rivales aux portes de l'Autriche. Le margrave de Bade devenait Grand-Duc et voyait ses domaines agrandis d'une partie des domaines autrichiens de Souabe. Napoléon crut s'attacher indissolublement ces princes de l'Allemagne du Sud en les obligeant à unir par des mariages leurs familles à la sienne. Le roi de Bavière dut donner sa fille au fils adoptif de Napoléon, Eugène de Beauharnais; le roi de Wurtemberg maria sa fille à Jérôme le plus jeune des frères de Napoléon et l'héritier de Bade fut marié à une personne de la famille Beauharnais.

Le vieil empire germanique était rompu; Napoléon lui substituait la confédération du Rhin. L'Autriche était humiliée et mutilée. La situation politique et militaire de la France était admirable.

Napoléon rentra dans Paris le 26 janvier 1806. Il s'était fait précéder par 120 drapeaux russes et autrichiens, portés en grande pompe à Notre-Dame, au Sénat, au Tribunat et à l'Hôtel de Ville. Il fut reçu avec enthousiasme. Le Tribunat proposa et le Sénat ordonna l'érection d'un monument triomphal à « Napoléon le Grand. » Ce monument fut la fameuse Colonne de la place Vendôme fondue avec le bronze des canons ennemis.

DAVID (Jacques-Louis), né à Paris, le 30 août 1748, orphelin à neuf ans, fut élevé au collège des Quatre-Nations par les soins d'un oncle maternel. Poussé de bonne heure vers la peinture par une vocation marquée, il étudia d'abord sous Boucher, puis devint élève de Vien, qui, nommé directeur de l'école française de Rome, l'emmena en Italie. Sous l'influence de son maître, David s'inspira des chefs-d'œuvre de l'art antique et revint en France décidé à réagir contre l'école maniérée de Boucher. Ses premières œuvres *Bélisaire, Andromaque pleurant la mort d'Hector*, le *Serment des Horaces*, la *Mort de Socrate*, causèrent une sensation profonde.

La Révolution trouva en David un partisan enthousiaste, qui consacra son puissant talent à reproduire les grands événements qu'elle fit naître. Ordonnateur de toutes les fêtes nationales, il fut aussi sous Napoléon Ier le peintre des grandeurs impériales. Parmi ses nombreuses œuvres citons : Le *Couronnement*, la *Distribution des Aigles, Bonaparte au Saint-Bernard, Les Sabines, Léonidas*, etc.

David, qui avait été député à la Convention, fut exilé lors de la seconde Restauration, par la loi du 12 janvier 1816. Il se retira en Belgique, où il mourut le 29 décembre 1825.

GROS (le baron Antoine-Jean) célèbre peintre né à Paris, 1771-1835, fut d'abord élève de son père, puis entra dans l'atelier de David.

Il partit en 1794 pour l'Italie où il resta neuf ans. Remarqué par Joséphine, il fut présenté à Bonaparte qui se l'attacha. Il le peignit au pont d'Arcole et obtint du premier coup un très vif succès.

Membre de l'Institut et professeur à l'école des Beaux-Arts (1816), il fut créé baron en 1824. Les critiques dont ses derniers travaux furent l'objet, les attaques exagérées qui se déchaînèrent contre lui, le plongèrent dans un tel découragement qu'il alla se noyer près de Meudon (1835). Gros, qui est à juste titre le meilleur élève de David, excella surtout dans la représentation des batailles et des grandes pages de l'histoire. Ses œuvres les plus remarquables sont *Bonaparte à Arcole* (1802); *Combat de Nazareth, Les Pestiférés de Jaffa* (1804); *Bataille d'Aboukir; Champ de bataille d'Eylau* (1808); *Bataille des Pyramides; François Ier et Charles-Quint dans l'église de Saint-Denis* (1812); *Entrevue de Napoléon et de François II; Départ de Louis XVIII au 20 mars 1815; L'embarquement de la duchesse d'Angoulême à Pauillac;* les figures colossales de Clovis, Charlemagne, saint Louis, Louis XVIII à la coupole du Panthéon, etc., etc.

L'ARC DE TRIOMPHE DU CARROUSEL

A la Colonne de la Grande armée récemment décrétée (26 février 1806), Napoléon ajouta le petit, mais élégant arc de triomphe du Carrousel, élevé à la grande entrée du palais des Tuileries à la gloire des armées françaises.

Les sujets des six bas-reliefs qui le décorent représentent : la capitulation d'Ulm, la victoire d'Austerlitz, l'entrée à Munich, l'entrevue des deux empereurs, la paix de Presbourg et l'entrée à Vienne.

L'entablement porte huit statues de soldats de différentes armes. La partie supérieure du monument fut décorée d'un quadrige dont les chevaux avaient été pris à Venise. En 1814, les quatre chevaux de bronze furent déposés par les alliés et renvoyés en Italie. Les bas-reliefs ainsi que les attributs qui se rattachaient au règne de Napoléon furent enlevés. En 1826, on plaça de nouveaux bas-reliefs dont les sujets étaient empruntés à la campagne du duc d'Angoulème en Espagne. Un nouveau quadrige sculpté par Bosio fut placé au sommet du monument et, en 1830, les anciens bas-reliefs furent remis en place tels qu'on les voit aujourd'hui.

CHAPTAL (Jean-Antoine) comte de Chanteloup, né à Nogaret (Lozère) (1756-1832), s'adonna avec tant de succès à la chimie que les états de Languedoc fondèrent pour lui une chaire à l'École de Médecine de Montpellier (1781). Il développa avec clarté la théorie de Lavoisier, s'occupa surtout des applications de la science et multiplia, souvent avec ses propres deniers, les établissements de produits chimiques. Les états de Languedoc obtinrent pour lui des lettres de noblesse.

Partisan des Girondins, il fut un instant incarcéré après le 31 mai 1793. Pendant les guerres de la Révolution, il rendit de grands services comme directeur de la poudrerie de Grenelle. Il professa à l'École polytechnique, et fut admis à l'Institut en 1795. Nommé conseiller d'État, après le 18 brumaire, directeur général de l'Instruction publique, puis enfin ministre de l'Intérieur, il se signala par d'utiles mesures : création des écoles d'arts et métiers, expositions quinquennales de produits agricoles et industriels, institution de chambre de commerce, etc., etc.

Compris dans la réorganisation de l'Institut en 1816, il fut nommé pair de France en 1819. Ayant toujours fait un abandon généreux de ses découvertes, il se trouva, sur la fin de ses jours, cruellement affligé par des revers de fortune

CUVIER (Georges-Chrétien-Léopold-Dagobert, baron), l'un des plus grands naturalistes des temps modernes, né à Montbéliard, le 23 août 1769, se signala par ses dispositions précoces pour les sciences naturelles. Précepteur chez le comte d'Héricy, près de Fécamp, il put, à proximité de la mer, se livrer à une étude approfondie des espèces marines. Ses premiers travaux sur les mollusques attirèrent l'attention de l'illustre Geoffroy Saint-Hilaire, qui l'appela à Paris en 1794.

Le jeune savant s'éleva rapidement aux postes les plus éminents de l'enseignement et devint successivement membre de trois Académies, professeur au Collège de France, inspecteur général de l'instruction publique, conseiller à vie de l'Université, maître des requêtes, conseiller d'État et pair de France. Il mourut à Paris, le 13 mai 1832.

Cuvier s'est immortalisé par ses travaux sur les révolutions du globe. C'est lui qui posa la grande loi de la corrélation des formes et des organes, et qui créa la science paléontologique. Cuvier donna aussi à la géologie de nouvelles bases, en fournissant les moyens de déterminer l'ancienneté des couches terrestres par la nature des débris qu'elles renferment.

L'ARC DE TRIOMPHE DE L'ÉTOILE

Au nombre des grands travaux que Napoléon fit entreprendre, le plus remarquable par ses proportions colossales est certainement l'*Arc de triomphe de l'Étoile.*

Ce monument a 49 mètres de hauteur, 44 mètres de largeur, 22 mètres d'épaisseur. C'est Chalgrin qui en a fourni les dessins.

Deux grands groupes de sculptures ornent les piles sur chacune des faces du grand arc. Ces groupes représentent : le *Départ,* 1792, par Rude; le *Triomphe,* 1810, par Cortot; la *Résistance,* 1814, et *la Paix,* 1815, par Etex..

Au-dessus des arcs sont des bas-reliefs repré-sentant : *les Funérailles de Marceau,* le *Passage du pont d'Arcole;* la *Bataille d'Aboukir;* la prise *d'Alexandrie;* la *bataille d'Austerlitz;* la bataille de *Jemmapes.* La frise figure le *Départ et le Retour des Armées.* Trente boucliers placés dans l'attique portent les noms de trente grandes victoires. Des inscriptions, taillées dans les murs mêmes de l'édifice, mentionnent les noms des principales batailles et ceux des généraux qui se sont le plus distingués dans les différentes campagnes de 1792 à 1814.

L'Arc de Triomphe commencé le 15 août 1806 ne fut entièrement terminé que trente ans après.

BATAILLE D'IÉNA

La Prusse, inquiète des progrès continuels de la France, avait formé avec l'Angleterre, la Suède et la Russie une quatrième coalition.

Napoléon attaqua la Prusse la première. Il réunit rapidement deux cent mille hommes et pénétra en Thuringe. L'armée prussienne s'avançait en deux corps sur la Saale, l'un sous le commandement de Brunswick, l'autre sous le prince de Hohenlohe. Le 9 et le 10 octobre 1806, Napoléon battit Brunswick à Schleitz et à Saalfeld et se trouva, le 13, en présence du corps de Hohenlohe, à Iéna.

L'action s'engagea le 14, avant le jour. Lannes emporta deux villages occupés par une partie des troupes prussiennes; les corps d'Augereau, puis les divisions de Soult et de Ney entrèrent en ligne à leur tour. On chargea sur toute la ligne; l'infanterie prussienne fut rompue; nos cuirassiers et nos dragons poursuivirent cette masse débandée jusque dans Weimar. Douze mille Prussiens ou Saxons étaient morts ou blessés, quinze mille prisonniers et deux cents canons restaient entre nos mains.

Dans le même temps, une seconde bataille s'était livrée à quelques lieues de là, près de Naumbourg. Davout, avec 26,000 hommes, avait reçu l'ordre de passer sur la rive droite de la rivière pour tourner l'ennemi. Il se heurta aux 60,000 hommes du duc de Brunswick. Il s'établit sur le plateau de Hassenhausen et soutint, avec une héroïque fermeté, les charges successives de toutes les divisions ennemies. Le vieux Brunswick est tué à la tête de ses grenadiers; un autre général est frappé à son tour. Le roi de Prusse charge en personne; son cheval est tué sous lui. Le prince Guillaume de Prusse fond, avec 10,000 cavaliers, sur nos fantassins; un feu roulant les accable à trente pas; hommes et chevaux tombent les uns sur les autres; le prince Guillaume est blessé et ses escadrons fuient en déroute. L'armée royale se retire par Auerstædt, qui a donné son nom à la bataille, abandonnant 115 canons et 18,000 prisonniers.

Cette double victoire d'Iéna et d'Auerstædt était la plus complète qui eût encore été remportée depuis le commencement des guerres de la Révolution. Dix jours après, Napoléon entrait à Berlin.

**ENTHOUSIASME DES POPULATIONS A L'ARRIVÉE DES TROUPES FRANÇAISES
EN POLOGNE**

La Prusse terrassée, Napoléon ordonna aux colonnes françaises d'entrer dans la Pologne prussienne afin d'arrêter les Russes. Quatre-vingt mille hommes conduits par Murat, franchirent l'Oder ; le 9 novembre, le corps de Davout entra à Posen, chef-lieu de celles des provinces polonaises où le sentiment national s'était conservé avec le plus d'énergie. Ce peuple exécrait la domination prussienne et gardait un profond ressentiment de la perfidie avec laquelle la cour de Prusse avait consommé le second démembrement de la Pologne.

Les paysans, sur toute la route, étaient accourus au devant des Français. A Posen, Davout fut accueilli avec un patriotique enthousiasme. Le 28 novembre, Murat et Davout entrèrent à Varsovie. La population entière s'était portée à leur rencontre et les salua d'acclamations délirantes. Profondément émus, Murat et Davout, dans leurs lettres à Napoléon, le pressèrent de justifier les espérances de la Pologne, qui l'appelait comme un libérateur.

La question pour Napoléon n'était que de savoir si la résurrection de la nation polonaise servirait ou non à sa grandeur. Le sentiment du droit, la pensée de réparer une grande injustice ne pouvaient être pour quelque chose dans les résolutions d'un homme qui n'avait pour guide que l'intérêt.

Ce qu'il voulait, c'est que les Polonais s'engageassent à fond avec lui sans qu'il s'engageât avec eux ; qu'ils missent à sa disposition toutes les ressources de leur pays par une insurrection générale sans leur donner autre chose que de vagues espérances et en se réservant d'agir selon les circonstances. Si Napoléon eût proclamé l'indépendance de la Pologne, nul doute que toute la noblesse avec toute la population des villes et une partie des campagnes se fussent passionnément dévouées à lui.

Napoléon flatta les Polonais, leur fit espérer sans leur rien promettre. Beaucoup, néanmoins, crurent en lui. Des milliers de Polonais s'enrôlèrent sous nos drapeaux et y rejoignirent ce qui restait des légions polonaises de la guerre d'Italie.

DAVOUT (Louis-Nicolas), duc d'Auerstœdt, prince d'Eckmühl, maréchal de France, né en 1770 à Annoux (Yonne), était sous-lieutenant en 1788. Chef de bataillon dans l'armée de Dumouriez, il se fit remarquer à l'armée du Nord, servit comme général de brigade de 1793 à 1795, fut nommé général de division en 1800 et maréchal de France en 1804.

Commandant du 3e corps de la Grande-Armée, il prit une part glorieuse à la campagne de 1805. En 1806, il remporta, sur l'armée prussienne, l'importante victoire d'Auerstœdt. Vainqueur à Eckmühl, en 1809, il reçut le titre de prince sur le champ de bataille; l'année précédente, il avait été fait duc d'Auerstœdt. Il battit le prince Bagration à Mohilev (23 juillet 1812) et défendit Hambourg en 1813 avec une rare énergie.

Ministre de la guerre pendant les Cent jours, il improvisa une armée en trois mois. Commandant en chef de l'armée réunie sous Paris, après Waterloo, il signa, sur l'ordre du gouvernement provisoire, la convention qui livrait de de nouveau la ville aux alliés.

Disgracié pour avoir défendu avec courage les généraux proscrits en 1815 et plus tard le maréchal Ney, il devint pair de France en 1819 et mourut à Savigny en 1823.

BERNADOTTE (Jean-Baptiste-Jules) roi de Suède et de Norwège sous le nom de Charles-Jean XIV, né à Pau le 26 janvier 1764, était fils d'un avocat. Engagé à 17 ans, il était capitaine en 1793. Promu successivement chef de bataillon, chef de brigade et général de division en 1794, il se distingua de la manière la plus éclatante dans les campagnes du Rhin et d'Allemagne et dans la campagne d'Italie.

Nommé en 1798 ambassadeur à Vienne, ministre de la guerre en 1799, général en chef de l'armée de l'Ouest en 1800, il fut créé maréchal en 1804 et prince de Ponte-Corvo après Austerlitz (1805). Il fit les campagnes de 1806 et de 1807. Gouverneur des villes hanséatiques en 1808, il sut si bien mériter la reconnaissance des Suédois qu'en 1809 la diète de Stockholm l'élut prince royal de Suède. En 1810, il fut reconnu héritier du trône.

Des dissentiments graves s'étant élevés peu de temps après entre la Suède et Napoléon, Bernadotte dut faire accéder sa nouvelle patrie à la coalition et se joignit aux alliés avec 30.000 Suédois.

Proclamé roi de Suède, le 5 février 1818, il administra ses États avec sagesse et mourut d'une attaque d'apoplexie le 8 mars 1844.

BATAILLE D'EYLAU

Les Russes étaient tout près de Napoléon sur la rive droite de la Vistule, massés en deux gros corps d'une centaine de mille hommes. Ils se reliaient avec la mer par un corps prussien placé entre eux et Dantzig. Napoléon résolut, avant d'hiverner, de les couper d'avec la mer et de les rejeter vers le Niémen.

Il franchit la Vistule le 23 décembre, assaillit les Russes et, après une série de combats acharnés, les rejeta avec grandes pertes au delà de la Narew. Le dégel étant survenu, Napoléon ne put poursuivre l'ennemi et prit ses cantonnements d'hiver. Mais les Russes reprirent tout à coup l'offensive et tentèrent de surprendre nos cantonnements. Ils furent arrêtés par Ney et Bernadotte qui concentrèrent rapidement tout ce qu'ils purent réunir de troupes, et, sur l'avis que Napoléon accourait, ils se mirent en retraite.

Napoléon les suivit de près. Le 6 février au soir, l'arrière-garde russe fut atteinte et rompue par notre avant-garde à Hoff. Le lendemain, elle fut chassée du plateau d'Eylau. Le général Benningsen s'arrêta au delà d'Eylau et massa tout

ce qu'il avait de forces pour livrer bataille le lendemain. Il avait environ 70,000 hommes et 400 canons. Napoléon n'avait à sa disposition que 60,000 hommes et 200 pièces d'artillerie; mais il avait, pour soutenir son admirable infanterie, une puissante cavalerie à laquelle le sol gelé permettait maintenant de se mouvoir.

La journée s'engagea par une longue et furieuse canonnade. On se battit de part et d'autre avec acharnement, au milieu de tourbillons de neige que le vent chassait au visage. La lutte fut terrible, principalement dans le cimetière d'Eylau, où la cavalerie russe parvint à rejeter les débris de nos brigades mutilées. Mais là se tenait Napoléon avec sa garde. La victoire nous resta, mais elle fut chèrement payée; dix mille Français jonchaient, morts ou mourants, ces vastes champs de neige rougie par le sang. Les Russes, de leur côté, avaient perdu douze mille soldats; ils emmenaient en outre 15,000 blessés. La victoire toutefois était sans profit; Benningsen réussit à atteindre Kœnigsberg, où il pouvait se reposer et renforcer son armée.

LE GÉNÉRAL SÉBASTIANI DIRIGEANT LES TRAVAUX DE DÉFENSE
DE CONSTANTINOPLE

Pendant que Napoléon poursuivait les Russes en Pologne, la guerre avait son contre-coup en Orient.

Napoléon avait envoyé à Constantinople un ambassadeur militaire, le général Sébastiani, chargé d'exciter la Turquie contre les Anglais et les Russes et d'aider à une réorganisation de l'armée turque. L'Angleterre et la Russie voyant le Sultan pencher du côté de la France s'étaient concertées pour contraindre la Turquie, par les armes, à rentrer dans la coalition. Les Russes convoitaient les provinces turques du nord du Danube, la Moldavie et la Valachie; les Anglais visaient à mettre la main sur l'Égypte. Il fut convenu que tandis que les Russes envahiraient la Moldavie et la Valachie, une escadre anglaise entrerait dans le Bosphore. L'ambassadeur français empêcha le Sultan de céder aux menaces de l'ambassadeur d'Angleterre.

L'escadre anglaise franchit les Dardanelles et se présenta, le 21 février 1807, devant Constantinople. Le Sultan gagna quelques jours en négociant. Sébastiani employa ce temps à mettre en batterie trois cents grosses pièces destinées à combattre l'escadre ennemie. L'amiral anglais, qui n'avait pas de troupes de débarquement, n'osa engager la lutte et craignit de ne pouvoir repasser les Dardanelles, que Sébastiani travaillait à armer comme Constantinople. Il repartit le 3 mars sans avoir réussi dans sa tentative.

FRIEDLAND

D'immenses approvisionnements trouvés à Dantzig avaient rendu le bien-être à la Grande Armée, qui s'était reposée, renforcée, et qui pouvait maintenant mettre en ligne au moins 160,000 hommes. L'armée russe, après tous les efforts faits durant l'hiver, comptait à peine 140,000 hommes dans la vieille Prusse; sa masse principale n'était que d'une centaine de mille hommes. Les Russes n'avaient qu'une seule chance : c'était de se replier en tâchant d'attirer Napoléon en Russie. Loin de là, Benningsen reprit encore une fois l'offensive. Le 5 juin il vint se jeter sur nos positions. Soult et Murat, soutenus par Lannes, l'arrêtèrent à Heilsberg. Sans attendre une seconde attaque, Benningsen se replia sur Kœnigsberg et occupa Friedland le 13 juin. Mais quand il voulut déboucher le 14, il rencontra devant lui le maréchal Lannes qui avec 10,000 hommes en arrêta 70,000 et donna le temps à Napoléon de masser toutes ses troupes.

Napoléon, dans l'après-midi, eut 80,000 hommes et attaqua à son tour, en lançant Ney sur Friedland pour s'emparer de la ville et des ponts. Les Russes firent des efforts désespérés pour défendre les ponts de l'Alle. Après un violent combat d'artillerie, Ney entra dans Friedland en flammes, au milieu d'un terrible carnage, fit sauter les ponts et sépara le gros de l'armée russe de ses réserves, tandis que Lannes et Mortier chargeaient au centre. Une partie des Russes parvint à s'échapper, à la faveur de la nuit tombante. Le reste, serré de près, se jeta dans la rivière; un grand nombre furent engloutis. Les Russes avaient perdu 25,000 hommes, tout leur bagage et leur artillerie. Friedland avait dignement célébré l'anniversaire de Marengo.

Tandis que Napoléon accablait les Russes, à Friedland, Murat, Soult, et Davout avaient marché droit à Kœnigsberg, que l'ennemi se hâta d'évacuer. La capitale de la vieille Prusse fut occupée par Soult. On y prit 100,000 fusils envoyés par l'Angleterre. Les débris de l'armée russe repassèrent le Niémen les 18 et 19 juin.

Le tsar Alexandre, renonçant à la lutte, demanda la paix. Les deux empereurs se rencontrèrent à Tilsitt, où le traité fut signé le 8 juillet.

JUNOT (Andoche, duc d'Abrantès), né à Busy-le-Grand (Côte-d'Or) le 24 septembre 1771, s'enrôla en 1792 dans le 1ᵉʳ bataillon des volontaires de la Côte-d'Or et, se fit remarquer par son intrépidité au siège de Longwy et reçut les galons de sergent. Au siège de Toulon, il servait de secrétaire à Bonaparte. Il écrivait sur l'épaulement d'une batterie ; un boulet ennemi le couvrit de terre lui et son papier. « Bon, dit Junot, je n'aurai pas besoin de sable. » Ce sang-froid fut le point de départ de sa brillante fortune militaire. Aide-de-camp de Bonaparte en Italie, il devint colonel, prit part, comme général de brigade, à l'expédition d'Égypte, fut nommé commandement de Paris, puis général de division. Colonel général des hussards en 1804, ambassadeur à Lisbonne en 1805, il reçut en 1807, le commandant en chef de l'armée chargée d'envahir le Portugal, triompha de tous les obstacles et devint duc d'Abrantès. Après avoir combattu en Allemagne, en Espagne, en Russie, il fut nommé gouverneur de Venise et commandant des provinces Illyriennes.

Les souffrances que lui causaient ses anciennes blessures dérangèrent sa raison. Junot, revenu dans son pays natal, mourut des suites d'un accès de fièvre chaude le 29 juillet 1813.

JOURDAN (Jean-Baptiste), maréchal de France, naquit à Limoges, le 7 avril 1762. Volontaire en 1778, il alla combattre en Amérique. Mis en réforme en 1784, il entreprit un commerce de mercerie à Limoges. En 1792, il conduisit, en qualité de commandant, le 2ᵉ bataillon des volontaires de la Haute-Vienne à l'armée du Nord ; ses talents militaires le firent promptement remarquer et, moins d'une année après, il était fait général de brigade. Le 30 juillet 1793, il était général de division. Après la bataille d'Hondschoote, où il fut blessé, Carnot le nomma général en chef de l'armée du Nord. Malgré sa glorieuse victoire à Wattignies, il fut destitué par le Comité de Salut public. Rappelé peu de temps après au commandement de l'armée de Sambre et Meuse, il prit Charleroi et gagna sur les Autrichiens la bataille de Fleurus (26 juin 1794), dont les résultats furent si grands pour la République. Nommé maréchal de France en 1804, gouverneur de Naples en 1806, il servit en Espagne en 1808, commanda la 7ᵉ division militaire pendant les Cent-Jours, entra à la chambre des pairs en 1819, occupa pendant quelques jours, en 1830, le ministère des affaires étrangères et fut nommé gouverneur des Invalides. C'est là qu'il mourut en 1833.

LES TROUPES DE JUNOT DANS LES MONTAGNES DU NORD DE L'ESPAGNE

Napoléon, désireux de compléter l'Empire d'Occident et de se rendre maître de l'Espagne et du Portugal, nourrissait secrètement la pensée de remplacer les Bourbons par des Bonaparte en Espagne, comme il l'avait fait en Italie.

En attendant ce qu'il ferait de l'Espagne, il était résolu à renverser la dynastie des Bragance qui régnait sur le Portugal. Il somma le gouvernement portugais, non seulement de fermer ses ports aux Anglais et de leur déclarer la guerre, mais de confisquer toutes les marchandises et toutes les propriétés appartenant aux Anglais en Portugal et de mettre leurs personnes en arrestation. Le gouvernement portugais s'y refusa.

Napoléon donna ordre au général Junot de marcher sur le Portugal à travers l'Espagne avec un corps d'armée de vingt et quelques mille hommes et, le 27 octobre 1807, il conclut avec l'ambassadeur d'Espagne un traité de partage du Portugal. Puis il se hâta de préparer deux nouveaux corps d'armée pour soutenir Junot et avoir dans la Péninsule près de 100.000 hommes afin d'être prêt à tout événement.

Cependant Junot avançait, malgré les cruelles souffrances qu'enduraient ses troupes en traversant à marches forcées, par un très mauvais temps, les montagnes du nord de l'Espagne. Rien n'y avait été préparé pour les recevoir. Elles manquaient de tout. Ce corps, composé de jeunes soldats, qui n'étaient pas habitués aux fatigues et aux privations, arriva dans un état si pitoyable aux frontières du Portugal, qu'il n'eût pu triompher de la moindre résistance.

On ne résista pas. Le gouvernement portugais avait perdu la tête. La famille royale, les ministres, la cour, s'embarquèrent sur la flotte portugaise, qui fit voile pour le Brésil. Junot, avec une poignée de soldats, entra dans Lisbonne, le 30 novembre.

Le Portugal tout entier fut occupé par les Français et les Espagnols. Une contribution de 100 millions fut imposée au Portugal, en sus de ce qu'exigeaient les besoins de l'armée d'occupation.

GOUVION-SAINT-CYR (Laurent), maréchal de France, né à Toul le 13 avril 1764, mort en 1830, s'engagea, le 10 août 1792, dans un bataillon de volontaires. Bientôt général de division (1794), il se couvrit de gloire dans la campagne de 1796, où il commandait l'aile gauche de Moreau ; en 1798, à Rome, à la tête de l'armée d'occupation, il déploya de très grands talents d'administrateur. L'année suivante, il s'illustra par la défense de Gênes et en 1800, sous Moreau, contribua à la victoire de Biberach.

Nommé conseiller d'État, puis ambassadeur en Espagne, il obtint en 1803 le commandement de l'armée destinée à occuper les côtes du golfe de Tarente.

Envoyé en Espagne en 1808, il défit plusieurs fois les Espagnols. A la tête du 6ᵉ corps, en Russie, il gagna la bataille de Polotsk et reçut le bâton de maréchal. Chargé de la défense de Dresde, il battit les Russes et ne capitula que sur l'ordre de l'empereur.

Nommé par Louis XVIII ministre de la guerre, puis ministre de la marine, il reprit en 1817 le portefeuille de la guerre qu'il garda jusqu'en 1820. Son second ministère est son plus grand titre de gloire. On lui doit la réorganisation de l'armée et la loi sur le recrutement.

DUPONT DE L'ÉTANG (Pierre), général, né à Chabanais (Charente), le 14 juillet 1765, prit une part glorieuse à la campagne de l'Argonne et devint successivement adjudant général à l'armée de Belgique (1792), général de brigade (1793) et général de division (1797).

Chef d'état-major de Bonaparte, il se distingua à Marengo, puis dans les campagnes d'Austerlitz et d'Iéna, où il rendit d'éclatants services. Au pont de Halle, avec cinq bataillons, il mit en déroute plus de 20.000 Prussiens que soutenait une puissante artillerie. A Friedland, il arrêta l'effort de la garde impériale russe, déterminant ainsi le succès de cette journée.

Envoyé en Espagne, il effaça les exploits de sa vie passée par la honteuse capitulation de Baylen (juin 1808), où il déposa les armes avec 17.000 hommes. Arrêté et reconnu coupable, près de quatre ans après seulement, il fut, par un décret de l'Empereur, dépouillé de son grade, de son titre de comte, de ses dotations, et condamné à la détention au fort de Joux.

Louis XVIII lui rendit la liberté et l'appela au ministère de la guerre (avril 1814) ; mais sa mauvaise administration lui fit retirer son portefeuille huit mois après. Député de la Charente de 1815 à 1830, il mourut en 1840.

BATAILLE DE SOMO-SIERRA

Napoléon, qui s'était de plus en plus confirmé dans son projet de renverser les Bourbons d'Espagne et de régénérer ce pays à sa façon pour le tenir, comme l'Italie, contraignit, par ses menaces le vieux roi Charles IV et son fils Ferdinand à abdiquer. Le 6 juin, Napoléon proclama par décret son frère Joseph roi d'Espagne.

Mais l'Espagne n'accepta pas le roi qu'on lui imposait. Une insurrection terrible éclata; en quelques semaines le feu fut aux quatre coins du royaume; l'insurrection s'était allumée comme une traînée de poudre. Napoléon se vit dans l'obligation d'envoyer de nouveaux renforts en Espagne pour prévenir ou étouffer les agitations; mais la résistance s'exaspéra et nos troupes durent se mettre en retraite sur tous les points.

Le roi Joseph était entré à Madrid le 20 juillet; ce même jour, le général Dupont capitulait à Baylen avec ses vingt mille combattants. Quelques jours après, Junot, vaincu par Wellesley à Vimeiro, près de Lisbonne, conclut une convention pour l'évacuation du Portugal.

Napoléon, comprenant que sa présence était nécessaire en Espagne, franchit la frontière et rejoignit son frère, le 5 novembre, à Vitoria. Il agit tout de suite avec vigueur et tous les combats qu'il livra furent autant de victoires. Vainqueur à Espinosa, à Burgos, à Tudela, il marcha sur Madrid. Un armée espagnole essaya de lui disputer les défilés du Guadarrama, chaîne de montagnes qui sépare la Vieille de la Nouvelle Castille. Un général énergique s'était porté, avec une dizaine de mille hommes, au col de Somo-Sierra, en couvrant de tirailleurs les rochers des deux côtés de la route de Madrid et en barrant la route par une batterie de 16 canons.

Napoléon fit déloger des rochers les tirailleurs espagnols par notre infanterie et lança au galop sur la batterie les lanciers polonais de la garde. Les Polonais chargèrent sous la mitraille et percèrent les canonniers sur leurs pièces. Les Espagnols furent rompus et dispersés (30 novembre). La route de Madrid était ouverte.

LARREY (Dominique-Jean, baron), chirurgien, né à Baudéan près Bagnères-de-Bigorre, 1766-1842, étudia la chirurgie à Toulouse et débuta comme médecin auxiliaire de la marine. Il devint, en 1792, aide-major à l'armée du Rhin. On le vit dès lors, sur tous les champs de bataille, prodiguer à nos soldats sa science, son dévouement infatigable. Il rendit les plus grands services en Italie et en Égypte. Napoléon, qui avait pour lui la plus haute considération, le nomma chirurgien en chef de la garde impériale. Il fit toutes les campagnes de l'Empire, multipliant ses inventions chirurgicales, inspirant à tous une admiration et une affection justement méritées. A Waterloo, il faillit être égorgé et ne dut la vie qu'aux efforts d'un chirurgien prussien.

Privé de ses titres et de sa pension à la Restauration, il les recouvra en 1818, devint chirurgien en chef des Invalides et de l'hôpital du Gros-Caillou, membre de l'Académie de médecine et de l'Académie des sciences. Il a été le promoteur de nombreux et très ingénieux procédés chirurgicaux et a fait une foule d'observations qu'il a consignées dans de nombreux mémoires et notices. On lui a élevé une statue en bronze dans la cour du Val-de-Grâce.

AUGEREAU (Pierre-François-Charles), maréchal de France, duc de Castiglione, né à Paris le 21 octobre 1757, s'engagea à dix-sept-ans. Il était capitaine de hussards, en juin 1793. Nommé la même année général de division à l'armée des Pyrénées-Orientales, il remporta des succès importants sur les Espagnols. Il passa ensuite à l'armée d'Italie et se couvrit de gloire à Millesimo, à Dego, à Arcole et à Castiglione.

Ce fut lui qui, le 18 fructidor, aida le Directoire à triompher de l'opposition royaliste. Après ce coup d'État, le Directoire qui le redoutait l'envoya commander l'armée de Sambre-et-Meuse. Nommé maréchal (1804), Augereau commanda en chef le 7e corps de la Grande-Armée dans la campagne d'Allemagne en 1805 et dans celles de Prusse et de Pologne en 1806 et 1807. Créé duc de Castiglione en 1808, commanda en chef l'armée de Catalogne, fit la campagne de Russie et se signala, en 1813, à la bataille de Leipzig.

Rallié un des premiers à la Restauration, il fut créé pair; aussi au retour de l'île d'Elbe, il vit ses services refusés par Napoléon. Il en fut de même au retour des Bourbons. Il se retira dans sa terre de la Houssaye, où il mourut le 12 juin 1816.

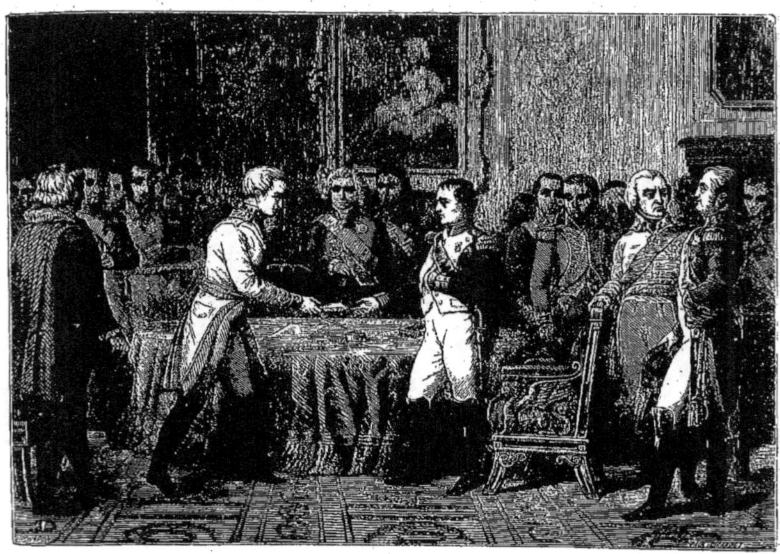

CONFÉRENCES D'ERFURT

Après la catastrophe de Baylen, Napoléon sentit le besoin de resserrer son alliance avec la Russie. L'empereur Alexandre lui avait proposé une entrevue à Erfurt en Thuringe, en vue de régler le partage définitif de l'empire ottoman.

Napoléon rejoignit Alexandre dans cette ville, le 27 septembre 1808. Il y avait apprêté l'hospitalité la plus magnifique.

Avec sa cour, Napoléon avait amené le Théâtre-Français et le plus grand tragédien qu'ait eu la France, Talma, représentait les chefs-d'œuvre de Corneille, de Racine et de Voltaire devant « un parterre de rois ».

Les affaires sérieuses se traitaient dans l'intervalle des spectacles et des banquets. Napoléon amena l'empereur de Russie à se contenter, pour le présent, de la Valachie et la Moldavie au sud et de la Finlande au nord. Il fut convenu qu'on ferait des ouvertures de paix à l'Angleterre au nom des deux empereurs. Napoléon enfin, qui souhaitait de s'attacher aussi intimement que possible l'empereur et la maison impériale de Russie, fit insinuer à Alexandre que le meilleur moyen de resserrer l'alliance franco-russe serait de remarier Napoléon avec une sœur de l'empereur. Napoléon était en effet revenu à une pensée plus d'une fois agitée dans son esprit, celle du divorce avec Joséphine. Alexandre fit une réponse dilatoire. Il déclara à Napoléon qu'il serait heureux d'une telle union et promit de faire tous ses efforts pour obtenir le consentement de l'impératrice.

Un traité secret fut signé le 12 octobre. La Russie, en échange des promesses de la France quant à la Finlande, à la Valachie et à la Moldavie, garantissait la couronne d'Espagne à Joseph Bonaparte. Si l'Autriche rompait soit avec la Russie, soit avec la France, les deux puissances alliées s'entr'aideraient contre elle.

Les deux empereurs se séparèrent le 14 octobre, en se prodiguant les démonstrations d'amitié et les promesses de se revoir.

Napoléon avait atteint son but. C'est alors qu'il partit pour l'Espagne, après avoir annoncé solennellement au Corps législatif qu'il allait couronner dans Madrid le roi Joseph et planter ses aigles sur les forts de Lisbonne.

CLARKE (Henri-Jacques-Guillaume, comte de Hunebourg et. duc de Feltre, maréchal de France, né à Landrecies (1765-1818) était capitaine de hussards en 1789. — Lieutenant-colonel en 1792, général de brigade en 1793, il fut destitué peu après comme suspect; nommé, en 1795, par Carnot, chef du bureau topographique au ministère de la guerre, il fut promu, la même année, général de division.

Chargé par le Directoire de surveiller Bonaparte en Italie, il s'attacha à celui-ci, fut rappelé et destitué et ne rentra en fonctions qu'après le 18 brumaire. Conseiller d'État et secrétaire intime de Napoléon, il fit comme général la campagne de 1805, fut gouverneur de l'Autriche, puis de Berlin, et succéda à Berthier comme Ministre de la guerre, de 1807 à 1814.

Créé comte de Hunebourg et duc de Feltre, 1808-1809, il adhéra à la déchéance de Napoléon, fut fait pair à la Restauration et devint ministre de la guerre. Il suivit Louis XVIII à Gand et, à la seconde Restauration, reçut de nouveau le portefeuille de la guerre qu'il garda du 28 septembre 1815 au 12 septembre 1816. Le 3 juillet de cette dernière année, il avait été élevé à la dignité de maréchal de France.

MURAT (Joachim), né le 25 mars 1771, à la Bastide-Fortunière (Lot), fut d'abord abbé; mais bientôt changeant d'idée, il s'enrôla dans la cavalerie. Aide de camp de Bonaparte en Italie, il se fit remarquer par sa grande intrépidité et ses talents militaires, et conquit rapidement les grades de général de brigade (1796), et de général de division (1799).

Il prit une part active au 18 brumaire et peu après épousa Caroline Bonaparte. Gouverneur de Paris (1804), maréchal, prince, grand-amiral (1805), grand-duc de Clèves et de Berg, il s'illustra dans maints combats, à Austerlitz, à Iéna, à Eylau, à Friedland.

Envoyé en Espagne (1808), il s'empara de Madrid et, lorsque Joseph Bonaparte fut appelé à remplacer les Bourbons, il fut proclamé à sa place roi des Deux-Siciles. Il prit part à l'expédition de Russie; mais après la première abdication, revenu en Italie, il fit alliance avec l'Angleterre et l'Autriche. Au retour de l'île d'Elbe, il ouvrit les hostilités contre les Autrichiens; complètement battu à Tolentino, il dut se réfugier en France (mai 1815). Au mois d'octobre, ayant tenté une descente dans son ancien royaume, il fut pris, condamné à mort et fusillé (13 octobre 1815).

NAPOLÉON DEVANT MADRID

Le 2 décembre 1808, Napoléon était devant Madrid.

La junte centrale de gouvernement, établie à Aranjuez, à quelques lieues de la ville, en était partie précipitamment pour se retirer à Badajoz, sur la frontière du Portugal. Le peuple de Madrid renforcé de 3 ou 4,000 soldats et de nombreux paysans essaya de se défendre.

Les premières sommations de Napoléon furent repoussées. Il fit enlever, par l'artillerie et l'infanterie le Buen-Retiro, château et parc situés sur une hauteur qui domine Madrid, puis les portes de la ville voisines de ce parc. On commença de pénétrer dans les rues de Madrid en forçant barricade après barricade.

La prolongation de la résistance ne pouvait aboutir qu'à faire écraser la ville par l'artillerie française du haut du Buen-Retiro. La Junte de Madrid capitula le 4 décembre.

Il n'y eut point de fusillades à la rentrée de l'armée française dans Madrid. Ce fut le seul article de la capitulation que respecta Napoléon. Il la déclara nulle, à l'occasion de quelques actes de mutinerie qui se produisirent sur divers points de la ville.

L'empereur était fort irrité contre les Grands d'Espagne, qui avaient abandonné le roi Joseph, quand ils avaient cru l'insurrection victorieuse. Il fit arrêter plusieurs d'entre eux et ordonna la confiscation des biens d'un certain nombre. Il prescrivit un désarmement général. Croyant s'attacher l'Espagne en lui donnant de sage réformes, il décréta la suppression du tribunal de l'inquisition, abolit les droits féodaux et prescrivit la fermeture des deux tiers des couvents. Mais, en frappant les pires institutions du passé, il ne fit que leur rendre une sorte de popularité et ne réussit qu'à irriter davantage le fanatisme des moines et de la noblesse. Tout ce qu'il pouvait tenter pour ramener les esprits était absolument inutile. La population resta haineuse et sombre.

SIÉGE DE SARRAGOSSE

En Espagne, la lutte se poursuivait sur un point avec une énergie désespérée. De grandes masses de combattants et des approvisionnements immenses avaient été réunis à Sarragosse, la capitale de l'Aragon.

Le maréchal Moncey avait commencé le siège de cette ville en décembre avec vingt et quelques mille hommes. Le général Junot, qui avait remplacé Moncey, fit ouvrir la tranchée dans la nuit du 29 au 30 décembre et, vers le milieu de janvier 1809, s'apprêta à battre en brèche l'enceinte de la ville. Sur l'ordre de l'empereur, le maréchal Lannes vint, avec des renforts, prendre le commandement en chef. Les bandes insurgées du dehors furent battues et dispersées et l'assaut fut donné au cœur de la place le 27 janvier.

Nos troupes forcèrent l'enceinte de Sarragosse. Alors commença une lutte inouïe. Chaque couvent, chaque îlot de maisons, devenait une place forte qui repoussait par un feu effroyable les attaques à découvert. On n'avançait qu'en faisant sauter par la mine les édifices. Soldats, habitants, campagnards, héroïques, terribles, derrière ces murailles crénelées, sans hésitation et sans peur, combattaient, tuaient et mouraient. Les moines et les femmes étaient les plus furieux au combat, exaltant les autres par leur exemple et pendant ceux qui parlaient de se rendre.

Les habitants mettaient eux-mêmes le feu à leurs maisons pour arrêter nos soldats.

C'était, suivant l'expression de Lannes, une guerre qui faisait horreur !

L'assaut durait depuis onze jours et nos troupes étaient parvenues jusqu'à la principale rue de Sarragosse (7 février). La lutte continuait toujours; il fallut attaquer à son tour le faubourg de la rive gauche de l'Ebre; il ne fut emporté que le 18, après un siège en règle. La junte d'Aragon se résigna enfin et capitula le 20 février.

Les Français prirent possession des ruines de Sarragosse, remplie de cadavres en putréfaction qu'on n'avait pas eu le temps d'ensevelir. Il avait péri 54.000 personnes dans la ville sur environ 100.000 habitants, soldats ou paysans réfugiés. Il n'y avait jamais rien eu de pareil dans l'histoire moderne.

BATAILLE D'EKMUHL

Pendant que Napoléon était au fond de l'Espagne, l'Autriche faisait de grands préparatifs militaires et formait avec l'Angleterre la cinquième coalition. Instruit de ce qui se tramait, Napoléon revint en cinq jours de Valladolid à Paris et avec sa formidable activité se prépara à la lutte (janvier 1809). Dès les premiers jours de mars, il mit en mouvement 190.000 Français et 100.000 Allemands ou Polonais, outre les réserves westphaliennes et hollandaises qui comptaient environ 40.000 hommes.

Les Autrichiens attaquèrent du 9 au 10 avril et envahirent la Bavière. Napoléon arriva, le 17 avril, à Donawerth, sur le Danube, et donna immédiatement ses ordres avec sa rapidité accoutumée. Le 20, il dirigea une attaque générale contre les positions autrichiennes, réussit à couper en deux l'armée ennemie et à la rejeter, partie sur la rivière d'Isar et la ville de Landshüt, partie sur le Danube et Ratisbonne. Il marcha en personne vers l'Isar et fit sa jonction avec Masséna devant Landshüt. Cette ville fut enlevée de vive force. Pendant ce temps, Davout avait en face de lui le gros des Autrichiens, commandé par l'archiduc Charles. Mais celui-ci, préoccupé surtout d'effectuer sa jonction avec l'armée de Bohême, n'attaqua pas à fond. Et lorsqu'il tenta à son tour de couper la ligne de communication des Français le long du Danube, il était trop tard : Napoléon arrivait au secours de Davout.

Napoléon se jeta sur la gauche de l'Archiduc, vers la ville d'Eckmühl. Les hauteurs de la ville furent enlevées par les Français et les Allemands auxiliaires. Les Français descendirent des collines dans la plaine de Ratisbonne. La cavalerie autrichienne essaya d'arrêter nos troupes, elle fut renversée par la cavalerie française, cuirassiers contre cuirassiers.

L'Archiduc dut se replier sur Ratisbonne et commença, durant la nuit, sa retraite au nord du Danube. Napoléon le poursuivit et s'empara de Ratisbonne, qui fut prise par escalade. Cette bataille de cinq jours avait coûté des pertes énormes à l'ennemi. La route de Vienne était ouverte.

BESSIÈRES (Jean-Baptiste), maréchal de France, duc d'Istrie, né à Preissac (Lot), le 6 août 1768, exerça d'abord l'état de perruquier.

Simple soldat dans la garde constitutionnelle de Louis XVI, il servit à l'armée de la Moselle et, par son courage, s'éleva successivement jusqu'au grade de capitaine (1794). — Remarqué par Bonaparte en Italie, il devint chef des guides, puis chef de brigade, fit partie de l'expédition d'Égypte, et seconda Bonaparte dans le coup d'État du 18 brumaire. A Marengo, il conduisit la charge de cavalerie qui décida la victoire.

Général de brigade, puis général de division, il reçut en 1804 le bâton de maréchal de France et se couvrit de gloire à Austerlitz, à Iéna, à Eylau, à Friedland.

Envoyé en Espagne, il remporta les victoires de Medina-del-Rio-Secco et de Burgos et fut nommé duc d'Istrie (1809). Il se distingua encore à Essling et à Wagram et s'empara de Flessingue. Pendant la campagne de Russie, il commanda la cavalerie de la garde et rendit les plus grands services. Resté en Allemagne, après le départ de l'empereur, il commandait toute la cavalerie française, lorsqu'il fut tué d'un boulet de canon, la veille de la bataille de Lutzen, le 1ᵉʳ mai 1813

VANDAMME (Dominique-René), comte d'Unebourg, général, né à Cassel (Nord), 1770-1830, s'enrôla en 1788, devint sergent dans un régiment de la Martinique et, à son retour en France, obtint le commandement d'une compagnie franche. Son courage et l'exaltation de ses sentiments patriotiques lui valurent, en 1793, d'être promu général de brigade. Il servit avec distinction aux armées du Nord, du Rhin, du Danube (1793-1799) et fut nommé général de division.

Apprécié par Bonaparte, il reçut, en 1804, le commandement d'une des divisions du camp de Boulogne, s'illustra à Austerlitz, fit avec distinction la campagne de Prusse (1806) et combattit avec éclat à Abensberg et à Eckmühl (1809), se montrant partout intrépide soldat et chef intelligent.

Ses dissentiments avec le roi Jérôme l'empêchèrent de faire partie de l'expédition de Russie; mais, en 1813, il fut appelé à la grande armée. Après un brillant succès à Pirna, il fut battu et fait prisonnier à Culm. Rentré en France en 1814, créé pair pendant les Cent-Jours, il contribua à la victoire de Ligny et, après Waterloo, ramena sous Paris les débris de l'armée. Proscrit par Louis XVIII, il se réfugia aux États-Unis, d'où il revint en 1820.

L'ARMÉE FRANÇAISE DÉBOUCHANT DE L'ILE LOBAU

La prise de Vienne (12 mai) ne terminait pas la guerre. Napoléon ne pouvait achever sa victoire qu'en allant attaquer l'Archiduc Charles qui opérait, sur la rive gauche du Danube, avec 100.000 hommes. Il fallait passer ce large fleuve, opération en tout temps très hasardeuse ; la saison y ajoutait des dangers exceptionnels. Napoléon résolut de franchir le Danube, au-dessous de Vienne, à la hauteur de l'île Lobau. Un pont de bateaux fut établi entre la rive sud et l'île. Un second pont relia bientôt l'île à la rive gauche et 23.000 hommes furent lancés sur les villages d'Aspern et d'Essling (20 mai), qui furent pris et repris plusieurs fois. 30.000 hommes passèrent encore le fleuve. Mais, dans la nuit du 21 au 22, une crue du Danube emporta le grand pont. Il fallait à tout prix garder Aspern et Essling et maintenir l'ennemi, afin de protéger la retraite des troupes dans l'île Lobau. C'est à Lannes qu'échut ce périlleux honneur et le brave maréchal trouva la mort dans ce combat. Grâce à l'intrépidité de Masséna, qui passa le dernier, la retraite fut assurée et toutes les troupes rentrèrent dans l'île Lobau.

Napoléon employa quarante jours en préparatifs, déployant un génie et une activité admirables. L'île fut transformée en un vaste camp solidement fortifié ; plusieurs ponts furent jetés sur le Danube. Pendant ce temps, l'armée d'Italie franchit les Alpes, et, à travers la Hongrie, vint rejoindre Napoléon. Le 4 juillet, 170.000 hommes de troupes éprouvées étaient prêts à traverser le fleuve. Dans la nuit du 3, une division française, franchissant le Danube, avait débouché entre Essling et Aspern, attirant de ce côté l'attention de l'ennemi qui y porta de grandes forces. Le vrai passage, à la droite de l'île Lobau, s'opéra dans la nuit du 4, avec une promptitude et une régularité admirables, au milieu d'un orage qui protégea nos mouvements. Laissant à sa droite Aspern et Essling, toute l'armée déboucha bientôt de l'île Lobau, tandis que l'Archiduc attendait toujours les Français entre Aspern et Essling, où il s'imaginait les accabler avec toutes ses forces réunies. Lorsqu'il reconnut son erreur, il replia les corps qu'il avait devant Essling et Aspern et s'apprêta à livrer bataille dans la plaine de Wagram.

LOBAU (Georges *Mouton*, comte de), maréchal de France, né à Phalsbourg (Meurthe) (1770-1838), s'engagea en août 1792, servit dans les armées du Nord et d'Italie et devint général de brigade et aide de camp de Napoléon en 1805.

Il fit avec distinction les campagnes de 1806 et de 1807 et fut promu général de division après Friedland. Envoyé en Espagne en 1808, il contribua aux victoires de Medina-del-Rio et de Burgos; mais il s'illustra surtout dans la campagne de 1809 contre l'Autriche, se couvrit de gloire à Essling et y mérita le titre de comte de Lobau. Il fit la campagne de Russie, puis celle de Saxe et, après la bataille de Leipzig, fut fait prisonnier à Dresde.

Rentré en France à la première Restauration, il fut nommé inspecteur général d'infanterie (1814). Pendant les Cent-Jours, Napoléon le créa pair et lui donna le commandement d'un corps d'armée. Fait prisonnier à Waterloo et conduit en Angleterre, il ne revint en France qu'en 1818. Le département de la Meurthe l'envoya à la Chambre, où il siégea dans les rangs de l'opposition, devint commandant général de la garde nationale sous Louis-Philippe (1830), maréchal de France (1831) et pair (1833).

LANNES (Jean), duc de Montebello, né à Lectoure, le 11 avril 1769 fut d'abord apprenti teinturier. Enrolé au 2e bataillon des volontaires du Gers en 1792, il conquit rapidement ses premiers grades grâce à son bouillant courage. Il était chef de brigade en 1795. Pendant la campagne d'Italie, sa brillante conduite, à Millesimo, à Lodi, à Bassano lui valut le grade de général de brigade. Il fit la campagne d'Égypte, devint général de division, et fut grièvement blessé à l'assaut de Saint-Jean-d'Acre. Il seconda Bonaparte au 18 brumaire et fut peu de temps après nommé commandant de la garde des consuls. Commandant de l'avant-garde dans la campagne de 1800, il battit les Autrichiens à Montebello et prit une part brillante à la victoire de Marengo. Ambassadeur à Lisbonne en 1801, maréchal de France en 1804, il fit toutes les campagnes de la Grande Armée de 1805 à 1807, suivit Napoléon en Espagne, fut vainqueur à Tudela et termina le siège de Sarragosse en 1809. Avec la Grande Armée d'Allemagne, il s'illustra à Eckmül, à Ratisbonne et combattit vaillamment à la bataille d'Essling. Dans la seconde journée d'Essling, (22 mai 1809), un boulet lui fracassa les deux jambes; il ne put résister à l'amputation et mourut à Vienne le 31 mai.

BATAILLE DE WAGRAM

Les premiers engagements eurent lieu dans la journée du 5 juillet. La ligne très étendue des Autrichiens était faible à son centre. Napoléon essaya de l'enfoncer dès le soir; nos troupes pénétrèrent dans Wagram, mais elles durent bientôt se replier, par suite d'incidents qui jetèrent parmi elles de la confusion, et le choc décisif fut remis au lendemain.

L'Archiduc Charles prit à son tour l'offensive, mais attaqua avec trop de précipitation. Son aile gauche s'engagea la première et fut repoussée.

Les Autrichiens eurent d'abord plus de succès au centre et à droite; ils pénétrèrent jusque dans Aspern et Essling. Mais soutenu par des réserves formidables, Napoléon foudroya et arrêta le centre ennemi par un immense batterie de 100 canons, puis il lança sur lui une puissante colonne d'infanterie, conduite par Macdonald, qui refoula devant elle fantassins et cavaliers. L'Archiduc, forcé de reculer, rappela sa droite compromise et menacée d'être coupée par Masséna. Pendant ce temps, Davout enlevait Neusiedel; puis Oudinot et ses grenadiers emportaient Wagram d'une charge furieuse. Les Autrichiens, refoulés de toutes parts, battirent en retraite. La victoire était complète.

On avait lutté de quatre heures du matin à quatre heures de l'après-midi. L'Archiduc Charles opéra sa retraite en assez bon ordre. Les pertes étaient énormes des deux côtés et à peu près égales. Une cinquantaine de mille hommes étaient tués ou hors de combat.

Si Napoléon avait eu l'armée d'Austerlitz, il eût complété immédiatement sa victoire; mais l'armée de Wagram, remplie de recrues et d'hommes de toutes races, n'avait plus la consistance de la vieille armée française. Il ne put recommencer la poursuite que du 7 au 8 juillet. L'Autriche, qui avait perdu sa dernière armée, demanda la paix. Elle fut signée à Vienne le 14 octobre 1809.

MASSÉNA (André), un des plus illustres généraux de la République, naquit à Nice le 6 mai 1758. Après trois campagnes sur mer, il entra, à dix-sept ans, au régiment Royal-Italien, où il obtint assez rapidement le grade d'adjudant. Chef de bataillon des volontaires du Var (1er août 1792), Général de brigade en 1793, promu divisionnaire quelques mois après, il prit une part brillante aux campagnes d'Italie en 1794 et 1795, fut mis par Bonaparte en tête de l'avant-garde en 1796 et se couvrit de gloire dans cette mémorable campagne. Ses exploits lui valurent, de la part du général en chef, le surnom d'*Enfant chéri de la victoire*.

Il s'illustra encore par ses victoires de Zurich (1799) et par sa belle défense de Gênes (1800). Nommé maréchal en 1804, il commanda l'armée d'Italie, gagna sur les Autrichiens la bataille décisive de Caldiero (1805) et, l'année suivante, s'empara du royaume de Naples. Créé duc de Rivoli en 1807, il se signala par son énergie à Essling et à Wagram et gagna le titre de prince (1809).

Après une campagne infructueuse en Portugal et en Espagne (1810-1811), il resta sans grand commandement jusqu'à la fin de l'empire.

Masséna mourut le 4 avril 1817.

SOULT (Nicolas-Jean-de-Dieu), duc de Dalmatie, maréchal de France, né à Saint-Amans-la-Bastide (Tarn), (1769-1854) s'engagea en 1785 et monta rapidement de grade en grade. Il était général de brigade vers la fin de 1794. A dater de cette époque se succède, presque sans interruption, cette série de hauts faits d'armes qui ont fait à Soult un des noms les plus glorieux des grandes périodes de la Révolution et de l'Empire.

Général de division (1799), il prit la part la plus active aux opérations de l'armée d'Helvétie. L'Empire le fit maréchal de France (mai 1804) et, après les campagnes d'Austerlitz et d'Iéna, au succès desquelles il contribua, le créa duc de Dalmatie. En Espagne et en Portugal, il déploya une rare habileté.

Sous la Restauration, Soult, qui avait renié son passé, fut ministre de la guerre. A la nouvelle du retour de l'île d'Elbe, il fut destitué. Napoléon le nomma pair de France et major-général de l'armée. Banni par la seconde Restauration, il put rentrer en France en 1819. On lui rendit le bâton de maréchal (1820) et la pairie (1827). Il fut trois fois ministre de la guerre et trois fois président du Conseil. C'est sous sa direction que furent élevées les fortifications de Paris.

PRISE D'OPORTO

Pendant la seconde campagne d'Autriche, l'Espagne avait été le théâtre d'événements militaires très compliqués.

D'après les instructions laissées par Napoléon, Soult devait entrer en Portugal, aller prendre Oporto et marcher ensuite sur Lisbonne. Ney, Victor et Junot avaient pour mission d'achever la conquête des diverses provinces espagnoles, tandis que le roi Joseph, avec le maréchal Jourdan, resterait à Madrid, à la tête d'une armée de réserve. Divers détachements étaient chargés d'occuper l'extrême nord de l'Espagne et d'assurer les communications avec la France.

Le plan de Napoléon eût pu réussir avec un vrai général au centre. Il n'y en avait pas; les chefs de corps étaient très désunis. En outre, ils avaient ordre de correspondre directement avec le ministre de la guerre, le général Clarke, à Paris, et celui-ci correspondait avec Napoléon. Le succès était impossible avec un pareil système.

Les Espagnols avaient repris courage, après le départ de Napoléon; leurs armées s'étaient reformées. L'Angleterre leur fournissait des armes, des munitions, de l'argent. Elle renvoya en Portugal le général qui en avait, l'année précédente, fait sortir les Français, sir Arthur Wellesley (Wellington).

Soult, cependant, était entré en Portugal avec 26.000 hommes, tout ce qu'il put réunir. L'insurrection était générale en Portugal comme en Espagne, Soult fut obligé de forcer tous les passages. Il battit deux fois les Portugais à Braga et à Oporto (18-29 mars 1809) et prit d'assaut cette dernière ville. Le pont de bateaux du Douro, entre la ville et les faubourgs, croula sous le poids des fuyards, et des milliers d'hommes périrent dans les eaux ou sous de feu des Français. Mais bientôt arriva le général Wellesley avec 30.000 Anglais et Portugais. La nécessité d'occuper plusieurs places entre Oporto et la Galice avait tellement réduit nos forces, que Soult dut se résigner à évacuer la ville. Après des prodiges d'énergie il força les défilés occupés par les insurgés et rentra en Galice.

ÉVACUATION DE FLESSINGUE PAR LES ANGLAIS

Durant toute la campagne de 1809, les Anglais avaient fait, comme en Espagne, d'immenses efforts sur d'autres points, en vue de détruire les grands établissements maritimes qu'avait, dans ces dernières années, entrepris Napoléon et qui les inquiétaient pour l'avenir.

Après avoir, sans résultat appréciable, dirigé une attaque contre Rochefort, ils lancèrent une expédition considérable sur la Belgique. Plus de 40.000 soldats, embarqués sur une flotte de 40 vaisseaux de ligne, 30 frégates et cinq à six cents transports, parurent, à la fin de juillet, aux bouches de l'Escaut.

Une partie de la flotte entra dans le bras oriental de l'Escaut et jeta une quinzaine de mille hommes dans l'île de Walcheren. Nous n'y avions que 3.000 hommes. Le général Monnet, qui les commandait, fut obligé de se renfermer dans Flessingue ville importante, qui commande la principale des bouches de l'Escaut. Cette place fut bientôt assiégée par terre et par mer.

Anvers se trouvait dans un grave péril. Nous avions heureusement, à la tête de notre escadre, un brave et habile amiral, Missiessy. Il mit notre escadre en sûreté dans l'Escaut supérieur, au-dessus du point où ce fleuve se partage en deux grands bras ; il barra le fleuve pour se garantir des brûlots et établit ses dix vaisseaux comme une batterie de mille pièces de canon entre les deux forts qui protègent la rive droite et la rive gauche.

La belle défense du général Monnet à Flessingue donna à l'amiral Missiessy le temps d'achever ses dispositions et à Bernadotte le temps de venir prendre le commandement des troupes qui s'assemblaient à Anvers. Flessingue ne capitula que le 16 août, après dix-sept jours de résistance.

La fièvre des marais avait cruellement éprouvé les Anglais durant leur séjour dans les îles malsaines de la Zélande. Ils renoncèrent à attaquer Anvers, rembarquèrent leur armée et, bientôt après, évacuèrent Flessingue, où leurs hommes mouraient par centaines. Ils avaient dépensé pour rien des milliers d'hommes et bien des millions.

MARCHANDISES ANGLAISES VENDUES OU BRULÉES

Napoléon ne pouvant attaquer l'Angleterre sur son propre territoire résolut de la ruiner en empêchant les peuples de l'Europe de faire le commerce avec elle. Par le décret de Berlin (21 nov. 1806), il déclara les îles Britanniques en état de blocus. Toute marchandise anglaise devait être confisquée, tout bâtiment européen qui toucherait à un port anglais devait être capturé. C'est là ce qu'on a nommé le *Blocus continental*.

L'Angleterre parvint un moment à déjouer ce blocus par une vaste et habile organisation de la contrebande. Elle avait établi de grands dépôts de marchandises de fabrication anglaise et de denrées coloniales aux îles Açores, à Malte, à Heligoland, où les navires neutres, réduits à faire la contrebande ou à cesser tout commerce, étaient contraints de venir s'approvisionner et de payer de gros droits aux Anglais ; ces navires débarquaient de nuit les marchandises anglaises sur les points de la côte où des recéleurs venaient les chercher ou bien entraient dans les ports des alliées de la France et même dans les ports français en prétendant apporter directe-

ment les denrées coloniales des lieux de provenance. Napoléon fit saisir dans les ports français tout les bâtiments contrebandiers et tira grand profit de leurs riches cargaisons.

On ne réussissait pas, cependant, à empêcher la contrebande ; on faisait seulement gagner une prime énorme aux contrebandiers. Napoléon conçut l'idée de s'attribuer cette prime, en autorisant partout l'entrée des denrées coloniales moyennant un droit de 50 pour cent. On fermerait les yeux sur l'origine des denrées et des navires qui les apporteraient ; mais en même temps qu'on recevrait toutes les denrées coloniales, on confisquerait et l'on brûlerait toutes les marchandises de fabrication anglaise.

Cette mesure très habile fut appliquée sur-le-champ dans tout l'Empire français et dans tous les pays voisins ou occupés par nos troupes. Des quantités énormes de marchandises anglaises furent détruites, tandis que des masses de denrées coloniales se répandaient partout et faisaient baisser le prix exorbitant d'une foule d'objets de consommation dont la privation avait été cruelle pour les peuples.

LOUIS BONAPARTE, frère aîné de Napoléon Ier, naquit à Ajaccio le 2 septembre 1778. Attaché d'abord à son frère comme lieutenant, il devint son aide de camp à l'armée d'Italie et reçut le brevet de capitaine après la bataille de Castiglione. Il accompagna Bonaparte en Égypte et revint à Paris en 1799 pour demander des secours au Directoire.

Marié le 5 janvier 1802 à Hortense de Beauharnais, il devint en 1804 général de division et fut pourvu, à l'avènement de l'Empire, des titres de prince, de connétable, de colonel général des carabiniers, de gouverneur des départements au delà des Alpes, etc.

En 1805, il accompagna l'empereur en Italie, fut nommé gouverneur du Piémont et fut chargé, à la fin de la même année, d'organiser l'armée du Nord. Il venait d'être appelé au commandement de Paris, en remplacement de Murat, lorsqu'il fut proclamé roi de Hollande, le 24 mai 1806. Il gouverna ce pays avec sagesse et modération ; mais les exigences capricieuses de Napoléon le déterminèrent à abdiquer le 1er juillet 1810. Retiré d'abord à Grœtz, il tenta vainement de remonter sur le trône, se sépara de sa femme et se rendit en Italie, où il vécut dans la retraite sous le nom de comte de Saint-Leu. Il mourut à Florence le 25 juillet 1846.

HORTENSE (La reine), Hortense-Eugénie de Beauharnais, fille de Joséphine Tascher de la Pagerie et du vicomte Alexandre de Beauharnais, naquit à Paris le 10 avril 1783. Mariée en 1802 à Louis Bonaparte, troisième frère de Napoléon, elle devint reine de Hollande le 5 juin 1806.

Après l'abdication de son mari (1er juillet 1810) et lorsque la Hollande eut été réunie à la France elle revint se fixer à Paris.

Obligée de s'expatrier après la seconde Restauration, elle résida successivement à Augsbourg, à Rome et au château d'Arenenberg près du Lac de Constance. Elle sollicita vainement du gouvernement de Louis-Philippe l'autorisation de rentrer en France.

Elle mourut au château d'Arenenberg, le 5 octobre 1837, regrettée de tous ceux qui l'avaient approchée et qui avaient pu apprécier sa grande bonté et sa gracieuse amabilité !

Elle eut trois fils : Napoléon-Charles, mort enfant à la Haye en 1807 ; Napoléon-Louis, qu'elle perdit en 1831, et Napoléon III.

Elle a laissé plusieurs romances, dont elle avait composé la musique et les paroles ; la plus connue est : *Partant pour la Syrie*.

ENTRÉE DES TROUPES FRANÇAISES A AMSTERDAM

En même temps qu'il faisait saisir dans les ports français les navires neutres qui se livraient à la contrebande, Napoléon invitait ses alliés à en faire autant chez eux. Il trouva chez tous une très vive répugnance à cette mesure, mais nulle part la résistance ne fut plus opiniâtre que dans un pays dont il attendait une obéissance passive, dans le royaume de son frère Louis : la Hollande.

La Hollande était dans le plus triste état. Son commerce et sa marine étaient ruinés. Napoléon voulut contraindre Louis, non seulement à lui livrer les navires contrebandiers qui se trouvaient dans les ports de la Hollande, mais à réduire la dette républicaine hollandaise des deux tiers, en d'autres termes à faire banqueroute, de façon à trouver de l'argent pour l'armée et la flotte qu'il exigeait de la Hollande comme contingents.

Le roi Louis refusa d'acquiescer aux exigences de Napoléon. Celui-ci fit envahir toute la Hollande par ses soldats et par ses douaniers; puis Louis ayant abdiqué au profit de son fils, Napoléon prononça la réunion de la Hollande à la France (29 juillet 1810), et les troupes françaises entrèrent à Amsterdam.

La Hollande fut divisée en neuf départements français. La dette fut réduite à un tiers consolidé; malgré cette banqueroute, les misères de la Hollande furent plutôt diminuées par l'annexion à la France. La Hollande étouffait entre le blocus maritime des Anglais et la ligne de douanes françaises par laquelle Napoléon l'avait récemment séparée de la Belgique et des provinces rhénanes. Non seulement cette ligne de douanes fut supprimée, mais Napoléon accorda aux négociants hollandais, moyennant le paiement d'un droit de 50 pour 100, la libre introduction en France des denrées coloniales entrées malgré le blocus continental dans les ports de la Hollande.

Napoléon ordonna de grands travaux de constructions maritimes à Rotterdam et à Amsterdam et ranima ainsi quelque peu ces deux grandes villes. Les Hollandais gagnèrent aussi à passer sous le régime des impôts français, moins lourds que n'avaient été ceux du royaume hollandais.

CONVOIS DE BLESSÉS SURPRIS ET MASSACRÉS PAR LES GUERILLEROS

La guerre continuait toujours en Espagne, atroce, meurtrière et sans profit. Les défaites qui eussent abattu d'autres peuples ne produisaient pas une grande impression sur ces populations.

Avec la nature de ce pays, hérissé de chaînes de montagnes si propres à la guerre de partisans, et avec le caractère des habitants si conforme à celui du pays, rien absolument n'était fini. Les *guerillas* couraient partout les montagnes, attaquant nos convois, harcelant nos détachements.

Les insurgés espagnols, faciles à battre en plaine, étaient terribles derrière des murailles et la guerre de sièges qu'étaient obligés de faire nos généraux exigeait les plus grands efforts et beaucoup de sang.

Le général Suchet avait réussi à battre les insurgés en Aragon et à dissiper les principales guérillas. Mais les autres généraux n'y parvenaient pas comme lui. Les chefs de bandes, les « guerilleros » causaient des maux infinis à nos armées. Ils massacraient nos blessés et nos ma-

lades, interceptaient nos dépêches, enlevaient nos convois, détruisaient nos détachements et nos renforts.

Nos conscrits, à leur arrivée en Espagne, s'épuisaient à courir après ces bandes infatigables et, au bout de quelques jours, allaient tomber dans des hôpitaux infects pour n'en plus sortir. Nos armées d'Espagne fondaient ainsi et ne se recrutaient même pas.

Avec des troupes démoralisées, souvent inférieures en nombre, nos généraux cependant accomplissaient des prodiges. Tandis que Sébastiani triomphait à Almonacid, dans la haute vallée du Tage, le maréchal Soult gagnait la brillante victoire d'Océna, forçait les défilés de la Sierra-Moréna et allait investir Cadix.

De son côté Masséna envahit le Portugal, s'empara de Ciudad Rodrigo (9 juillet 1810), entra dans Coïmbre, mais ne put forcer les lignes de Torrès-Vedras. Après cinq mois de luttes sanglantes, il fut obligé de se mettre en retraite. Battu à Fuentés-d'Onòro (5 mai 1811), il se replia en Espagne.

LE QUIRINAL ET LA FONTAINE DE MONTE-CAVALE

Malgré l'arrangement si vanté du Concordat, Napoléon n'avait pas tardé à entrer en lutte avec le pape. La brouille était venue tout naturellement à propos du pouvoir temporel, Napoléon entendant que les États romains dépendissent de son empire et Pie VII prétendant rester un souverain indépendant.

Dès le commencement de 1808, Napoléon avait fait occuper militairement Rome et les États romains; il avait, peu après, expulsé de Rome et renvoyé, chacun dans leur pays, tous ceux des cardinaux qui n'étaient pas nés dans les États romains; c'était dissoudre de fait le sacré Collège, le grand conseil du chef de l'Église. Le pape répondit en rappelant son légat de Paris. Napoléon se décida alors à supprimer définitivement le pouvoir temporel; un décret impérial réunit les États du pape à l'Empire français (17 mai 1809).

Le 10 juin 1809, le décret impérial fut publié dans Rome et le drapeau tricolore arboré sur le château Saint-Ange. Le pape fit immédiatement afficher une bulle d'excommunication contre les « spoliateurs de l'Église. »

Napoléon envoya, de Schœnbrünn, près Vienne, l'ordre d'arrêter le pape, et le gouverneur de Rome, Miollis, fit envahir de nuit le palais du Quirinal, où résidait le pontife. Les portes enfoncées, le pape fut arrêté et emmené sur le champ. Conduit d'abord en Toscane, puis à Gênes et de là à Grenoble, Pie VII fut, sur l'ordre de l'empereur, reconduit sur la côte génoise à Savone. Napoléon tâcha de l'adoucir, en lui offrant de l'entourer d'une représentation imposante. Pie VII, se considérant à juste titre comme prisonnier, refusa toute négociation, tant qu'on ne lui rendrait pas les Conseillers du Saint-Siège, les cardinaux.

Cette attitude passive du pape causait à Napoléon d'assez sérieux embarras. Il y avait dans l'Empire un nombre croissant d'évêchés vacants; l'empereur, conformément au Concordat, en avait nommé les titulaires; mais Pie VII se refusait à leur donner l'institution papale, nécessaire aux évêques pour leur entrée en fonctions. La suspension des fonctions épiscopales dans vingt-sept diocèses troublait grandement l'exercice du culte.

MARIE-LOUISE (Léopoldine-Françoise-Thérèse-Joséphine-Lucie) archiduchesse d'Autriche, impératrice des Français, puis duchesse de Parme, Plaisance et Guastalla, née à Vienne en 1791, était fille de François Ier empereur d'Autriche et de Marie-Thérèse de Naples.

Elle épousa, le 1er avril 1810, Napoléon Ier, devint mère, le 20 mars 1811, d'un fils qui reçut le nom de *roi de Rome*, accompagna Napoléon à Dresde en 1812 et fut nommée régente pendant les campagnes de 1813 et 1814.

Lorsque les alliés s'approchèrent de Paris, le ministre de la guerre, Cambacérès, proposa de faire partir l'impératrice et le roi de Rome, pour les envoyer sur la Loire, hors de l'atteinte des ennemis. Marie-Louise, jeune femme d'humeur douce et de peu de caractère, se résigna facilement à la fuite et se réfugia à Blois, puis à Orléans. Après l'abdication de l'empereur, elle se retira à Vienne. Après les Cent-Jours et lorsque le sort de l'Europe eut été réglé, elle alla prendre possession de ses États de Parme, Plaisance et Guastalla, qu'elle conserva jusqu'à sa mort.

L'ex-impératrice oublia bien vite son époux et même son fils, s'attacha au comte de Neipperg, qu'elle épousa, après la mort de Napoléon, et mourut en 1847.

FESCH (Joseph), cardinal, né à Ajaccio le 3 janvier 1763, était l'oncle maternel de Napoléon Ier. Son père, officier suisse au service de Gênes, avait épousé en secondes noces la mère de Lœtitia Bonaparte.

Archidiacre d'Ajaccio au moment de la Révolution, il protesta contre la constitution civile du clergé. Privé de toutes ressources et obligé de quitter son pays à cause de son attachement à la France, il entra dans l'administration de l'armée d'Italie (1795), à la tête de laquelle venait d'être placé son neveu Bonaparte.

Après le 18 brumaire, il prit part aux négociations qui amenèrent le concordat, devint archevêque de Lyon (1802) et reçut bientôt après le chapeau de cardinal.

Nommé ambassadeur près le Saint-Siège, en 1804, il obtint de Pie VII qu'il vînt sacrer à Paris le nouvel empereur. Sénateur, comte, coadjuteur de l'évêque de Ratisbonne, il refusa l'archevêché de Paris, lors des démêlés de l'empereur avec le pape, et présida le concile national de 1811. Tombé en disgrâce, il alla vivre dans son diocèse jusqu'à la chute de l'Empire. A la Restauration, il refusa de se démettre de l'archevêché de Lyon et se rendit à Rome, où il mourut, le 13 mai 1839.

LE CONCILE

Napoléon ne parvenant pas à briser la résistance du pape, consulta une Commission ecclésiastique sur le projet de réunir en concile les évêques de l'Empire, afin d'aviser à se passer du pape, s'il persistait à refuser l'institution canonique aux évêques nommés.

Le concile s'ouvrit le 17 juin 1811, sous la présidence du cardinal Fesch, archevêque de Lyon, oncle maternel de l'empereur. Il fut composé d'une centaine d'évêques français et italiens des contrées annexées à la France. La majorité des évêques italiens, n'ayant pas prêté le serment, n'étaient pas présents. Napoléon croyait trouver dans cette assemblée un instrument d'une docilité absolue. Son attente fut déçue. Tous les évêques protestèrent de leur attachement au Saint-Siège et refusèrent voix délibérative à ceux de leurs collègues qui avaient été nommés par l'empereur mais non institués par le pape.

Une commission, nommée par l'Assemblée, n'admit pas que le concile, qui était national et non universel, eût droit de décider, sans le pape, ce qui regardait l'institution des évêques. Elle fit un rapport, le 10 juillet, en concluant qu'avant de provoquer un décret, on réclamerait la signature du pape. Il y eut là une scène très orageuse entre les prélats dévoués à l'empereur et les opposants. Le président se hâta de lever la séance, sans laisser procéder au vote.

Le lendemain, Napoléon déclara le concile dissous et fit arrêter et envoyer à Vincennes les évêques qui s'étaient montrés le plus hostiles. Il fit agir individuellement sur ces prélats qui lui avaient résisté en corps, et, à force de promesses et de menaces, obtint la soumission de quatre-vingt cinq sur cent six. Lorsqu'il fut sûr de la majorité, il convoqua de nouveau le concile et lui fit accepter un décret stipulant l'institution de l'évêque par son métropolitain (l'archevêque) au bout de six mois, si le pape ne l'avait pas donnée.

Une députation fut envoyée au pape, qui accepta le décret et consentit à instituer les vingt-sept évêques nommés par l'empereur. Les concessions qu'avait faites Pie VII ne lui valurent même pas la liberté. Napoléon comptait lui demander des concessions plus considérables encore.

MALET (Claude-François de), né à Dôle le 28 juin 1754, servit d'abord dans les mousquetaires. En 1780, il embrassa avec ardeur la cause de Révolution et commanda, en 1792, un bataillon de volontaires. — Général de brigade en 1799 et servant à l'armée d'Italie en 1804, il chercha à y faire de la propagande républicaine.

Suspect à cause de ses opinions, Malet fut mis en disponibilité en 1807 et enfermé à la Force, où il resta dix mois. Pendant sa captivité, il conçut le projet d'abattre par un coup de main le régime impérial et s'entendit avec deux de ses co-détenus, les généraux Lahorie et Guidal.

Le complot fut à demi découvert, mais comme les preuves écrites manquaient, le gouvernement étouffa l'affaire et garda les conspirateurs en prison. En 1812, Malet obtint d'être transféré dans une maison de santé et renoua le complot. Le 22 octobre au soir, il s'évada, se rendit à la caserne Popincourt, annonça que Napoléon était mort et que le Sénat venait de rétablir la République. Après avoir fait arrêter le ministre de la police, il se rendit à l'état-major de la place, chez le général Hulin, qu'il blessa d'un coup de pistolet; mais il fut arrêté. Traduit devant une commission militaire, Malet fut fusillé le 29 octobre dans la plaine de Grenelle.

SUCHET (Louis-Gabriel), duc d'Albuféra, maréchal de France, né à Lyon, le 2 mars 1770, était fils d'un fabricant de soieries. Enrôlé comme volontaire en 1792, chef de bataillon au siège de Toulon, il se distingua à l'armée d'Italie, fut fait général de brigade (1798), puis général de division (1799).

Il s'illustra en défendant contre les Autrichiens la rivière de Gênes et la ligne du Var (1800); il prit une part brillante à la bataille de Marengo, fit avec la même distinction les campagnes d'Autriche et de Prusse, et fut créé comte (1808).

Envoyé en Espagne, en qualité de généralissime de l'armée d'Aragon, il déploya, comme homme de guerre et comme administrateur, les plus rares talents, et en moins de deux années conquit cette province par sa bonne administration autant que par ses victoires. Nommé maréchal de France en 1811, il acheva la conquête du royaume de Valence et fut fait duc d'Albuféra.

Louis XVIII le nomma pair de France. Pendant les Cent-Jours, il défendit avec succès les frontières de Savoie et du Piémont. Exclu de la pairie à la seconde Restauration, il ne rentra à la Chambre qu'en 1819. Il mourut à Marseille en 1826.

PRISE DE TARRAGONE

Les Anglais, bien loin d'être expulsés de la Péninsule, demeuraient maîtres du Portugal et reprenaient l'offensive en Espagne. La situation était mauvaise partout, excepté là où commandait le sage et habile Suchet.

Tandis que Marmont et Soult opéraient sur les confins de l'Espagne et du Portugal et forçaient Wellington à lever le siège de Badajoz, Suchet agissait avec une grande vigueur à l'autre bout de la Péninsule.

Il avait entrepris le siège de Tarragone avec une armée qui ne dépassait guère en nombre la garnison de cette place forte. Les insurgés catalans avaient concentré dans cette forte place tout ce qu'ils avaient d'hommes et de ressources. La situation de Tarragone, bâtie en amphithéâtre sur des rochers qui dominent la mer, était particulièrement favorable à la résistance; de plus les assiégés communiquaient sans obstacle avec la flotte anglaise, qui les ravitaillait incessamment.

Rien n'arrêta Suchet ni ses intrépides soldats. Une longue suite d'assauts furieux, qui dura cinq à six semaines (20 mai-29 juin 1811) emporta successivement les ouvrages extérieurs, puis la ville basse, puis la ville haute. Six ou sept mille assiégés furent tués ou mis hors de combat, dix-mille furent faits prisonniers. Les Français avaient payé leur victoire par la perte de 4 à 5.000 hommes. Suchet alla ensuite s'emparer de Valence, mais ne put pousser plus loin ses entreprises.

Napoléon, tout entier à ses préparatifs contre la Russie, avait rappelé une partie de ses troupes d'Espagne pour renforcer l'armée d'Allemagne. Wellington en profita pour reprendre vigoureusement l'offensive. Les Anglais entrèrent à Madrid. Soult cependant reprit Madrid et obligea Wellington à repasser en Portugal. Les événements de Russie vinrent surexciter l'ardeur et l'espoir des Espagnols. Wellington, nommé généralissime des armées espagnoles, prit de nouveau l'offensive en Castille. Joseph, battu à Vittoria (21 juin 1813), passa les Pyrénées, abandonnant aux Anglais la route de Bayonne. Voilà où avaient abouti tant d'effroyables sacrifices!

CAULAINCOURT (Armand-Augustin-Louis de) duc de Vicence, général et diplomate, né à Caulaincourt (Aisne) en 1772, servit dès l'âge de 15 ans. Il était colonel de cuirassiers en 1800. Chargé d'une mission diplomatique en Russie, en 1801, il gagna l'amitié de l'empereur Alexandre.

Aide de camp du premier Consul, il devint successivement général de brigade, général de division (1805), grand-écuyer de l'Empereur puis duc de Vicence. De nouveau ambassadeur à Saint-Pétersbourg, de 1807 à 1811, il s'efforça de maintenir la paix entre l'empereur et Napoléon. Rappelé comme trop pacifique, il revint à Paris avec Napoléon qu'il avait vainement essayé de détourner de l'expédition de Russie, et se consacra désormais à la diplomatie. Il signa l'armistice de Pleswitz (juin 1813), fut nommé sénateur, puis ministre des affaires extérieures, représenta la France au congrès de Chatillon (1814) et, pendant les Cent-Jours, reçut encore le portefeuille des affaires étrangères.

Sous la Restauration, il vécut dans la retraite et mourut en 1827, après avoir consacré ses dernières années à réfuter les calomnies de ceux qui l'accusaient de complicité dans l'exécution du duc d'Enghien.

LAURISTON (Jacques-Alexandre-Bernard-Law, marquis de), maréchal de France, né à Pondichéry en 1768, mort à Paris en 1828; était le petit-neveu du célèbre financier Law.

Lauriston, qui avait été le condisciple de Bonaparte à l'école militaire, était en 1795 chef de brigade d'artillerie. Le Premier Consul le prit comme aide de camp en 1800 et le chargea de diverses missions diplomatiques, qu'il remplit avec honneur.

Général de brigade, puis général de division (1805), il fit la campagne d'Austerlitz, occupa Raguse qu'il défendit contre les Russes (1807), devint gouverneur de Venise, accompagna Napoléon en Espagne, le suivit en Autriche, combattit à Essling et à Wagram (1809); où il commanda l'artillerie de la garde et fut envoyé ambassadeur en Russie (1811). Ses efforts pour maintenir la paix entre Alexandre et Napoléon échouèrent. Il fit la campagne de 1812, se distingua dans la campagne de Saxe et fut fait prisonnier à Leipzig.

Nommé pair de France à la Restauration (1815), marquis en 1817, il devint ministre de la maison du roi (1821), maréchal de France (1823) et commandant en chef d'un corps de l'armée d'Espagne.

LES ENFANTS DE PARIS A WITEPSK

Parti de Kœnigsberg, le 17 juin 1812, pour se mettre à la tête de l'armée, Napoléon passa le Niémen, le 24, à la tête de 350.000 hommes. Il avait résolu d'aller à Wilna, où était le quartier général de l'empereur Alexandre. L'empereur de Russie se hâta d'évacuer Wilna. Les Français entrèrent, dès le 28 juin dans cette capitale de la Lithuanie, et y furent accueillis avec transport par les habitants, polonais de cœur; mais c'est en vain qu'on supplia Napoléon de proclamer la reconstitution de la Pologne; il s'y refusa énergiquement.

Il perdit malheureusement dix-sept jours à Wilna, pour attendre les équipages et les convois et pour remettre de l'ordre dans l'armée. Le 16 juillet, il remit en mouvement le gros de l'armée, dans le but de franchir la Dwina et de séparer les deux principales armées russes. Les 25 et 26 juillet, il battit le corps de Barclay de Tolly à Ostrowno et arriva le lendemain en vue de Witepsk. L'armée russe était rangée en bataille derrière un ravin et une petite rivière.

Notre avant-garde chargea aussitôt.

Un détachement de voltigeurs du 9e de ligne, s'étant trop avancé au delà du ravin, fut comme submergé par une charge générale de la cavalerie russe. Cette poignée d'hommes ne se rompit pas, se rapprocha du ravin et se défendit par une vive fusillade. Notre armée croyait cette petite troupe perdue; quand un mouvement de nos colonnes en avant eut refoulé les Russes, on vit avec admiration se dégager de la mêlée nos intrépides voltigeurs.

Napoléon, poussant sur eux, leur cria : « Qui êtes-vous, mes amis? — Enfants de Paris », répondirent ces jeunes gens. — « Eh bien ! vous êtes des braves, et vous avez tous mérité la croix. »

Toute l'armée battit des mains.

L'arrière-garde russe fut refoulée. Le lendemain, Napoléon reprenait sa marche en avant pour l'accomplissement de cette funeste campagne de Russie qui devait amonceler tant de ruines.

OUDINOT (Charles-Nicolas), duc de Reggio, maréchal de France, né à Bar-le-Duc, le 25 avril 1767, servit comme volontaire dès l'âge de 17 ans et se distingua dans les guerres de la Révolution.

Général de brigade en 1794, il était général de division en 1799. Il se fit remarquer par sa mâle intrépidité à Austerlitz, contribua à la victoire d'Ostrolenska et à la prise de Dantzig et, avec Ney, Lannes et Bernadotte, acheva l'écrasement des Russes à Friedland. Il rendit les plus signalés services, à Eckmühl, à Essling et à Wagram, où, à la tête de ses grenadiers, il emporta le village après une série de brillants combats.

Créé comte, maréchal de France et duc de Reggio, il fit la campagne de Russie, se distingua, dans la campagne de Saxe, aux combats de Lutzen et de Bautzen, mais fut battu à Gross-Beeren par Bernadotte (1813). Il défit les Russes à Wachau, et les Prussiens à Freybourg.

Il adhéra à la déchéance de Napoléon, devint pair de France, fut l'un des majors généraux de la garde royale et commandant en chef de la garde nationale. Il reçut le commandement du premier corps d'armée dans l'expédition d'Espagne en 1823; fut nommé sous Louis-Philippe, grand chancelier de la Légion d'honneur et mourut gouverneur des Invalides (1847).

NEY (Michel), duc d'Elchingen, prince de la Moskowa, maréchal de France, naquit à Sarrelouis, le 10 janvier 1769.

Fils d'un tonnelier, il s'engagea en 1788. Son intrépidité et son intelligence le firent rapidement avancer. Chef de brigade en 1795; général de brigade l'année suivante, il obtint en 1799, le grade de général de division.

Maréchal de l'empire (1804) et commandant en chef du 6e corps de la Grande Armée (1805), il prit une part glorieuse, aux campagnes d'Allemagne et de Prusse et fut créé duc d'Elchingen en 1808.

De 1808 à 1811, il servit en Espagne et en Portugal et se couvrit de gloire en 1812 pendant la campagne de Russie. Il fut fait prince de la Moskowa le soir même de la terrible bataille du 7 septembre. Son énergie surhumaine pendant la retraite mit le comble à sa réputation. Il se distingua encore dans les campagnes de 1813 et 1814; à Waterloo, il se battit comme un lion et eut 7 chevaux tués sous lui.

Rallié à Louis XVIII en 1814, chargé d'arrêter à Besançon l'empereur débarqué de l'île d'Elbe, il se réunit à lui. Il fut arrêté à la seconde Restauration, condamné à mort et fusillé, le 7 décembre 1815, sur la place de l'Observatoire, à l'endroit où s'élève aujourd'hui sa statue.

BATAILLE DE LA MOSKOWA

Napoléon, revenant toujours à l'idée de tourner l'ennemi et de lui couper la route de Moscou, avait résolu de porter sa base d'opération jusqu'à Smolensk. Les Russes, sentant l'impossibilité de défendre la ville, n'hésitèrent pas à la détruire. On les poursuivit et notre avant-garde les atteignit à Valoutina, où elle leur infligea une sanglante défaite, mais sans réussir à les empêcher de passer le fleuve un peu plus loin. Cette fois encore, les grandes combinaisons de Napoléon avaient échoué; on n'était point parvenu à tourner l'ennemi.

Les Russes cependant se retiraient brûlant tout, afin d'entraver la marche des Français. Mais l'armée s'indignant de reculer toujours, le tsar enleva le commandement en chef au général Barclay de Tolly, et le donna au vieux et énergique Kutusoff.

Kutusoff prit position, pour attendre l'armée française, à Borodino, près de la Moskowa, à une vingtaine de lieues en avant de cette capitale. Le 5 septembre, Napoléon arriva devant Borodino. Les forces étaient à peu près égales : l'armée française comptait environ 127.000 hommes et 580 canons; les Russes avaient 120.000 hommes de troupes de ligne et 8 à 10.000 cosaques. Napoléon donna un jour de repos à notre armée. Le 7 septembre, à cinq heures et demie du matin, l'action s'engagea. Peu de batailles ont été aussi meurtrières; l'artillerie française, les attaques furieuses de Ney et de Murat décimèrent les Russes. Les redoutes de Borodino furent prises et reprises plusieurs fois. Napoléon mitrailla jusqu'au soir les masses ennemies. Les Russes cédèrent à la fin et abandonnèrent leurs positions, laissant sur le terrain près de 60.000 hommes morts ou blessés. De notre côté, le nombre des victimes atteignait 30.000, dont 43 généraux. Napoléon lui-même, si peu soucieux de la vie humaine, semblait effrayé. Contre son ordinaire, il diminua dans ses dépêches le nombre des morts ennemis.

Kutusoff se retira avec ses débris mutilés, mais non désorganisés. Son arrière-garde essaya encore de se défendre sur la route de Moscou, sans pourtant réussir à retarder notre marche.

INCENDIE DE MOSCOU

Kutusoff avait promis au gouverneur de Moscou, Rostopchine, de défendre à outrance cette capitale. Mais livrer bataille en avant de Moscou à 100.000 Français avec une cinquantaine de mille hommes seulement, c'était se faire anéantir. Se battre dans Moscou même, c'était condamner à la destruction cette ville presque entièrement construite en bois. Kutusoff décida la retraite au sud de Moscou ; mais l'idée de voir « la ville sainte » au pouvoir de l'étranger exaspéra le patriotisme des vieux Russes et suscita dans l'esprit de Rostopchine une résolution désespérée et terrible.

En contemplant, du haut de la colline du *Salut*, la grande cité avec tous ses dômes dorés étincelant aux rayons du soleil, ses clochers de forme orientale, ses toits brillants en tuiles vernissées de diverses couleurs, ses palais, les monuments du Kremlin, cette vieille citadelle des tsars, les soldats de Napoléon s'arrêtèrent émus au spectacle qui se déroulait sous leurs yeux. Un long cri d'enthousiasme courut dans tous les rangs : « Moscou ! Moscou ! »

Napoléon fit son entrée le 15 septembre. Partout le silence et la solitude environnaient l'armée. La veille, avant de quitter la ville, Rostopchine avait enjoint à tous les habitants de sortir avec les troupes. Il fit ouvrir les prisons et donna mission aux condamnés de mettre le feu à la ville, dès que les habitants et les soldats l'auraient abandonnée. Nos troupes virent les rues désertes ; mais elles trouvèrent partout des vivres et des ressources de tous genres. Elles se réjouissaient d'avoir pu pénétrer pour la première fois dans une ville russe non incendiée par les Russes.

La joie fut courte. Dans la nuit du 15 au 16 septembre, le feu éclata aux quatre coins de la ville. Un vent violent et changeant chaque jour propagea l'incendie dans presque toutes les directions. On courut aux pompes ; Rostopchine les avait emmenées. Trois jours et trois nuits, Moscou présenta l'aspect d'un horrible brasier. Napoléon dut quitter le Kremlin, menacé à son tour, et Moscou même, qui n'était déjà plus qu'un amas de ruines fumantes.

CONSTRUCTION DE PONTS SUR LA BÉRÉSINA

Napoléon, tombé du haut de ses orgueilleuses illusions, fit faire indirectement des ouvertures de paix à l'empereur Alexandre. Celui-ci fit attendre sa réponse à Napoléon, afin de le retenir le plus longtemps possible à Moscou et de se donner le temps de ramener sur le Dniéper son armée du Danube.

L'armée française quitta enfin Moscou le 15 octobre. La pensée de Napoléon était de tourner l'ennemi au lieu de l'attaquer. Il lui fallut livrer un combat acharné à Kutusoff, qui s'était rapidement porté sur Malo-Jaroslawetz. Bien que vainqueur, il ne voulut pas livrer de nouvelle bataille, et reprit la route de Smolensk à Moscou. On ne pouvait choisir un parti qui fût pire. Cette route était entièrement dévastée. Pour comble d'infortune, le froid commençait.

Le 9 novembre, la neige tomba, la neige sèche avec la forte gelée et des tourbillons de vent glacé. On n'avait ni tentes ni abris durant les nuits qui devenaient de plus en plus cruelles. Plus de vivres; on vivait des chevaux qui mouraient et d'un peu de farine délayée dans de l'eau.

A Smolensk on ne trouva pas les ressources qu'avait espérées l'armée; les magasins avaient été pillés. Il fallut poursuivre cette retraite, qui devenait désastreuse, à mesure que le froid devenait plus intense. L'armée, décimée par les maladies et les privations, harcelée par une nuée de Cosaques, se fondait; la foule des trainards augmentait sans cesse. Les masses ennemies allaient de trois côtés se resserrer sur les débris de la Grande Armée. Il fallait à tout prix franchir la Bérésina pour leur échapper.

Il arriva une terrible nouvelle : Borisoff, notre pont sur la Bérésina était aux mains de l'ennemi. Napoléon lança Oudinot sur Borisoff. Oudinot par un vaillant coup de main, reprit la ville, mais les Russes en s'enfuyant brûlèrent le pont de bois. Napoléon chargea le général Eblé de jeter deux ponts de chevalets sur la rivière à trois lieues au-dessus de Borisoff. Eblé avait gardé tout ce qu'il avait pu d'outils et de matériaux. Il lui restait à peine 400 pontonniers sur 2.000. Ces hommes valeureux travaillèrent nuit et jour dans l'eau glacée, sans eau-de-vie pour se réchauffer, n'ayant pour tout aliment qu'un peu de bouillie sans sel.

ROI DE ROME. — Le fils que Napoléon eut de son mariage avec Marie-Louise vint au monde le 20 mars 1811 ; il reçut en naissant le titre de Roi de Rome.

Le 29 mars 1814, au moment de la marche des armées alliées sur Paris, Marie-Louise s'éloigna de la capitale avec son fils, alla à Rambouillet, puis à Blois et à Orléans et se retira enfin en Autriche. Le petit Roi de Rome quittait pour ne plus la revoir cette France qui, trois ans auparavant avait entouré son berceau de tant d'acclamations.

Il passa sa vie, au château de Schœnbrunn, sous la tutelle de son grand-père, l'empereur d'Autriche, François Ier. En 1818, le jeune prince perdit son nom de Napoléon et devint *duc de Reichstadt*. Après avoir fait d'excellentes études militaires il devint capitaine en 1828, major en 1830 et lieutenant-colonel en 1831.

Lorsqu'éclata la Révolution de juillet, le nom du fils de Napoléon fut prononcé à Paris et des démarches furent faites afin d'engager la cour d'Autriche à se prêter à une restauration de Napoléon II ; mais la cour de Vienne repoussa toutes les propositions.

Le fils de Napoléon mourut d'une fluxion de poitrine le 22 juillet 1832.

DROUET (Jean-Baptiste) comte d'Erlon, maréchal de France, né à Reims, le 29 juillet 1765, mort à Paris, le 17 janvier 1844, s'enrôla comme volontaire en 1792. Il prit part aux grandes guerres de la Révolution et obtint un avancement rapide.

Général de brigade en 1799, il était général de division en 1800. Il se distingua d'une manière éclatante à Iéna, au siège de Danzig, à Friedland et en Espagne, où il battit les Anglais au col de Maya (1811). Après Friedland, où il avait été grièvement blessé, Napoléon l'avait créé comte d'Erlon.

D'abord en faveur sous la première Restauration, il fut impliqué dans la conjuration de Lefebvre-Desnouettes et arrêté le 13 mars 1815. Il fut créé pair pendant les Cent-Jours et combattit à Waterloo.

Proscrit à la seconde Restauration, il se retira à Munich, où il fonda une brasserie. Il rentra en France en 1825, après l'amnistie qui suivit le sacre de Charles X, fut rappelé à l'activité après la révolution de 1830, commanda à Nantes en 1832 et devint gouverneur de l'Algérie en 1834. On lui doit la création des *Bureaux arabes*.

Nommé maréchal de France en 1843, il mourut l'année suivante.

PASSAGE DE LA BÉRÉSINA

Tandis que les pontonniers d'Eblé travaillaient à la construction des ponts, un détachement de cavalerie traversa la rivière à gué pour occuper l'autre rive (25 novembre).

Le lendemain, le corps d'Oudinot passa sur celui des deux ponts qui était destiné à l'infanterie et à la cavalerie. La garde, à son tour, passa; mais le second pont, celui qui était réservé aux voitures et aux chariots, rompit par deux fois sous le poids. Les pontonniers, mourant de faim et de froid, furent obligés de se remettre à l'œuvre.

Napoléon passa dans la troisième journée; après lui, Eugène et Davout, tandis que Victor restait sur la rive gauche pour protéger la fin du passage. Les Russes cependant combinaient une attaque générale.

Le 28, les masses ennemies nous assaillirent à la fois sur les deux rives de la Bérésina. Oudinot refoula énergiquement leur avant-garde sur la rive droite. Oudinot blessé, Ney le remplaça, chargea avec une vigueur extraordinaire et culbuta l'infanterie russe.

Sur la rive gauche, Victor soutint vaillamment le choc des deux corps de Wittgenstein et de Kutusoff. Mais, tandis qu'il tenait tête à l'ennemi, une effroyable confusion régnait aux abords des deux ponts. La masse des blessés, des soldats débandés et des fugitifs de Moscou n'avait pas profité, aussitôt qu'elle l'aurait pu, de la construction des ponts. Affamés, écrasés de fatigue, ces malheureux, trouvant quelques vivres et quelques abris, étaient restés sans bouger autour de grand feux. Quand les boulets russes commencèrent à tomber au milieu de cette foule, ils se ruèrent pêle-mêle vers les deux ponts, s'étouffèrent, s'écrasèrent dans un épouvantable désordre. Les voitures se brisaient, les chevaux bondissaient, renversant tout autour d'eux. Beaucoup de malheureux furent précipités dans l'eau; d'autres se noyèrent en essayant de passer sur les glaçons.

Les Russes, un moment éloignés par un effort désespéré de Victor, revenaient à la charge. Il fallut enfin mettre le feu aux ponts pour assurer le salut de l'armée et sacrifier 7 ou 8.000 hommes, femmes, enfants, qui n'ayant pu passer, restèrent au pouvoir de l'ennemi.

DERNIERS EFFORTS DU MARÉCHAL NEY

Les restes de notre armée fondaient d'heure en heure ; la grande gelée avait recommencé. Le thermomètre descendit jusqu'à vingt-huit degrés. Après chaque nuit de bivouac, nombre d'hommes ne se relevaient pas, les uns morts, les autres cloués à terre avec leurs membres gelés.

Ney et Victor livrèrent un dernier combat à Molodeczno. L'artillerie ne pouvant plus marcher, faute de chevaux, Ney dépensa tout ce qui restait de munitions, tua beaucoup de Russes, les repoussa et assura à nos derniers combattants le retour à Vilna.

Arrivé à Smorgoni, à quelques lieues de Vilna, Napoléon, abandonnant ces glorieux débris auxquels l'honneur lui prescrivait de rester uni à tout prix, quitta l'armée pour courir à Paris refaire de nouvelles troupes.

Les derniers jours de route jusqu'à Vilna furent affreux. Le froid redoubla : il alla jusqu'à 30 degrés. Les hommes tombaient par centaines à chaque marche.

Il y eut une horrible confusion lors de l'entrée à Vilna (9 décembre). On s'écrasa devant la première porte de la ville, comme on l'avait fait aux ponts de la Bérésina, chacun voulant entrer des premiers ; puis on pilla tout, les magasins, les cafés, les auberges.

Nos débris ne purent s'arrêter à Vilna pour s'y refaire. Les Russes arrivaient et on était hors d'état de se défendre. A l'approche des Cosaques, Murat partit avec l'état-major, abandonnant les blessés, les malades, les traînards. Un horrible carnage eut lieu dans la ville encombrée. Nos débris arrivèrent de Vilna à Kowno, du 11 au 12 décembre, et y repassèrent le Niémen.

On chargea Ney de tâcher d'arrêter l'ennemi à Kowno, pendant que l'état-major se dirigerait sur Kœnigsberg. Ney, à la tête d'une poignée d'hommes, tint en effet toute la journée du 13 ; mais, dans la nuit, nos derniers soldats, menacés d'être enveloppés, se dispersèrent. Ney partit le dernier avec quelques officiers. L'armée russe ne franchit pas le Niémen.

Il restait à peine 500 combattants de la vieille garde ! 300.000 hommes étaient morts, la plupart de misère et de froid ; 100.000 étaient prisonniers. Ainsi finit la seconde Grande Armée !

DÉFENSE HÉROÏQUE DU CHATEAU DE BURGOS

Tandis que Napoléon engloutissait dans les neiges de Russie la Grande Armée et la fortune de la France, l'Angleterre faisait de nouveaux progrès en Espagne. Nous avions encore des forces plus que suffisantes pour vaincre les Espagnols et les Anglais; mais nos cinq armées restaient dispersées et les généraux étaient en désaccord.

Wellington, mettant à profit nos divisions, marcha sur Salamanque et s'en empara avec 55.000 hommes. Marmont, qui ne put lui opposer guère plus de 40.000 hommes, essaya de le repousser. Il fut grièvement blessé au moment décisif, à la journée des Arapyles (24 juin 1812); cela jeta de la confusion dans nos rangs et nous fit perdre le champ de bataille. L'armée française se retira derrière le Douro.

Au lieu de la suivre, Wellington marcha sur Madrid, que Joseph évacua. Puis, renforcé par l'armée espagnole de Gallice, il s'avança de Madrid sur Burgos et refoula le général Clausel jusqu'à l'Ebre. Mais il fut arrêté à Burgos par une petite garnison de 2.000 hommes, qui, pendant cinq semaines, défendit intrépidement le vieux château de cette ville contre plus de 50.000 ennemis.

Pendant ce temps, Clausel avait pu opérer sa jonction avec l'armée du Nord, commandée par Caffarelli. L'armée d'Andalousie de son côté s'était renforcée de la petite armée du Centre. Wellington menacé d'être écrasé entre ces deux masses, recula de Burgos jusqu'à Salamanque et fit évacuer Madrid. Le roi Joseph y entra le 2 novembre 1812.

Nos forces réunies poursuivirent Wellington. Nous avions 80 et quelques mille hommes d'excellentes troupes; on pouvait accabler l'ennemi. On le laissa échapper par la mauvaise volonté de Soult et par la faiblesse de Joseph et de Jourdan, qui n'osèrent briser ce maréchal et agir malgré lui. Soult est l'homme qui a fait le plus de mal en Espagne, après Napoléon.

Wellington put, sans trop de pertes, regagner sa place d'armes de Ciudad-Rodrigo. La dernière occasion de vaincre fut ainsi manquée dans la Péninsule et la conclusion de la campagne fut l'abandon de l'Andalousie sans aucune compensation.

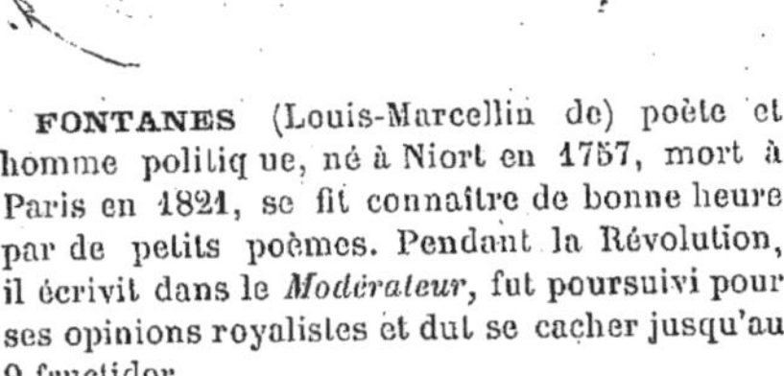

FONTANES (Louis-Marcellin de) poète et homme politique, né à Niort en 1757, mort à Paris en 1821, se fit connaître de bonne heure par de petits poèmes. Pendant la Révolution, il écrivit dans le *Modérateur*, fut poursuivi pour ses opinions royalistes et dut se cacher jusqu'au 9 fructidor.

Membre de l'Institut et professeur au Collège des Quatre-Nations, il fut obligé, après le 18 fructidor, de se réfugier à Londres. Il revint en France après le 18 brumaire, il fut élu député au Corps législatif (1802) et en devint président (1804). Il fut l'orateur officiel de cette assemblée pendant quatre ans et se fit remarquer par son éloquence. Les flatteries qu'il prodigua à l'égard de Napoléon lui valurent le titre de Comte.

Nommé *Grand Maître de l'Université* en 1808, il contribua puissamment à son organisation et s'attacha, jusqu'à la suppression de ses fonctions (février 1815), à faire renaître l'étude des belles-lettres.

Il vécut éloigné de Paris pendant les Cent-Jours. La seconde Restauration le créa marquis et pair. Il siégea à la Chambre et à l'Institut jusqu'à sa mort.

Ses œuvres, précédées d'une étude de Sainte-Beuve, ont été publiées en 1837.

SAVARY (Anne-Jean-Marie-René), duc de Rovigo, né à Marcq (Ardennes), le 26 avril 1774, s'engagea en 1790. Il était chef d'escadron, quand il suivit Desaix en Égypte. Aide de camp de Bonaparte, il devint colonel en 1800, général de brigade en 1803, présida à l'exécution du duc d'Enghien (1804) et fut nommé général de division en 1805.

Il se distingua à Austerlitz et à Iéna, gagna sur les Russes la bataille d'Ostrolenka (1807), puis, après la paix de Tilsitt, fut ambassadeur en Russie. Créé duc de Rovigo (1808), il fut envoyé en Espagne près de Charles IV et de Ferdinand, qu'il décida à se rendre à Bayonne, et, en 1810, remplaça Fouché au ministère de la police.

Après la capitulation de Paris, il accompagna Marie-Louise à Blois et fut nommé pair de France pendant les Cent-Jours. Il voulut suivre Napoléon à Sainte-Hélène. Conduit à Malte, il s'évada après sept mois de captivité, et rentra en France purger le jugement par contumace qui l'avait condamné à mort en 1816. — Acquitté, il alla vivre à Rome jusqu'à la Révolution de 1830. Rappelé à l'activité, il fut nommé commandant de l'armée d'Afrique (décembre 1831 à mars 1833) et revint mourir à Paris le 2 juin 1833.

NAPOLÉON VISITANT PIE VII A FONTAINEBLEAU

Rentré à Paris, Napoléon, afin d'ôter à ses ennemis un des moyens d'agitation qu'ils pouvaient employer contre lui, tenta d'arriver à une transaction avec le Pape.

Durant l'été de 1812, il avait fait amener brusquement Pie VII de Savone à Fontainebleau, de crainte que les Anglais ne l'enlevassent par mer de Savone. Le pape s'était vu mieux traité à Fontainebleau, mais les premières propositions que lui avait fait faire l'empereur l'avaient épouvanté. Il lui fallait adhérer à la Déclaration gallicane de 1682, qui établissait la supériorité des conciles généraux sur les papes, résider à Paris, laisser aux souverains catholiques le choix des deux tiers des cardinaux, etc.

Pie VII était dans l'angoisse, lorsque Napoléon arriva brusquement à Fontainebleau le 19 janvier 1813, entra chez le pape sans lui laisser le temps de se reconnaître et l'embrassa en l'appelant son père. Il y eut entre eux de longs tête à tête pendant lesquels Napoléon ne cessa de prodiguer au pape ces singulières démonstrations.

Le résultat des négociations semblerait indiquer que l'empereur n'avait d'abord posé de si rudes conditions que pour faire valoir le mérite d'y renoncer.

Il offrit la résidence d'Avignon au lieu de Paris, en rendant au pape la nomination des évêques des environs de Rome et de quelques autres diocèses. Il ne lui demandait plus de renoncer formellement au pouvoir temporel; il promettait enfin de rendre ses bonnes grâces aux ecclésiastiques et laïques compromis dans les affaires religieuses et dont un grand nombre étaient en exil ou en prison.

Pie VII, tout étourdi et tout ému des dispositions si conciliantes de l'Empereur, se résigna, et le nouveau *Concordat* fut signé le 25 janvier. Mais le pape n'eut pas plutôt donné sa signature qu'entraîné par les cardinaux opposants, il rétracta le Concordat par une lettre à l'empereur. Napoléon tint cette lettre secrète, en empêcha la publication par des menaces terribles et fit annoncer partout le rétablissement de la paix dans l'Église.

DUROC (Claude-Christophe-Michel), général, duc de Frioul, naquit à Pont-à-Mousson le 25 octobre 1772.

Lieutenant d'artillerie en 1793, aide de camp de Bonaparte, il fit les campagnes d'Italie et d'Égypte, prit une part active au coup d'État du 18 brumaire et devint successivement général de brigade (1800), général de division (1803, grand-maréchal du Palais (1804), duc de Frioul (1808), sénateur (1813).

Il mourut, le 23 mai 1813, deux jours après la bataille de Bautzen, emporté par un boulet dans un combat d'avant-garde sur la route de Breslau.

Napoléon, à la personne duquel il était constamment resté attaché, le pleura sincèrement.

C'était un homme honnête et sensé, très dévoué à l'empereur et ne le flattant pas. Un moment avant de mourir, il disait à Caulaincourt : — « L'Empereur vient d'avoir des victoires après des revers ; ce serait le cas de profiter de la leçon du malheur ; mais il n'est pas changé ! La fin de tout ceci ne saurait être heureuse ! »

Il prédisait juste, comme il l'avait fait déjà à la fin de la campagne de 1812, alors qu'il s'était efforcé de détourner l'empereur de sa résolution d'aller à Moscou dicter la paix à la Russie.

DROUOT (le général comte Antoine), que dans l'armée on surnommait *le Sage*, naquit à Nancy le 11 janvier 1774.

Élève sous-lieutenant d'artillerie le 1er juin 1793, sous-lieutenant un mois après, il fit toutes les campagnes de la Révolution, se distingua à Fleurus (1794), à la Trebbia (1799), à Hohenlinden (1800) et parvint au grade de colonel major dans l'artillerie de la garde impériale. Il fut ensuite nommé général de brigade en 1811 et général de division en 1813.

Drouot rendit d'éminents services à Wagram, en 1809, à la Moskowa (1812), à Lutzen et à Bautzen (1813). Il gagna le combat de Wachau (11 octobre 1813) et fraya un passage aux débris de l'armée devant Hanau. Il se couvrit de gloire, en 1814, dans la campagne de France et se signala à Nangis où il franchit le défilé de Vauclor sous le feu de 60 pièces d'artillerie.

Il suivit l'empereur à l'île d'Elbe et l'accompagna à son retour. Après avoir combattu à Waterloo, il se retira, au delà de la Loire, avec la garde impériale. La belle et brillante carrière militaire de Drouot se termina à cette époque. Traduit devant un conseil de guerre et acquitté, il se retira dans sa ville natale, où il mourut le 27 mars 1847.

LES CONSCRITS DE 1813 AU COMBAT DE WEISSENFELS

Napoléon après avoir quitté les débris de la Grande-Armée, était rentré à Paris afin de reformer rapidement la plus grande armée possible pour aller secourir nos garnisons d'Allemagne et de Pologne. Il fit voter par le Sénat des levées extraordinaires et, avec les vieilles troupes qu'il n'avait pas emmenées en Russie, eut 340,000 hommes dès février 1813. Il comptait atteindre l'effectif de cinq cent mille hommes dans le cours même de l'année.

Mais le désastre de Russie a ranimé le courage de nos ennemis. La Prusse fait défection et signe le 28 février, un traité d'alliance avec la Russie. Le 17 mars, la guerre est déclarée à la France.

Napoléon partit pour la guerre le 15 avril; il arriva à Mayence le 17, marcha sans tarder vers le massif montueux de la Thuringe et occupa les passages de la Saale. Les alliés, de leur côté, avancèrent sur Leipzig. L'avant-garde de Napoléon, sous le maréchal Ney, franchit la Saale, le 29 avril, à Weissenfels.

Les deux avant-gardes se heurtèrent dans la plaine. Les conscrits de notre infanterie reçurent sans s'ébranler le choc de la cavalerie russe et la chassèrent devant eux avec une ardeur intrépide. Napoléon se porta en trois colonnes sur Leipzig, afin de tourner les coalisés. Le 1er mai, nos conscrits repoussèrent de nouveau la cavalerie ennemie dans la plaine du Lutzen. Le lendemain, notre armée poursuivit son mouvement en avant.

Le corps du prince Eugène, qui formait notre gauche, chassa les Prussiens de Leipzig; mais pendant ce temps le gros de l'armée ennemie, essayant à son tour de nous tourner, se jeta sur notre centre établi, sous le maréchal Ney, dans les villages voisins de Lutzen. Il y eut pour la possession de ces villages une lutte furieuse, opiniâtre, désespérée. Ils furent plusieurs fois pris et repris. Notre centre, un moment, fut rompu. Napoléon lança la jeune garde et la puissante artillerie de Drouot; l'ennemi fut définitivement repoussé, mais on ne put le poursuivre faute de cavalerie.

La journée avait été excessivement meurtrière et les pertes étaient presque égales. Il n'y avait guère moins de 40.000 morts et blessés sur le champ de bataille.

BATAILLE DE BAUTZEN

Napoléon tira parti, avec sa célérité ordinaire, de sa victoire de Lutzen. Tandis que Ney, à sa gauche, s'avançait sur la route de Berlin, il marcha, avec le gros de l'armée, sur Dresde, où il entra le 8 mai.

L'ennemi avait reculé jusqu'à la Sprée et avait pris position à Bautzen, espérant couvrir de loin Berlin.

Un renfort de 30.000 hommes était venu compenser les pertes que les Russes et les Prussiens avaient faites à Lutzen.

Napoléon restait encore toutefois très supérieur en nombre. Ses dispositions furent rapidement prises. Il enjoignit au maréchal Ney et au général Lauriston, rappelés de la route de Berlin, de tourner l'ennemi sur notre gauche, tandis que lui-même devait marcher de front sur Bautzen.

Il quitta Dresde le 18 mai et alla, le lendemain, reconnaître les positions ennemies. Un premier engagement eut lieu, le 19, du côté par lequel arrivait Ney. Le 20, notre droite, sous le maréchal Oudinot, força le passage de la Sprée et repoussa les Russes. Notre centre franchit à son tour la Sprée et s'empara de Bautzen. En même temps notre gauche refoulait les Prussiens.

La première ligne de l'ennemi était enlevée. Le lendemain matin, Ney, qui avait à son tour traversé la Sprée, culbuta un corps russe; mais voyant à sa droite les mamelons occupés par l'infanterie prussienne et devant lui de fortes masses de cavalerie, ne sachant pas ce que faisait le gros de l'armée française, dont il était séparé par deux ou trois lieues, il hésita à s'engager à fond sur la ligne de retraite de l'ennemi et se contenta de le prendre en flanc.

Au bruit du canon de Ney, Napoléon avait ordonné l'attaque. Les Prussiens, serrés de près entre Ney et les corps lancés par Napoléon, battirent en retraite; les corps russes de leur gauche, qui avaient un moment repris l'avantage, durent à leur tour se replier précipitamment. Si Ney avait eu cette fois son audace ordinaire, la défaite des alliés serait devenue un complet désastre.

Ce n'en était pas moins un très important succès. Alexandre et Frédéric-Guillaume demandèrent et obtinrent une suspension d'armes.

NAPOLÉON A DRESDE

Un armistice fut signé, à Pleiswtz, le 4 juin; mais les négociations ne furent sincères ni d'un côté ni de l'autre.

Napoléon, qui tenait la paix dans sa main, était résolu à continuer la guerre et ne voulait que gagner du temps pour achever ses armements.

Quant aux souverains alliés, qui voyaient l'étoile de Napoléon pâlir, ils entrevoyaient déjà la possibilité d'accabler sous le nombre leur redoutable adversaire.

Napoléon chargea le ministre des affaires étrangères, le duc de Bassano, son unique confident, de faire traîner les négociations en longueur, de ne conclure sur rien et de tâcher de faire allonger l'armistice d'un mois. Puis il s'installa à Dresde, y fit venir les comédiens du Théâtre-Français et organisa une série de fêtes et de réceptions, afin d'abuser l'opinion sur ses préoccupations toutes guerrières.

L'Autriche toutefois faisait des efforts très sincères pour se rendre médiatrice de la paix. Napoléon répondit mal à ses avances, proposa une prolongation d'armistice jusqu'au 10 août,

et prit si bien ses mesures que le courrier porteur de ses contre-propositions ne put arriver que le 11 à Prague, où s'était transportée la cour d'Autriche.

Le 10, à minuit, Metternich avait signé l'adhésion de l'Autriche à la coalition et, le 11, il annonçait la déclaration de guerre à la France.

Trois armées alliées, comptant au total 500,000 hommes et 1500 canons, marchaient bientôt contre Napoléon. Celui-ci avait sur pied près de 600.000 hommes, dont plus de 380.000 sur le théâtre de la guerre.

Il crut pouvoir s'emparer de Berlin, avant l'arrivée des Autrichiens et courut tout d'abord avec 130.000 hommes, au devant de Blücher qui avait pris l'offensive en Silésie. Mais apprenant que Dresde était menacé par la grande armée alliée, il revint en toute hâte avec sa garde, laissant Macdonald en face de Blücher. Pendant qu'il était en marche, les masses ennemies s'étaient accumulées devant Dresde.

Napoléon arriva, le 26 août à Dresde, où les habitants, qui avaient craint une prise d'assaut, le reçurent avec acclamations.

FOUCHÉ (Joseph), duc d'Otrante, homme d'État, né à la Martinière, près de Nantes, en 1763, entra dans les ordres, mais quitta l'habit religieux lorsque éclata la Révolution. Envoyé à la Convention, il vota la mort du roi, remplit diverses missions dans les départements et se signala à Lyon par de sanglantes répressions. A son retour, il se brouilla avec Robespierre, contribua au 9 Thermidor; mais bientôt repoussé par les thermidoriens, il se rallia au parti vaincu et fut un moment arrêté.

Il se releva sous le Directoire, grâce à Barras, et devint ministre de la police générale. Il prépara le 18 Brumaire et rendit à Bonaparte de signalés services. Sénateur en 1802, il rentra au ministère de la police en 1804. Il fut créé duc d'Otrante en 1809; mais ses intrigues mécontentèrent Napoléon, qui le destitua.

De nouveau ministre de la police pendant les Cent-Jours, Fouché s'étudia à ménager tous les partis. Placé, après la seconde abdication, à la tête du Gouvernement provisoire, il fut rappelé au ministère de la police par la seconde Restauration; mais il dut bientôt donner sa démission (septembre 1815). Nommé ambassadeur à Dresde, il fut atteint par la loi du 12 janvier 1816 et banni comme régicide. Il se retira à Trieste où il mourut le 25 décembre 1820.

DARU (Pierre-Antoine-Noël-Bruno, comte), homme d'État, poète et historien, naquit à Montpellier, le 12 janvier 1767.

Commissaire des guerres pendant la Révolution, Masséna le choisit en 1799 comme ordonnateur en chef de son armée. Il devint ensuite secrétaire général au département de la guerre et fit preuve, dans l'exercice de ses fonctions, d'une activité et d'une intégrité remarquables.

Membre du Tribunat en 1802, conseiller d'État en 1805, Daru prit une part importante à toutes les discussions d'affaires. Napoléon le nomma intendant de sa maison et de la Grande Armée et le chargea de faire exécuter les traités de Presbourg, de Tilsitt et de Vienne. Il accompagna l'empereur pendant la campagne de Russie, lui resta fidèle jusqu'au bout, suivit l'impératrice Marie-Louise à Blois après la première abdication et reparut aux côtés de Napoléon pendant les Cent-Jours.

D'abord exilé par la Restauration, il consacra ses loisirs à écrire son principal ouvrage, l'*Histoire de Venise*. Il fut rappelé en 1819 et élevé à la dignité de pair de France.

Daru, qui mourut en 1829, a laissé divers poèmes, des *Éloges*, une histoire de Bretagne et des satires.

BATAILLE DE DRESDE

Les coalisés, après avoir perdu du temps, avaient décidé d'attaquer Dresde le 26 août. Informés de la présence de Napoléon, ils résolurent de se retirer sur les hauteurs de la rive gauche de l'Elbe; mais le contre-ordre de l'attaque arriva trop tard. L'affaire s'était engagée, le 26, à trois heures de l'après-midi. Les alliés enlevèrent d'abord quelques positions avancées, mais la garde, qui suivait Napoléon, les repoussa avec perte.

Napoléon fit son plan pour le lendemain; il ne pouvait avoir que 127.000 hommes; mais la position des alliés était désavantageuse. Leur gauche était séparée du reste de leurs troupes par un ravin profond, qui empêchait les deux armées de s'entre-secourir. La pluie et le brouillard, le 27 au matin, nous favorisèrent, en empêchant l'ennemi de voir nos manœuvres. Tandis que Napoléon détournait l'attention de l'ennemi par une furieuse canonnade au centre et une série de mouvements sur notre gauche, Victor, avec son infanterie, et Murat avec sa cavalerie, opérant sur la droite, enfonçaient la masse au-

trichienne et la précipitaient dans le ravin.

Tandis que la gauche ennemie était écrasée, Napoléon faisait foudroyer le centre des alliés par son artillerie. Un boulet broya les deux jambes de Moreau, qui était là, près d'Alexandre, dans les rangs de nos ennemis.

Les alliés se retirèrent vers les montagnes; ils avaient perdu plus de 25.000 hommes. Napoléon rentra en triomphe dans Dresde. La ruine totale de la grande armée ennemie, prise entre l'armée victorieuse et le corps de Vandamme, était certaine, si Napoléon s'était jeté avec impétuosité sur les trois souverains alliés, les écrasant dans les défilés de la Bohème. Mais il sacrifia à l'idée fixe de prendre Berlin les vrais principes militaires qui avaient fait sa gloire. Au lieu de poursuivre en personne l'armée vaincue, il confia ce soin à ses lieutenants. Ceux-ci mirent dans leurs mouvements tant de lenteur, que Vandamme rencontra à Kulm des masses considérables qui venaient de repasser les montagnes. Il fut accablé et pris. Le résultat de la bataille de Dresde était perdu.

RAPP (Jean, comte), général, né à Colmar le 27 avril 1773, mort à Paris, le 8 novembre 1821, servit comme volontaire à l'armée du Rhin et se fit remarquer par sa valeur.

Lieutenant en 1795, il suivit Desaix en Égypte comme aide de camp et fit avec lui la campagne de Marengo. Après la mort de ce général, Bonaparte attacha Rapp à son état-major et, pour sa belle conduite à Austerlitz, le nomma général de division (1805).

Il se couvrit de gloire à Iéna (1806), à Essling (1809), et fit la campagne de Russie. Après la retraite, il soutint, pendant plus d'un an, un siège dans Dantzig contre 60.000 Russes, et, malgré les termes d'une capitulation honorable, fut retenu prisonnier avec ses troupes. Il ne rentra en France qu'en 1814.

Commandant en chef de l'armée du Rhin pendant les Cent-Jours, il fut chargé de défendre Strasbourg. A la seconde Restauration, il se retira en Suisse et y resta trois ans.

A sa rentrée en France, il fut réintégré dans les cadres de l'armée, fut créé pair de France, premier chambellan de Louis XVIII et maître de la garde-robe.

Une statue de bronze lui a été érigée à Colmar, sa ville natale.

BERTRAND (Henri-Gratien, comte), général, né à Châteauroux, le 28 mars 1773, mort dans cette ville le 31 janvier 1844.

Après la journée du 10 Août, où il avait, comme garde national, défendu Louis XVI, il entra dans le génie, fit partie de l'expédition d'Égypte, se distingua à Aboukir et devint aide de camp de Bonaparte.

Nommé général de brigade, il s'illustra à Austerlitz, à Friedland, à Wagram, dans la guerre de Russie et pendant la campagne de Saxe. Le 3 octobre 1813, à Wartenbourg, avec 12.000 hommes, il arrêta durant toute une journée 60.000 Prussiens. Il protégea la retraite après Leipzig et combattit avec courage pendant la campagne de France.

Il suivit l'empereur à l'île d'Elbe. Après la seconde abdication, il le suivit encore à Sainte-Hélène et ne revint en France qu'après sa mort (1821). Il fut réintégré dans ses grades et une ordonnance royale annula le jugement de 1816, qui l'avait condamné à mort par contumace. A la révolution de 1830, il devint gouverneur de l'École polytechnique et fut élu député par son département. Il accompagna, en 1840, à Sainte-Hélène le prince de Joinville et rapporta avec lui les cendres de Napoléon.

BATAILLE DE LEIPZIG

Les divers corps d'armée des alliés manœuvraient de manière à se réunir vers Leipzig pour livrer une bataille décisive et accabler Napoléon sous une masse d'au moins 320.000 combattants.

Inférieur en nombre comme l'était Napoléon, il lui fallait réunir dans sa main la plus grande force possible. Il ne le fit pas, espérant battre d'abord Blücher et Bernadotte, puis revenir par Dresde prendre en queue la grande armée ennemie qui marchait sur Leipzig.

La célérité des mouvements de l'ennemi déjoua le plan de Napoléon. Il concentra alors autour de Leipzig toutes les forces dont il pouvait disposer, et livra cette fameuse bataille de trois jours (16-19 octobre 1813) que les Allemands ont nommée *bataille des Nations*.

Le premier jour, Napoléon n'avait que 115.000 hommes à mettre en ligne contre 160.000. L'action s'engagea sur trois théâtres distincts. Des efforts désespérés furent faits de part et d'autre sans résultat.

Le 17, l'ennemi, qui attendait la réunion de toutes ses forces, ne bougea pas. Napoléon après une journée d'anxiété terrible, commença un mouvement de concentration autour de Leipzig; mais bientôt les masses ennemies s'ébranlèrent de toutes parts. Il fallut combattre. Nous n'avions en ligne que 130.000 hommes contre plus de 300.000. L'immense bataille s'engagea de tous côtés à la fois. Notre jeune armée de 1813 opposa à l'ennemi une héroïque résistance, malgré les cruelles épreuves qu'elle eut à subir. 12.000 Saxons passèrent à l'ennemi et tournèrent leurs canons contre une division française avec laquelle ils servaient depuis deux ans. Dans cette seconde journée encore, nos lignes ne furent pas rompues; nous n'avions pas perdu le champ de bataille; mais un pareil effort ne pouvait se renouveler.

Napoléon donna le signal de la retraite. Les alliés se jetèrent de toutes parts sur Leipzig. Nos soldats opposèrent une résistance terrible dans les faubourgs. Il fallait cependant quitter la ville, si l'on ne voulait y être enveloppé. Un ordre mal compris ou mal exécuté fit sauter trop tôt le pont de l'Elster; 20.000 de nos soldats restaient encore dans Leipzig. Un petit nombre parvint à traverser le fleuve; tout le reste fut pris, tué ou noyé.

BATAILLE DE MONTMIRAIL

Sur les instances de l'Autriche, les souverains alliés firent à Napoléon des propositions de paix : on laissait à la France ses limites naturelles du Rhin, des Alpes et des Pyrénées. L'incorrigible orgueil de Napoléon ne lui permit pas d'accepter avec empressement l'unique occasion qui s'offrait à lui. Il temporisa, discuta les conditions des alliés, y mettant des restrictions qui rendaient l'acceptation illusoire.

Irrités de ces atermoiements, les alliés résolurent d'envahir la France et d'agir le plus rapidement possible pour ne pas laisser à l'empereur le temps de créer des forces nouvelles. Deux armées de 160.000 et de 60.000 hommes franchirent la frontière, et se dirigèrent en toute hâte sur Paris.

Napoléon avait à peine une centaine de mille hommes à mettre en ligne. Son projet était de manœuvrer entre ces deux armées, en profitant de toutes les ocasions favorables pour tomber successivement sur les divers corps ennemis.

Jamais il ne montra tant de génie que dans cette campagne de 1814. Il battit les envahisseurs dans vingt combats. Après avoir chassé l'ennemi de *Saint-Dizier*, il battit à *Brienne*, avec 17.000 hommes, les 30.000 Prussiens de Blücher (29 janvier). Mais, le 1er février, les alliés étaient parvenus à masser 100.000 hommes; Napoléon n'avait pu en réunir que 32.000; il accepta néanmoins le combat à *La Rothière*, se maintint avec une opiniâtreté invincible sur ses positions jusqu'à la nuit et opéra sa retraite dans le plus bel ordre.

Les alliés se séparèrent de nouveau en deux armées, l'une s'avançant par la vallée de la Marne, l'autre descendant la Seine.

Avec une vigueur et une rapidité extraordinaires, Napoléon, après avoir chargé Victor et Oudinot d'inquiéter Schwarzenberg, courut à Blücher, l'atteignit entre Sézame et Château-Thierry, détruisit, le 10 février, un corps russe à *Champaubert*, un second corps, le 11, à *Montmirail*, revint sur Blücher et lui infligea une sanglante défaite à *Vauchamps* (14 février). Mais l'inégalité des forces était telle que ce grand succès ne décidait rien. L'ennemi, si rudement battu d'un côté, reparaissait de l'autre en masses épaisses.

BATAILLE DE LAON

Paris dégagé vers la Marne était menacé vers la Seine par le corps de Schwarzenberg. Napoléon chargea Marmont et Mortier de tenir tête aux restes de l'armée de Blücher et, avec une soixantaine de mille hommes, se porta vivement en avant afin de couper les corps ennemis qui avaient franchi la Seine. Le 18 février, après un rude combat, il enleva les coteaux, le pont et la ville de Montereau, mais ne réussit pas à couper les corps ennemis, qui parvinrent à se replier.

Schwarzenberg s'étant mis en retraite, Napoléon le poursuivit et, après avoir livré un combat à Méry-sur-Seine, rentra dans Troyes. Les souverains alliés, un moment ébranlés par les coups terribles et répétés que Napoléon venait de frapper, firent de nouvelles propositions de paix; on laissait à la France ses limites de 1792. Mais Napoléon ne voulut pas entendre parler de laisser la France plus petite qu'il ne l'avait reçue de la République.

Quittant Troyes, il poussa Blücher devant lui et l'accula sur l'Aisne. Celui-ci semblait perdu, lorsque Soissons tomba au pouvoir des corps prussiens et russes venant des Ardennes. Blücher était sauvé et disposait maintenant de près de 100,000 hommes contre 50 et quelques mille.

Napoléon se raidit contre le sort. Il franchir l'Aisne, assaillit Blücher sur les hauteurs de Craonne. Les fortes positions de l'ennemi furent emportées; malheureusement il lui en restait une plus forte, en arrière, la montagne de Laon. On combattit pendant deux jours avec acharnement. Les faubourgs et les villages voisins furent plus d'une fois pris et repris. Nous avions eu l'avantage à la fin de la première journée, lorsque Marmont, chargé d'attaquer du côté de la route de Reims, se laissa surprendre de nuit et refouler en désordre. Cette faute nous ôta ce que nous avions de chances. Le lendemain, après une tentative désespérée pour escalader la montagne, Napoléon dut se résigner à rebrousser chemin vers Soissons (10 mars).

Il se vengea du moins en écrasant à Reims un nouveau corps de 15.000 Russes et Prussiens. Puis il se jeta, à Arcis-sur-Aube, sur les 90.000 hommes de Schwarzenberg; journée glorieuse encore pour nos jeunes troupes, mais stérile.

TALLEYRAND-PÉRIGORD (Charles-Maurice de) prince de Bénévent, naquit à Paris, le 12 février 1754. Destiné contre son gré à l'état ecclésiastique, il devint évêque d'Autun en 1788.

Député de son diocèse aux États-Généraux, il se montra dès le début, partisan de la Révolution. Le 14 juillet 1780, lors de la fête de la *Fédération*, il officia au Champ de Mars sur l'autel de la patrie, prêta serment à la constitution civile du clergé et se démit de son évêché.

Pendant une législative, il fut chargé d'une mission à Londres ; mais bientôt décrété d'accusation, il alla séjourner aux États-Unis, puis en Hollande. Rappelé par un décret de la Convention, il fut nommé, le 15 juillet 1797, ministre des relations extérieures et se fit remarquer autant par son habileté diplomatique que par sa profonde immoralité.

Napoléon le nomma grand chambellan, prince de Bénévent et vice-grand-électeur de l'Empire. —Tombé dans une disgrâce complète en 1809, il contribua plus que tout autre au rétablissement des Bourbons. Ministre et grand chambellan sous Louis XVIII il devint en 1836, ambassadeur à Londres. Rappelé sur sa demande en 1834, il cessa de s'occuper des affaires publiques et mourut à Paris, le 17 mai 1838.

DAUMESNIL (Pierre), général, né à Périgueux, le 14 juillet 1777, s'engagea à 17 ans, et conquit tous ses grades sur les champs de bataille. Grièvement blessé au combat de Dôle (19 août 1794), il fit comme brigadier la campagne d'Italie, suivit Bonaparte en Égypte et se distingua à la bataille d'Aboukir. Il fut fait chef d'escadron à Austerlitz. Il alla combattre en Espagne en 1808, revint prendre part à la bataille d'Eckmühl et fut promu major ; le 6 juillet 1809 à la bataille de Wagram, il fut si grièvement blessé à la jambe gauche qu'il dut subir l'amputation. Nommé général de brigade, puis commandant de Vincennes, le 12 mai 1813, il brava toutes les menaces des armées alliées en 1814 et refusa de livrer à d'autres qu'à un gouvernement national cette forteresse et les 200 canons qu'elle possédait. Blücher lui ayant proposé un million pour prix d'une capitulation, Daumesnil rejeta cette offre avec mépris. Le 18 octobre 1830, il défendit contre la multitude ameutée les ministres de Charles X et déclara qu'il ferait sauter le donjon plutôt que d'y laisser entrer ceux qui voulaient lui arracher des prisonniers confiés à sa garde. Ce vaillant homme, qui est resté populaire à Paris sous le surnom de la *Jambe de bois*, mourut à Vincennes le 17 avril 1832.

HÉROISME DE LA GARDE NATIONALE EN 1814

Les maréchaux Marmont et Mortier, que Napoléon avait laissés entre Reims et l'Aisne, avaient ordre de le rejoindre le plus rapidement possible. Une fausse manœuvre de Marmont permit à l'ennemi de couper leurs communications avec l'empereur et ils furent réduits à se replier sur Paris. Ils tombèrent au milieu de la grande armée ennemie, à Fère-Champenoise (25 mars), et ne se dégagèrent qu'en perdant beaucoup de monde.

Le général Pacthod, qui cherchait à les rallier, s'était avancé jusqu'à Villeseneux. Informé de leur mouvement rétrograde, il se dirigeait sur Fère-Champenoise, poursuivi par la cavalerie russe. Il marchait avec trois mille gardes nationaux formés en carrés et s'était trouvé dans l'obligation de se réfugier dans un fond couronné de tous côtés par des troupes ennemies.

Ces troupes ne se reconnaissant pas d'abord, car elles appartenaient les unes à Blücher et les autres au prince de Schwartzenberg, avaient commencé par tirer les unes sur les autres. Mais bientôt, revenues de leur erreur, elles avaient croisé leurs feux sur les carrés du général Pacthod.

Son arrière-garde, bien que composée de gardes nationaux qui, pour la plupart, voyaient le feu pour la première fois, n'avait cessé de montrer une contenance héroïque. Entourés par des masses énormes d'ennemis, les gardes nationaux se défendirent avec opiniâtreté, tinrent ferme sous la mitraille et furent sabrés par la cavalerie jusqu'au dernier homme. Les autres carrés, poussés vers les marais de Saint-Gond, se laissèrent mitrailler, écraser plutôt que de se rendre.

L'empereur Alexandre et le roi de Prusse, accourus sur les lieux, furent touchés de tant d'héroïsme. Il n'en restait plus que quelques centaines, lorsque l'empereur Alexandre, saisi d'admiration, envoya un de ses officiers les sommer en son nom personnel. Les derniers vivants lui rendirent les armes.

Quand ce prince apprit que c'étaient de simples gardes nationaux qui avaient résisté avec ce courage et cette énergie, il en manifesta un grand étonnement en même temps qu'il en exprimait toute son admiration.

L'ÉCOLE POLYTECHNIQUE SUR L'AVENUE DE VINCENNES

La grande armée alliée, après avoir passé la Marne à Meaux, arriva devant Paris le 29 mars au soir.

Même en l'absence de fortifications sérieuses et d'armement régulier, il était possible de se défendre au moins quelques jours, en usant de toutes les ressources que renfermait une ville telle de Paris et de celles que contenait l'arsenal de Vincennes.

Le ministre de la guerre, Clarke, homme médiocre, dépourvu de toute initiative, n'utilisa pas les 200 canons qu'on avait à Vincennes, il n'arma pas un homme du peuple. Les maréchaux Marmont, Mortier et Moncey, avec 22 ou 23,000 soldats, soutenus par 6 à 7000 gardes nationaux, allaient affronter en plaine 170.000 hommes.

Le 20 mars au matin, une lutte acharnée s'engagea pour la possession des hauteurs de Romainville et des deux villages de Pantin et des Prés Saint-Gervais. Les intrépides soldats de Marmont se maintinrent dans le bois de Romainville et même dans les deux villages.

La lutte s'élargit bientôt et s'étendit au nord et à l'est de Paris, depuis Aubervilliers et Saint-Denis jusqu'à Charenton et Bercy. Nos faibles colonnes furent refoulées de Saint-Denis jusqu'au pied de Montmartre et jusqu'à La Chapelle et La Villette. A l'autre extrémité de la ligne, l'ennemi avait enlevé Montreuil et Bagnolet et s'était emparé du pont de Charenton. La résistance continuait opiniâtrément à Belleville et sur l'avenue de Vincennes.

Les élèves de l'École polytechnique, qui servaient une batterie de 28 pièces, placée en avant de la barrière du Trône, balayaient l'avenue de Vincennes. Enveloppés par la cavalerie russe, ils se défendirent avec héroïsme; ils eussent tous péri, si la garde nationale et les dragons ne fussent accourus à leur secours.

Marmont se maintenait toujours à Belleville, sur le sommet du grand plateau; mais tourné par l'ennemi et se voyant coupé, il dut se frayer un passage à travers les Russes et rentra dans le faubourg du Temple. Mortier, de son côté, après une vigoureuse défense à La Villette, cédant au nombre, s'était vu contraint de revenir aussi au dedans des barrières.

LA BARRIÈRE CLICHY

Lorsque, le 30 mars 1814, les alliés investirent Paris, l'armée française réunie sous les murs de la capitale comptait à peine 25.000 hommes, occupant l'espace immense compris entre Neuilly sur la Seine et Charenton sur la Marne.

Pour déguiser autant que possible la faiblesse numérique des troupes de ligne, le maréchal Moncey fit un appel au patriotisme de la garde nationale; 7.000 de ces braves citoyens sortirent volontairement de l'enceinte et prirent position sur les hauteurs voisines, en seconde ligne; un grand nombre d'entre eux voulurent partager tous les dangers de la bataille et se répandirent en tirailleurs sur toute la ligne des avant-postes. Le reste de la garde nationale, formant encore 6.000 hommes, garda les barrières. L'artillerie de cette garde, servie par un bataillon formé des invalides capables encore de quelques services et des élèves de l'École polytechnique, prit aussi une part très active à l'action.

Le maréchal Moncey installa son quartier général à la barrière Clichy. Un retranchement fut établi avec des charrettes et le bois d'un chantier voisin; des pièces de canon furent disposées aux embrasures des palissades et des gardes nationaux se mirent en embuscade aux fenêtres des bâtiments de l'octroi.

Blücher fit avancer contre le poste de Moncey un corps russe placé sous les ordres de l'émigré français Langeron (14.000 hommes d'infanterie et 5.000 cavaliers).

Les gardes nationaux firent bonne contenance et défendirent bravement la barrière contre ce transfuge; l'ennemi recula sous le feu de leur artillerie, et Moncey ne cessa le combat que lorsque l'armistice vint mettre fin à toute hostilité de part et d'autre.

Un monument commémoratif, surmonté de la statue de Moncey, œuvre de M. Doublemard, a été érigé, en 1869, sur la place Clichy, en souvenir de la défense de Paris, lors de l'invasion de 1814.

Tout était fini désormais, puisqu'on n'avait rien organisé dans la capitale pour une guerre de rues et de barricades. Mortier et Marmont, qui avaient fait pleinement leur devoir, s'engagèrent à évacuer Paris avec les 18.000 hommes qui leur restaient.

MONCEY (Bon-Adrien Jeannot de), maréchal de France, né à Besançon en 1754, mort à Paris en 1842. Chef de bataillon à l'armée des Pyrénées occidentales (1792), il devint rapidement général de brigade et général de division (1794).

Créé maréchal de France (1804), duc de Conegliano (1808), il fit la campagne d'Espagne et prit part au siège de Saragosse (1809). Major-général de la garde nationale de Paris (1814), il s'illustra par la défense de cette ville.

Nommé président du conseil de guerre chargé de juger le maréchal Ney, il refusa, en écrivant au roi une lettre qui sera son éternel honneur :

« ... Sont-ce les alliés qui exigent que la France immole ses citoyens les plus illustres?... Quoi! moi, j'enverrais à la mort celui qui, à la Bérésina, sauva les débris de l'armée, à qui tant de Français doivent la vie!... Non, Sire. S'il ne m'est pas permis de sauver mon pays et ma propre existence, je sauverai du moins l'honneur... J'ai trop vécu, puisque je survis à la gloire de ma patrie ! »

Une ordonnance du roi le destitua et le condamna à trois mois d'emprisonnement. Rétabli dans ses emplois en 1816, il commanda un corps d'armée lors de la guerre d'Espagne (1823). En 1834, il devint gouverneur des Invalides.

MARMONT (Auguste-Frédéric-Louis Viesse de), duc de Raguse, maréchal de France, né à Châtillon-sur-Seine (1774-1852), était lieutenant d'artillerie au siège de Toulon. Il suivit Bonaparte en Italie et en Égypte et le seconda au 18 Brumaire. Il fut, après Marengo, nommé général de division.

Inspecteur général de l'artillerie (1801), il eut le commandement supérieur de la Dalmatie (1806), se fit remarquer par sa sage administration et reçut le titre de duc de Raguse. Ses faits d'armes, dans la campagne de 1809, lui valurent d'être créé maréchal de France.

Envoyé en Espagne pour remplacer Masséna, il perdit la bataille des Arapiles, où il fut grièvement blessé (1811). Il commanda le 6ᵉ corps d'armée pendant la campagne de Saxe, prit une part glorieuse à la campagne de France et défendit Paris avec une rare intrépidité.

Créé pair de France par Louis XVIII, il suivit ce prince à Gand pendant les Cent-Jours, devint, après la seconde Restauration, l'un des quatre majors généraux de la garde royale et pacifia Lyon (1817). Il commandait à Paris lorsque éclata la révolution de 1830, et il tenta vainement d'arrêter la lutte. Il accompagna Charles X en Angleterre et mourut à Venise en 1852.

ADIEUX DE FONTAINEBLEAU

Le 1er avril 1814, sur l'invitation des souverains étrangers, le Sénat nomma un gouvernement provisoire, et, le 2 avril au soir, vota sans discussion la déchéance de Napoléon et de sa famille. La motion en avait été présentée par Lambrechts.

Le décret de déchéance fut affiché dans Paris, dès le soir. Le Corps législatif, le lendemain, le ratifia sans phrases. Le Sénat, en même temps, appela au trône le comte de Provence, frère de Louis XVI, qui, depuis la mort du dauphin, avait pris le titre de Louis XVIII.

Napoléon, indigné, conçut le projet de se jeter, avec toutes ses forces, sur l'armée des alliés qui lui faisait face au midi de Paris, de la chasser devant lui et de la poursuivre, la baïonnette dans les reins, jusque dans Paris, pour soulever le peuple. Mais les maréchaux et les généraux protestèrent contre l'idée de livrer une bataille dans Paris et, fatigués de la guerre, ils laissèrent entendre qu'ils n'obéiraient pas.

On prononça le mot d'abdication. L'empereur répondit que, puisque les alliés l'accusaient d'être le seul obstacle à la paix du monde, il était prêt à quitter le trône, à la condition de le transmettre à son fils. Mais les alliés persistèrent à réclamer l'abdication pure et simple. Napoléon céda et, le 6 avril, il lut aux maréchaux l'acte de son abdication pour lui et ses héritiers. Cinq jours après, les ministres des souverains alliés signèrent le traité contenant les conditions accordées à Napoléon et à sa famille. On laissait à Napoléon le titre d'empereur avec la souveraineté de l'île d'Elbe. Le duché de Parme était accordé à Marie-Louise et à son fils.

Le 20 avril, tout étant prêt pour le départ et les commissaires des quatre grandes puissances qui devaient l'accompagner étant arrivés, Napoléon fit former en cercle la garde impériale dans la cour d'honneur du château de Fontainebleau et lui adressa de touchants adieux. Il embrassa le drapeau de la vieille garde au milieu de la plus profonde émotion. Ces braves soldats, qui ne voyaient en lui que l'homme qui les avait tant de fois conduits à la victoire, fondaient en larmes.

CHATEAU DE COMPIÈGNE

Le Sénat appela au trône de France Louis Stanislas-Xavier, Comte de Provence, frère de Louis XVI, qui portait déjà le titre de Louis XVIII, depuis la mort du Dauphin.

Le nouveau roi quitta l'Angleterre, le 24 avril, et arriva à Calais sous l'escorte d'une escadre anglaise.

De Calais, il se dirigea lentement sur Paris et s'arrêta au château de Compiègne le 29 avril, afin d'aviser à la conduite qu'il avait à tenir. Il y trouva les maréchaux accourus au-devant de lui pour lui présenter l'expression banale de leur dévouement. Le 2 mai, il publiait la célèbre déclaration de Saint-Ouen, par laquelle il posait les bases d'une constitution libérale et promettait une Charte.

Le 3 mai, Louis XVIII fit son entrée à Paris; il fut bien accueilli; néanmoins l'expression dominante dans le peuple fut une sorte de surprise, lorsqu'on vit, au lieu du chef militaire toujours à cheval auquel on était habitué, un vieux prince obèse et goutteux, portant de grosses épaulettes sur un habit bourgeois et traîné dans une calèche à huit chevaux.

Le roi tint l'engagement de donner à la France une Charte constitutionnelle.

Cette charte établissait deux Chambres, la *Chambre des Députés*, élue par les citoyens âgés de trente ans au moins et payant trois cents francs de contributions directes; la *Chambre des pairs*, nommée par le roi. La liberté de la presse et des cultes était garantie, le droit inviolable des propriétaires de biens nationaux reconnu, la responsabilité des ministres, l'inamovibilité des juges, la dette publique, les pensions, grades et honneurs militaires maintenus.

La Constitution fut datée de la dix-neuvième année du règne de Louis XVIII, comme si la République et l'Empire eussent été effacés de l'histoire. La Charte fut promulguée le 4 juin. L'effet en fut favorable; mais l'espèce d'apaisement causé par la promulgation de la Charte ne dura point. Les violences des royalistes contre les acquéreurs de biens nationaux, les tentatives de reconstitution de l'ancien régime, les faveurs exceptionnelles accordées aux émigrés, des tracasseries maladroites contre les militaires, soulevèrent bientôt l'opinion.

RETOUR DE L'ILE D'ELBE

Avec une résignation feinte, Napoléon attendait, dans son île, prêtant l'oreille à toutes les rumeurs qui lui arrivaient du continent. Les nouvelles de France commencèrent à lui rendre espoir.

L'armée murmurait tout haut contre les mesures vexatoires dont elle était l'objet; le peuple des campagnes s'alarmait des faveurs accordées aux émigrés et manifestait son mécontentement. Napoléon apprit, sur ces entrefaites, que les alliés voulaient l'enlever de l'île d'Elbe et le déporter au loin. Il se décida à rentrer en France.

Il s'embarqua, le 26 février 1815, à Porto-Ferrajo, avec les généraux Bertrand et Drouot et 1.100 soldats, dont 700 de l'ancienne garde impériale.

La flottille, composée de sept bâtiments, évita les croisières anglaise et française qui surveillaient l'île d'Elbe et, le 1er mars au matin, elle mouilla dans le golfe Jouan, entre Cannes et Antibes. Le débarquement s'opéra sans obstacle.

Deux routes s'offraient à Napoléon pour marcher sur Paris : la plus longue, mais la plus commode, par Toulon et Marseille; la plus courte, mais la plus difficile, surtout à la fin de l'hiver, par les montagnes de Provence et de Dauphiné. Napoléon choisit la seconde. Dans la basse Provence, il eût trouvé des populations hostiles, tandis qu'il savait les départements du Dauphiné mal disposés pour les Bourbons.

Il se mit en route, répandant sur son passage des proclamations au peuple et à l'armée. Il se prétendait rappelé par les plaintes et les vœux de la France.

Il adressait aux soldats un éloquent appel : — « Arborez, leur disait-il, cette cocarde tricolore que vous portiez dans nos grandes journées. La victoire marchera au pas de charge; l'aigle, avec les couleurs nationales, volera de clocher en clocher jusqu'aux tours de Notre-Dame. »

Il s'avança rapidement par les montagnes, à travers la glace et la neige.

Les montagnards, exaspérés contre les prétentions des nobles et des prêtres, acclamaient Napoléon et amenaient à ses soldats vivres, chevaux, charrettes, manifestant hautement leur joie enthousiaste.

LA BÉDOYÈRE (Charles-Angélique-François Huchet, comte de), général, né à Paris en 1786, appartenait à une ancienne famille de Bretagne. Aide de camp du maréchal Lannes, il se distingua pendant les campagnes d'Espagne et d'Allemagne, à Austerlitz, Iéna et Friedland; il était colonel à Lützen (1813).

Après l'abdication de l'empereur, il obtint le commandement du 7e de ligne à Grenoble. Envoyé avec son régiment au devant de Napoléon, pour l'arrêter, La Bédoyère, que la conduite anti patriotique des *ultras* avait retourné contre les Bourbons, sauta à bas de son cheval pour courir vers l'empereur et se joignit à lui, avec ses soldats.

L'empereur le récompensa en le nommant successivement général de brigade, général de division et pair de France.

Après Waterloo, il soutint énergiquement la cause de Napoléon II à la Chambre des pairs, suivit l'armée derrière la Loire et fut excepté de la loi d'amnistie. Il tenta de passer en Suisse, mais, reconnu à Paris et arrêté, il fut déféré à une commission militaire, malgré la généreuse intervention de Benjamin Constant. Condamné à mort à l'unanimité, il fut fusillé dans la plaine de Grenelle, le 19 août 1815.

CONSTANT (Henri-Benjamin Constant de Rebecque), publiciste et littérateur, né à Lausanne, le 25 octobre 1767, descendait d'une famille de protestants français réfugiés en Suisse.

Après avoir passé sa jeunesse en Angleterre, en Écosse, en Allemagne, il vint se fixer à Paris en 1795 et se fit bientôt connaître par quelques écrits politiques.

Membre du Tribunat après le 18 Brumaire, il en fut éliminé en 1802 à cause de son opposition, et vécut à Weimar jusqu'en 1814, occupé d'études philosophiques et littéraires.

Rentré en France avec les Bourbons, il les défendit d'abord et, au retour de l'île d'Elbe, attaqua violemment Napoléon dans le *Journal des Débats*. Il accepta, néanmoins, de l'empereur la place de conseiller d'État et la mission de rédiger une Constitution libérale.

Banni par Louis XVIII, il alla habiter quelque temps l'Angleterre et, à son retour, fit, dans des brochures remarquables et dans les journaux le *Mercure* et la *Minerve*, une guerre des plus vives au gouvernement. Député en 1819, il continua à défendre à la tribune la cause du libéralisme, prit une part active à la révolution de 1830 et fut nommé président du conseil d'État. Il mourut le 8 décembre 1830.

PROCLAMATION DU MARÉCHAL NEY A LONS-LE-SAULNIER

Le 6 mars, Napoléon était devant Grenoble. Il y avait là plusieurs régiments et un grand dépôt d'armes et de munitions. Le sort de l'entreprise allait dépendre de ce qui allait se passer dans cette place importante.

Un détachement du génie envoyé pour faire sauter un pont, afin de retarder Napoléon, n'exécuta pas l'ordre et se replia à quelque distance. Napoléon marcha droit à lui. Il était à quelques pas, à pied, en tête de sa petite troupe. « Soldats! cria-t-il, me reconnaissez-vous? » — Oui, oui! « répondirent-ils. Ils mirent leur shakos au bout de leurs baïonnettes en criant : « Vive l'Empereur! et coururent, enivrés d'une folle joie, baiser les mains de Napoléon.

Il se présenta, le même jour, aux portes de Grenoble, qui furent ouvertes. Il y avait là 7.000 hommes; il les dirigea sur Lyon, où il arriva lui-même le 10. Il entra dans la ville aux acclamations de la foule. Il y publia plusieurs décrets, déclara les Chambres dissoutes et convoqua les collèges électoraux, sous deux mois, à Paris.

Il partit de Lyon le 13 mars et prit la route de Bourgogne. Il n'avait plus d'inquiétudes que sur sa droite. De ce côté se trouvait le maréchal Ney, qui commandait sur la frontière de l'Est et qui se trouvait en Franche-Comté.

Ney avait paru d'abord opposé au rétablissement de l'Empire et était parti de Paris avec la résolution de combattre énergiquement son ancien chef. Le 12 mars, à Lons-le-Saunier, il adressa aux troupes qu'il passait en revue, un harangue très vive contre Napoléon. Les troupes l'écoutèrent avec un silence glacial. Puis il apprit successivement la révolte de plusieurs régiments. Cédant à l'entraînement et jugeant impossible de lutter à lui seul, il réunit ses troupes et leur lut une proclamation où il déclarait que la cause des Bourbons était à jamais perdue et que l'Empereur remontait sur le trône où la France l'avait appelé. Les soldats éclatèrent en cris de joie frénétiques.

Le 20 mars, Napoléon rentra aux Tuileries, que Louis XVIII avait quittées dans la nuit.

LE CHAMP DE MAI : DISTRIBUTION DES DRAPEAUX

Napoléon, réinstallé aux Tuileries, débuta en parlant à tout le monde de paix et de liberté. Il brisa les entraves de la presse et remplit ses engagements en donnant à la France une constitution libérale. Napoléon appela le nouveau pacte politique : « Acte additionnel aux Constitutions de l'Empire ».

L'Acte additionnel fut publié le 23 avril et présenté à l'acceptation du peuple par Oui ou par Non.

Il avait été annoncé que le résultat du plébiscite sur la Constitution serait proclamé dans une grande cérémonie à laquelle on donnait le nom de Champ de Mai, empruntée aux Assemblées des anciens Francs.

Le Champ de Mai ne fut tenu que le 1er juin. Les 629 représentants élus par le corps électoral assistèrent à cette assemblée, dans le Champ-de-Mars, avec 4.000 à 5.000 électeurs qui apportaient les résultats des votes du plébiscite et les députations des régiments qui venaient chercher les drapeaux tricolores qui leur étaient rendus.

Napoléon visait à obtenir un grand effet sur l'opinion ; mais il avait commis une nouvelle faute : au lieu de paraître devant le peuple et l'armée avec le simple uniforme et le chapeau d'Austerlitz, il s'était affublé d'un costume de théâtre, comme à la cérémonie du sacre, un habit de soie, une toque à plumes, un manteau impérial. Ce n'était pas là ce qui pouvait exciter l'enthousiasme.

A une patriotique adresse lue au nom des collèges électoraux, Napoléon répondit en protestant avec dignité contre l'injuste agression des princes étrangers qui attentaient à l'indépendance de la France. Il distribua ensuite les drapeaux à la garde nationale de Paris, à la garde impériale et aux régiments de ligne.

Les gardes nationaux jurèrent de ne jamais souffrir que l'étranger souillât de nouveau la capitale de la France ; la garde impériale jura de mourir plutôt que de permettre que des étrangers vinssent dicter des lois à la patrie.

Les uns et les autres étaient sincères : la garde impériale devait bientôt tenir glorieusement son serment, « non pas de vaincre, mais de mourir ».

BATAILLE DE LIGNY : BLUCHER RENVERSÉ PAR LA CHARGE DES CUIRASSIERS

Le retour de l'empereur effraya l'Europe; la coalition se reforma. Dès le 7 mars, la guerre fut déclarée et les alliés mirent en grande hâte leurs armées en mouvement.

Napoléon résolut de porter les premiers coups, sans donner aux armées alliées le temps de faire leur jonction. Il opéra vivement la concentration des divers corps de notre armée et entra en Belgique avec 130.000 hommes. Le 15 juin, les avant-postes prussiens furent chassés ou taillés en pièces; la cavalerie et la jeune garde entrèrent à Charleroi avant midi. Mais Napoléon, au lieu de se lancer avec audace sur Blücher, attendit d'avoir le gros de ses troupes sous la main pour attaquer à fond. Il perdit ainsi bien du temps et permit à Blücher de réunir trois des quatre corps qui composaient son armée. Quand il fit ouvrir le feu, le « corps prussien » qu'il croyait avoir devant lui était une armée de 87.000 hommes avec 224 canons. Napoléon n'avait que 68.000 hommes et 200 canons.

Durant trois heures, on se disputa, avec un acharnement meurtrier, Saint-Amand, Ligny et les villages environnants. Les Français étaient restés maîtres de Saint-Amand, mais sans pouvoir déboucher en arrière de ce village; on continuait à s'égorger dans Ligny parmi les maisons en feu.

Blücher, soutenu par de nouvelles forces, reprend vivement l'offensive sur notre gauche; il est repoussé. Napoléon, avec les grenadiers de la garde et une puissante réserve, marche en personne sur Ligny et l'emporte. Blücher accourt à l'aide. Il charge avec sa cavalerie. Les escadrons prussiens sont arrêtés et culbutés par la cavalerie de la garde. Blücher est renversé sous les pieds des chevaux. Il est relevé, froissé, moulu, et emmené par son aide de camp. Son centre est en déroute. Voyant le centre en fuite, les deux ailes prussiennes se retirent; la nuit vient mettre fin à la lutte.

Cette victoire resta incomplète. Napoléon qui pouvait encore pousser et couper l'ennemi, en précipitant ses mouvements, ne le fit pas. La défaite de Blücher ne lui enlevait pas sa ligne de retraite et de jonction avec les Anglais.

MONTESQUIOU-FEZENSAC (François-Xavier-Marc-Antoine, abbé de), homme politique, né en 1757 au château de Marsan, près d'Auch, fut nommé député du clergé de Paris aux États généraux (1789). Il se fit remarquer par sa modération et prit une part active aux travaux de l'Assemblée dans toutes les questions intéressant les affaires ecclésiastiques.

Il émigra en 1792 et se réfugia en Angleterre, d'où il ne revint qu'après le 9 Thermidor. Il fut dès lors, jusqu'au Consulat, un des agents de Louis XVIII.

Nommé membre du Gouvernement provisoire, en avril 1814, il reçut, au mois de mai suivant, le portefeuille de l'intérieur, qu'il conserva jusqu'au retour de l'île d'Elbe. Il fut un des rédacteurs de la Charte.

Il se réfugia de nouveau en Angleterre pendant les Cent-Jours, revint avec Louis XVIII et, pendant la seconde Restauration, fut nommé ministre d'État, élevé à la dignité de pair de France (1815) et créé duc (1821).

L'Académie française le reçut dans son sein (1815), bien qu'il n'eût jamais rien écrit.

Il donna sa démission de pair en janvier 1832 et mourut quelques jours après au château de Cirey, près de Troyes.

BONAPARTE (Jérôme), roi de Westphalie, la plus jeune des frères de Napoléon, naquit à Ajaccio, le 15 novembre 1784. Après avoir été simple soldat dans la garde consulaire, il entra dans la marine (1800) et fit l'expédition de Saint-Domingue. — Rappelé en France, il aborda aux États-Unis et, quoique mineur, se maria avec la fille d'un riche marchand de Baltimore. Mais Napoléon fit casser ce mariage.

Nommé contre-amiral (1806), il échangea son grade contre celui de général de brigade et fit la campagne de Prusse. — Proclamé roi de Westphalie, après le traité de Tilsitt, il épousa, le 22 août 1807, la princesse Catherine de Wurtemberg. Il prit part à la campagne de 1809 contre l'Autriche et à celle de Russie. Obligé de quitter ses États, à la suite des désastres de 1813, il revint en France, se retira en Italie à l'abdication de l'empereur, accourut à Paris à la nouvelle du retour de l'île d'Elbe, et combattit glorieusement à Waterloo.

Pendant les années qui suivirent, il changea plusieurs fois de résidence. Il était à Paris au moment de la révolution de 1848. Il fut successivement gouverneur des Invalides (décembre 1848), maréchal de France (1850), président du Sénat (1852). Il mourut le 24 juin 1860.

BATAILLE DE WATERLOO : CHARGE DES CUIRASSIERS

Le 17 juin 1815, Napoléon marcha vers les Quatre-Bras afin d'opérer contre les Anglais, en laissant à Grouchy le soin de poursuivre les Prussiens. Malgré un violent orage, l'arrière-garde anglaise fut refoulée jusqu'à Planchenois. C'est là que l'armée anglaise fit tête, Wellington s'arrêta sur le plateau du mont Saint-Jean, en avant de la forêt de Soignes.

Napoléon avait un intérêt immense à prendre l'offensive de grand matin pour tâcher d'enlever la position avant que Wellington pût être secouru. Il n'engagea la bataille, le 18, qu'à onze heures et demie. Le sol était détrempé par la pluie et l'empereur ne pouvait que difficilement faire manœuvrer son artillerie.

Après une fausse attaque sur les avant-postes anglais qui occupaient le château et le parc de Goumont, Napoléon dirige ses premières colonnes de droite contre la gauche de Wellington et contre la ferme de la Haie-Sainte et le plateau du Mont Saint-Jean. Les bataillons anglais sont culbutés, mais les dragons refoulent nos fantassins. Les dragons sont à leur tour chargés, sabrés par nos cuirassiers et nos lanciers. Après un effort désespéré, la Haie-Sainte reste en notre pouvoir. Croyant le moment décisif, Ney lance alors deux divisions de cuirassiers sur le plateau. Nos cavaliers entraînés par la sublime furie de leur chef se précipitent avec une intrépidité admirable sur les carrés anglais qui, plusieurs fois rompus, se reforment sans cesse. La cavalerie anglaise se jette sur nos cuirassiers et les refoule. Ney, qui a eu plusieurs chevaux tués sous lui, se multiplie; cuirassiers, dragons, lanciers, chargent tour à tour; c'est un duel furieux; durant deux heures entières, les Anglais se font hacher, sans céder un pouce de terrain. Leurs pertes sont énormes. Wellington voit tout tomber autour de lui. Les efforts des nôtres redoublent; les Anglais commencent à plier, nous allons tenir la victoire, lorsqu'un corps de 30.000 Prussiens, commandé par Bülow, débouche sur notre droite. Une partie de nos troupes doit faire face à cet ennemi nouveau. Bulow est refoulé à distance et Napoléon songe alors à se porter au secours de Ney.

CAMBRONNE (Pierre-Jacques-Étienne, baron de), général, né à Saint-Sébastien, près de Nantes, en 1770, fit ses premières armes dans la légion nantaise, en 1792.

Il servit sous Hoche et sous Masséna (1799), refusa le titre de premier grenadier de la République qui lui fut décerné après la mort de la Tour-d'Auvergne, fit avec distinction la campagne de Prusse, se couvrant de gloire à Iéna, et se fit encore remarquer par sa bravoure pendant la campagne de 1813.

Général de brigade en 1814, il suivit Napoléon à l'île d'Elbe; lors des Cent-Jours, l'empereur le nomma général de division et pair de France.

A Waterloo, il commandait une division de la garde. Resté sur le champ de bataille avec le dernier carré, on connaît la phrase célèbre qui lui est attribuée : *La garde meurt et ne se rend pas ;* réponse héroïque, que d'autres ont voulu plus courte et plus énergique. Cambronne s'est toujours défendu d'avoir prononcé l'une ou l'autre.

Relevé mourant sur le champ de bataille et conduit en Angleterre, il revint se faire juger à Paris et fut acquitté (1816). Nommé commandant à Lille, puis mis à la retraite, il se retira à Nantes où il mourut en 1842.

GROUCHY (Emmanuel, marquis de), maréchal de France, né à Paris le 23 octobre 1766, mort à Saint-Étienne le 29 mai 1847, servit dès l'âge de quatorze ans. Colonel, puis général de brigade en 1792, il fit la campagne de Vendée et fut nommé général de division. Exclu de l'armée comme noble, malgré ses services, il y rentra avec son grade en 1795.

Chef d'état-major de l'armée de l'Ouest, sous Hoche, il prit ensuite part à l'expédition d'Irlande comme commandant en second (1796). Il fit avec distinction les campagnes de la Grande Armée et se signala dans plusieurs combats de la campagne de France.

Mis en disponibilité par Louis XVIII, il força, pendant les Cent-Jours, le duc de Berry à capituler. Nommé maréchal de France et chargé du commandement de la cavalerie de réserve de la Grande Armée, il se distingua à Fleurus et à Ligny, obligeant Blücher à battre en retraite. Mais à Waterloo il ne sut pas prendre une décision qui pouvait sauver Napoléon.

Compris dans l'ordonnance du 24 juillet, il se retira en Amérique. Rappelé en 1821 et mis à la retraite, il recouvra son titre de maréchal à la révolution de 1830 et fit partie de la Chambre des pairs en 1832.

LE SOIR DE WATERLOO

Wellington cependant a repris courage et reformé ses troupes. Ney escalade de nouveau le Mont Saint-Jean avec la moitié des chasseurs à pied et des grenadiers de la garde. Ils sont accueillis par un feu meurtrier qui les décime et les oblige à revenir en arrière. Ils resserrent leurs rangs et vont reprendre l'attaque. La canonnade et la fusillade éclatent soudain sur notre droite. « C'est Grouchy! » s'écrient nos soldats avec enthousiasme. C'était Blucher, avec ses 30.000 hommes de troupes fraîches. Napoléon lance contre lui la réserve de la garde; mais nos troupes épuisées par une lutte héroïque de plusieurs heures faiblissent et cèdent peu à peu sur toute la ligne.

Seule, la Garde impériale résiste toujours. Formés en carrés, cribés de balles et de mitraille, sabrés par une nuée de cavaliers, nos grenadiers se resserrent à mesure qu'ils diminuent. La nuit est venue. Un seul carré est encore debout. Cambronne le commande. Sommé de se rendre, il fait cette réponse fameuse : « La garde meurt et ne se rend pas ! »

La garde ne fut pas seule admirable jusqu'au dernier moment. Après que tous nos bataillons eurent été rompus, des groupes d'officiers et de soldats, serrés autour des aigles des régiments, se frayèrent le passage à travers l'ennemi. Nous ne perdîmes pas un drapeau dans cette glorieuse déroute.

On a longtemps attribué à Grouchy la catastrophe qui a gardé le nom de Waterloo, du nom du village où Wellington avait eu son quartier général. Mais ce n'était pas la faute de Grouchy, si Napoléon lui avait donné une fausse direction, le 17 juin, en l'envoyant à l'est vers la route de Namur, tandis que Blücher et Bulow se portaient au nord du Wavres. Ce malheureux général eût pu, du moins, marcher droit au canon, au lieu de suivre la lettre de ses instructions, et occuper un moment les corps prussiens ; mais il est douteux qu'il eût réussi, avec ses 33.000 hommes, à percer les 90.000 hommes de Blücher et à rejoindre notre droite sur Planchenois. S'il n'est pas permis de décharger entièrement Grouchy, il ne faut pas oublier que Napoléon avait commis personnellement de grandes fautes.

LAPLACE (Pierre-Simon, marquis de), géomètre, astronome et physicien, né le 23 mars 1749 à Beaumont-en-Auge (Calvados), était le fils de pauvres cultivateurs. Il vint de bonne heure à Paris et grâce à la protection de Dalembert devint, à 19 ans, professeur de mathématiques à l'École militaire.

Membre de l'Académie des sciences en 1783, examinateur à l'École d'artillerie en (1784), professeur aux Écoles normales (1794), membre de l'Institut dès sa fondation, Laplace entra à l'Académie Française en 1816. Ministre de l'intérieur après le 18 Brumaire, sénateur et président du Sénat, grand officier de la Légion d'honneur, comte de l'empire, il signa l'acte de déchéance de Napoléon et fut créé marquis et pair par Louis XVIII. Il mourut à Paris, le 5 mars 1827.

Ses principaux ouvrages sont : *Exposition du système du monde*, *Théories du mouvement et de la figure elliptique des planètes*, *Précis de l'histoire de l'astronomie*, *Théorie analytique des probabilités*, *Mécanique céleste*, etc.

Fourier dans son *Éloge* de Laplace, s'exprime ainsi : « Il était né pour tout perfectionner, pour tout approfondir, pour résoudre ce que l'on aurait pu croire insoluble. Il aurait achevé la science du ciel, si cette science pouvait être achevée. »

MARET (Hugues-Bernard) duc de *Bassano*, né à Dijon, le 1er mars 1763, était le fils d'un médecin de cette ville.

Rédacteur au *Moniteur*, il publia le Bulletin de l'Assemblée constituante et fut membre du Club des Feuillants. Envoyé, après le 10 Août, en Angleterre pour négocier la neutralité de cette puissance, il fut ensuite nommé ambassadeur à Naples. Arrêté par les Autrichiens, en traversant les Grisons, et enfermé pendant trente mois dans une forteresse, il fut, avec d'autres prisonniers, échangé contre la fille de Louis XVI (1795).

Devenu secrétaire de Bonaparte, après son retour d'Égypte, Maret prépara avec lui le coup d'État du 18 Brumaire, devint successivement secrétaire général du gouvernement consulaire, secrétaire d'État, chef du cabinet, ministre des Affaires Étrangères (1811), puis, en 1813, reprit son poste de secrétaire d'État.

Durant les Cent-Jours, il reprit une troisième fois ses fonctions à la Secrétairerie d'État et fut exilé en 1815.

Pair de France en 1831, président du Conseil pendant quelques jours, en 1834, il mourut en 1839. Il était membre de l'Académie française et de l'Académie des sciences morales et politiques.

CORPS LÉGISLATIF (PALAIS BOURBON)

Le Palais Bourbon, commencé en 1722, sur les dessins de Girardini, fut, en 1795, affecté aux séances du conseil des Cinq-Cents, lequel y fut remplacé, en 1810, par le Corps législatif, puis, en 1814, par la Chambre des députés.

De 1804 à 1807, Napoléon Ier fit construire la grande façade du côté du quai. Il en confia l'exécution à Poyet, architecte; c'est celle que représente cette gravure.

Elle se compose d'un large péristyle élevé, auquel on accède par un perron de trente marches, orné de statues colossales, représentant Minerve et Thémis, par les sculpteurs Rolland et Houdon.

Le mur du fond du péristyle est percé de cinq baies de portes ornées de chambranles avec attique, et décoré sur toute sa surface de refends horizontaux et verticaux formant bossages. Ce mur est terminé aux extrémités par un pilastre servant à arrêter les refends; par le haut, entre les chapiteaux de ces pilastres, règne une frise à grecque évidée en creux. En avant de ce mur, au haut du perron, s'élèvent douze colonnes d'ordre corinthien supportant un enta-

blement de même style, dont la frise est ornée de rinceaux avec cartouches; la corniche est décorée de modillons et d'ornements courants sur différents membres de moulures. Cette corniche est surmontée d'un fronton angulaire dont le tympan, sculpté par Jean-Pierre Cortot, représente la France entre la Liberté et l'Ordre public, appelant à elle les génies du Commerce, de l'Agriculture, de la Paix, de la Guerre et de l'Éloquence.

L'entablement se retourne à angle droit de chaque côté de ce péristyle, et se profile en retour sur la face de deux arrière-corps terminés par des pilastres d'angle.

La face de ces deux arrière-corps est décorée de bas-reliefs engagés dans l'épaisseur du mur; celui de droite est de Rude, celui de gauche, de Pradier. Le surplus est décoré de refends et bossages semblables à ceux du péristyle.

Au-devant de cette façade s'étend une vaste cour fermée par une grille, aux extrémités de laquelle sont des piédestaux supportant les statues assises, de Sully, Colbert, l'Hôpital et d'Aguesseau.

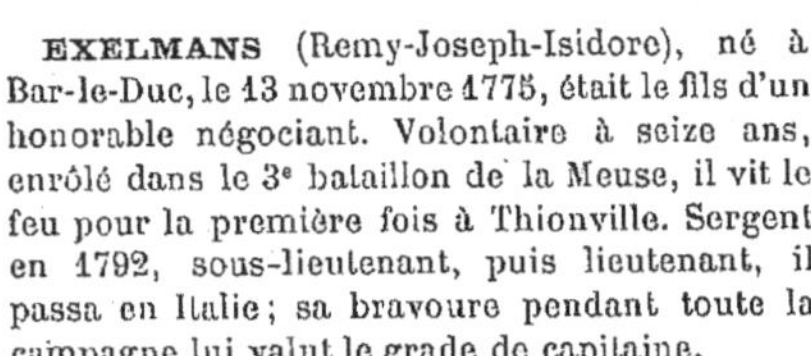

EXELMANS (Remy-Joseph-Isidore), né à Bar-le-Duc, le 13 novembre 1775, était le fils d'un honorable négociant. Volontaire à seize ans, enrôlé dans le 3e bataillon de la Meuse, il vit le feu pour la première fois à Thionville. Sergent en 1792, sous-lieutenant, puis lieutenant, il passa en Italie ; sa bravoure pendant toute la campagne lui valut le grade de capitaine.

En 1801 il devint aide de camp du général en chef Joachim Murat, qui le fit nommer chef d'escadron le 1er octobre 1803. Deux ans après, il fit partie de la Grande Armée. Sa carrière prit dès ce moment un rapide essor.

Colonel à trente ans, après Austerlitz, il fut nommé général de brigade après la bataille d'Eylau (1807). Fait prisonnier en Espagne (1808) et emmené plus tard en Angleterre, il s'échappa après 3 ans de captivité et suivit à Naples le roi Murat. Mais il revint bientôt pour prendre part à la campagne de Russie. Sa belle conduite pendant l'expédition lui valut le grade de général de division.

Créé comte en 1814 pour sa bravoure pendant la campagne de France, il fut élevé à la pairie en 1830, devint grand chancelier de la Légion d'honneur (1850) et maréchal de France (1851). Il mourut en 1852 d'une chute de cheval.

LEFEBVRE (François Joseph), duc de Dantzig, maréchal de France, né à Ruffach (Haut-Rhin) le 25 octobre 1755, était le fils d'un ancien hussard. Il s'engagea dans les gardes françaises et était sergent à l'époque de la Révolution.

Capitaine en 1792, il fut fait général de brigade l'année suivante et général de division le 10 janvier 1794. Il se distingua pendant la campagne de 1794, aux armées du Rhin et de la Moselle, donnant à tous l'exemple d'un courage réfléchi et d'une expérience consommée.

Nommé commandant de la division de Paris, Lefebvre, bon patriote, mais peu éclairé, se méprit sur les véritables intentions de Bonaparte qui prétendait délivrer la République « du joug des avocats qui la perdaient », et contribua au succès du coup d'État du 18 Brumaire.

Sénateur en 1800, maréchal en 1804, il fit la campagne de Prusse, prit Dantzig (1807) et fut créé duc. Il suivit Napoléon en Espagne (1808), où il gagna la bataille de Durango, fit à la tête de la garde impériale la campagne de Russie et prit une part glorieuse à la campagne de France.

Nommé en 1814 à la Chambre des Pairs, il y siégea pendant les Cent-Jours et n'y rentra qu'en 1819. Il mourut à Paris en 1820.

COMBAT DE ROQUENCOURT

Après la bataille de Waterloo, les débris de l'armée française se retirèrent sous Paris, après avoir refoulé de gros détachements prussiens qui avaient tenté d'arrêter sa marche. Le 29 juin, Grouchy, qui avait remplacé Soult dans le commandement en chef, établit son quartier général à la Villette. De son côté, l'armée anglo-prussienne, forte de cinquante et quelques mille hommes, s'était avancée par la rive droite de la Seine jusqu'aux portes de Paris et attaquait Aubervilliers.

La Commission exécutive nommée par la Chambre entama des négociations de paix avec l'ennemi.

Tandis qu'on délibérait à Paris sur la question de savoir s'il fallait combattre ou céder, on se battait entre les bois de Meudon et de Versailles. Durant les pourparlers, Blücher, qui ne rêvait que d'entrer de vive force dans Paris, avait fait passer la Seine à sa cavalerie et l'avait lancée sur Versailles.

Le général Exelmans occupait Montrouge avec quelques troupes. Chargé par Davout d'arrêter avec sa cavalerie la marche de l'ennemi, Exelmans marcha sur Versailles. A l'embranchement des routes de Bièvre et de Versailles, près des bois de Verrières, nos soldats rencontrèrent une colonne de cavalerie prussienne, forte de 1500 hommes, qui s'avançait en criant : « Paris ! Paris ! » Dragons et hussards tombèrent sur les Prussiens. La mêlée fut vive; pressé de front et de flanc, culbuté à Vélizy, l'ennemi battit en retraite et fut poursuivi et sabré jusqu'à Roquencourt.

Là se trouvait la brigade du général Piré. Les 1er et 6e chasseurs chargèrent impétueusement la cavalerie, pendant que notre infanterie la fusillait à bout portant. De ces 1500 cavaliers prussiens, 1200 furent tués, blessés ou pris; le reste n'échappa qu'avec peine à nos soldats et aux paysans des environs qui s'étaient armés et combattaient en tirailleurs.

Si tous les corps de troupes que nous avions sur la rive gauche avaient, comme ils le devaient, soutenu le mouvement d'Exelmans, les Prussiens auraient été tout au moins chassés de Saint-Germain et rejetés au loin sur la rive droite.

LOUIS XVIII (Louis-Stanislas-Xavier), frère de Louis XVI, né à Versailles, le 17 novembre 1755, porta d'abord le titre de comte de Provence. Il quitta la France avec Louis XVI, le 20 juin 1791, et gagna Bruxelles. A la mort du roi, il se déclara régent et à celle de Louis XVII prit le titre de roi de France (1795).

Reconnu roi par les alliés en 1814, il monta sur le trône le 25 avril, publia la *Déclaration de Saint-Ouen,* qui promettait l'établissement d'un gouvernement constitutionnel, et promulgua la *Charte de* 1814. Le nouveau régime politique était plus libéral que celui de Napoléon, mais d'imprudentes mesures de réaction favorisèrent le retour de Napoléon de l'île d'Elbe. Louis XVIII quitta Paris, le 19 mars 1815, se retira à Gand et ne rentra aux Tuileries que le 8 juillet suivant. Une violente réaction marqua la première année de son règne. Les ministres Richelieu et Decazes suivirent une politique plus libérale (1816-1820); mais l'assassinat du duc de Berry (13 février 1820) provoqua une réaction qui amena de nombreuses conspirations. M. de Villèle fut le principal ministre de cette époque.

Louis XVIII mourut le 16 septembre 1824.

VILLÈLE (Jean-Baptiste-Séraphin-Joseph, comte de), né le 14 août 1773 à Toulouse, était officier de marine en 1789; il démissionna en 1792 et se retira à l'île Bourbon. Rentré en France, à la Restauration devint député de Toulouse. Il ne tarda pas à acquérir une grande influence sur le parti ultra-royaliste, qui l'imposa au roi. Il succéda, comme président du Conseil, au duc de Richelieu (décembre 1821).

Villèle, administrateur habile plutôt qu'homme d'État, laissa faire la guerre d'Espagne, qu'il condamnait et, pour vaincre l'opposition des libéraux, fit dissoudre la Chambre; les élections de 1824 lui donnèrent une forte majorité royaliste. A l'avénement de Charles X, Villèle conserva la direction des affaires et fit voter la loi de sacrilège, l'indemnité d'un milliard aux émigrés, la loi sur le droit d'aînesse et les substitutions (avril 1826), la loi contre la presse et le licenciement de la garde nationale.

Ces mesures soulevèrent contre M. de Villèle une telle impopularité qu'il dut dissoudre la Chambre. Il fut battu aux élections et donna sa démission (janv. 1828). Il se retira de la vie politique et mourut à Toulouse le 13 mars 1854.

REDDITION D'HUNINGUE

Le 7 juillet 1815, les Prussiens et les Anglais avaient pris possession de Paris, devant le peuple sombre et silencieux.

La masse de l'invasion s'accroissait toujours, débordant tout entière en deçà du Rhin pour venir vivre aux dépens de la France. Il y eut un moment jusqu'à 1.200.000 hommes sur notre territoire. Nous avions encore plusieurs corps en armes et la plupart de nos places fortes restaient intactes et menaçantes. Des généraux proposèrent de proclamer la levée en masse dans tous les départements non occupés. Mais Davout ne jugea pas le succès possible et engagea l'armée à se soumettre au roi. La guerre régulière cessa en campagne. Mais les places fortes continuèrent à fermer leurs portes aux étrangers.

Longwy se défendit à deux reprises contre un corps d'armée prussien et ne céda qu'au bout de trois mois. Dans les Hautes-Alpes, les habitants du village de Saint-Chaffre s'enfermèrent dans un fort voisin de Briançon et laissèrent brûler leur village plutôt que de rendre le fort. Aux portes mêmes de Paris, le brave général Daumesnil brava les menaces des alliés et conserva le fort de Vincennes et l'artillerie qu'il renfermait.

La défense d'Huningue est restée célèbre entre toutes.

Cette place, la clef de la France du côté de l'Allemagne et de la Suisse, était presque démantelée. Le général Barbanègre, chargé de la défendre, n'avait à sa disposition qu'une cinquantaine de canonniers, soutenus par quelques gardes nationaux, gendarmes et douaniers, au total 135 soldats. Il répara autant que possible les ouvrages détruits et, communiquant à sa petite troupe l'esprit patriotique dont il était animé, il résista pendant deux longs mois à 25.000 Autrichiens. Barbanègre ne capitula que lorsque Huningue ne fut plus qu'un monceau de décombres, en stipulant une capitulation qui lui permit de se retirer avec la garnison, armes et bagages, drapeau déployé. Le 27 août, il sortit de la place avec les honneurs de la guerre.

Les assiégeants furent saisis d'admiration quand ils virent le général français sortir à la tête de 50 *hommes*, débris de la faible garnison qui avait tenu en échec toute l'armée autrichienne. L'archiduc Jean embrassa Barbanègre en présence de son armée qui présentait les armes.

LE CADAVRE DU MARÉCHAL BRUNE TRAINÉ AU RHÔNE.

Tandis que les deux tiers de la France étaient occupés par les étrangers, la partie exempte de l'invasion était désolée par une atroce réaction. Les souffrances du commerce produites par le blocus continental, les rigueurs de la conscription, le retour triomphant de « l'usurpateur », avaient excité une rage mal contenue dans le cœur des royalistes du Midi. A la nouvelle de Waterloo, le 25 juin, une émeute éclata à Marseille. Plusieurs maisons furent pillées et les propriétaires, partisans de l'Empereur, massacrés; un certain nombre de Mamelucks, ramenés d'Égypte par Napoléon, furent égorgés avec leurs femmes et leurs enfants.

De Marseille, le meurtre et les incendies se propagèrent à Avignon, à Carpentras, à Nîmes, à Uzès. Les autorités royales étaient impuissantes ou complices. Des centaines de personnes étaient arrêtées arbitrairement de tous côtés par les bandes et mises à mort.

A toutes ces victimes obscures s'ajouta bientôt une victime illustre.

Le maréchal Brune, chargé durant les Cent-Jours, de défendre la ligne du Var contre les Piémontais, s'était arrêté à Avignon en regagnant Paris. Il ne se croyait pas en butte à des haines personnelles; mais une stupide calomnie l'avait représenté comme un des assassins de la princesse de Lamballe, au 2 septembre.

Le 2 août, au bruit de l'arrivée du maréchal, une émeute éclata dans la ville. Assiégé dans son hôtel par une populace forcenée, il fut tué d'un coup de pistolet. Le préfet, le sous-préfet et quelques honnêtes gens avaient vainement tenté de s'interposer et de défendre la porte de l'hôtel. La horde de sauvages traîna le cadavre à travers les rues et le jeta dans le Rhône. La maréchale Brune n'obtint qu'en 1819 l'autorisation de poursuivre les assassins de son mari.

Un nouveau crime plus monstrueux encore, s'il est possible, que l'assassinat du maréchal Brune, avait lieu quelques jours après à Toulouse. Le général Ramel, commandant de la ville, voulut protéger les personnes et les propriétés contre les bandits qui s'intitulaient volontaires royaux. Atteint d'un coup de feu dans la rue, il parvint à rentrer chez lui; l'hôtel fut envahi et le général haché de coups dans son lit.

NAPOLÉON SE RENDANT A BORD DU BELLÉROPHON.

Napoléon, vaincu à Waterloo, se hâta de rentrer à Paris, comptant y trouver un appui; mais les Chambres réclamèrent son abdication. Napoléon ne se sentit pas l'énergie de résister et, le 22 juin 1815, pour la seconde fois, il abdiqua en faveur de son fils. Il se retira à la Malmaison; mais bientôt Fouché, redoutant une explosion populaire dans Paris, si un détachement prussien venait enlever l'empereur, pressa Napoléon de partir pour Rochefort, où deux frégates avaient l'ordre de le conduire en Amérique.

Napoléon, arrivé le 3 juillet à Rochefort, n'avait quitté cette ville que le 8 pour gagner les deux frégates qui l'attendaient en rade de l'île d'Aix. La croisière anglaise qui observait l'embouchure de la Charente barrait le passage. Il n'y avait guère possibilité de le forcer. L'empereur résolut alors de se livrer aux Anglais. Il écrivit au prince régent qui régnait en Angleterre la lettre suivante :

« Altesse Royale, en butte aux factions qui divisent mon pays et à l'inimitié des plus grandes puissances de l'Europe, j'ai terminé ma carrière politique. Je viens, comme Thémistocle, m'asseoir au foyer du peuple britannique. Je me mets sous la protection de ses lois, que je réclame de Votre Altesse Royale, comme celle du plus puissant, du plus constant, du plus généreux de mes ennemis. »

Le 15 juillet, Napoléon se rendit à bord du vaisseau anglais le *Bellérophon*, qui le conduisit à Plymouth.

Les ministres anglais, convaincus que Napoléon, quoi qu'il promît, recommencerait, s'il le pouvait, ne songèrent qu'à lui trouver une prison d'où il lui fût impossible de s'échapper. Ils fixèrent leur choix sur un îlot perdu au milieu de l'Atlantique, entre l'Afrique et l'Amérique méridionale, le rocher de Sainte-Hélène. Le 3 août, ils décidèrent, de concert avec leurs alliés, que Napoléon serait considéré comme le prisonnier des puissances coalisées et que sa garde serait confiée spécialement au gouvernement anglais. Aussitôt cette convention signée, le grand captif fut embarqué pour Sainte-Hélène.

LES FRÈRES FAUCHER ALLANT A LA MORT

Aux massacres dans le Midi vinrent s'ajouter, pendant les premières années de la seconde Restauration, de violentes mesures de réaction.

Un procès qui eut par son ignominie un grand retentissement fut le procès des frères Faucher. Dévoués aux principes de la Révolution, ils rendirent de grands services à la République dans la guerre de Vendée et furent nommés ensemble généraux de brigade. Impliqués dans le procès des Girondins, ils avaient été sauvés de l'échafaud grâce à l'intervention du représentant Lequinio. Après avoir occupé des fonctions publiques sous le Consulat, ils avaient démissionné, à la proclamation de l'Empire, et vécu dans la retraite jusqu'en 1814.

L'un des frères Faucher commandait à La Réole, lors du retour de Louis XVIII. Il fit arborer le drapeau blanc; mais des troubles ayant éclaté dans la ville, des cris de mort furent proférés contre les deux frères. Ils furent arrêtés et traduits devant une commission militaire sous les prétextes les plus misérables. Aucun avocat n'osa se charger de leur défense. Ils furent jugés sans avoir été défendus et furent condamnés à mort le 22 septembre 1815. On les conduisit au lieu de l'exécution, avec un grand appareil militaire. Ils traversèrent toute la ville à pied, calmes et dignes, se tenant par la main, et tombèrent sous un feu de peloton, unis dans la mort ainsi qu'ils l'avaient été dans la vie.

MORT DU MARÉCHAL NEY

Le maréchal Ney, qui s'était caché dans un château d'Auvergne, pour se soustraire aux poursuites ordonnées par le gouvernement (ordonnance royale du 24 juillet 1815), se laissa découvrir et arrêter le 5 août. Amené à Paris, il comparut le 10 novembre devant un conseil de guerre composé de sept chefs militaires, dont cinq étaient les compagnons d'armes de l'illustre prisonnier. Le conseil, en somme lui était favorable. Jamais Jourdan, Masséna, Augereau, Mortier n'eussent condamné à mort le vaillant héros de la Moskowa. Déjà Moncey, qui devait présider comme doyen des maréchaux, avait refusé de faire partie du conseil.

Par malheur, les défenseurs de Ney déclinèrent la compétence du Conseil de guerre et réclamèrent pour l'accusé la juridiction de la Chambre des pairs. M. de Richelieu, le chef du ministère, s'empressa d'accepter et saisit du jugement la Chambre haute.

Le procès s'ouvrit le 21 novembre. Le procureur général Bellart montra une violence odieuse. Cent cinquante-neuf voix sur cent soixante déclarèrent l'accusé coupable; seul le duc Victor de Broglie vota l'acquittement.

Sur l'application de la peine, dix-sept pairs votèrent la mort, parmi lesquels cinq maréchaux. Quelques pairs avaient demandé qu'on appelât sur le condamné la clémence royale. Louis XVIII se crut obligé d'être inflexible.

Le condamné ne fut pas conduit au lieu accoutumé des exécutions militaires, à la plaine de Grenelle; on craignait quelque agitation populaire. On le mena, du Luxembourg, où il était gardé, sur la place de l'Observatoire, à l'endroit où s'élève aujourd'hui sa statue. Arrivé devant le peloton qui l'attendait, le maréchal s'écria : « Je proteste devant ma patrie contre le jugement qui me condamne; j'en appelle à la postérité! Vive la France ! »

Puis, portant la main à sa poitrine, il cria d'une voix aussi forte que lorsqu'il commandait la charge : « Soldats, droit au cœur ! »

L'officier, qui commandait le peloton, éperdu, glacé d'horreur, n'eut pas la force de commander le feu. Un homme de cour, colonel d'état-major, prit sa place. Le maréchal tomba criblé de balles (7 décembre 1815).

LAINÉ (Joseph-Henri-Joachim, vicomte), l'un des hommes d'État les plus remarquables de la Restauration, né à Bordeaux en 1767, mort à Paris le 17 décembre 1835, était avocat à Bordeaux en 1789. Député au Corps législatif en 1808, il prêta l'appui de son talent au parti de l'opposition. Nommé, à la fin de 1813, président de la Commission chargée d'examiner les propositions des alliés en faveur de la paix, il rédigea un rapport qui excita la colère de Napoléon et eut pour conséquence de faire ajourner le Corps législatif.

Sous la Restauration, il fut président de la Chambre, protesta contre le retour de l'île d'Elbe et, pendant les Cent-Jours, se retira en Hollande. Au retour des Bourbons, il devint président de la Chambre *introuvable* de 1815 et lutta courageusement contre le parti ultra-royaliste.

Nommé, en 1816, par ordonnance royale, membre de l'Académie française, il entra, avec le portefeuille de l'intérieur, dans le cabinet présidé par le duc de Richelieu. Président du Conseil de l'instruction publique, puis ministre sans portefeuille jusqu'à la fin de 1821, il fut créé pair en 1823 et continua à se montrer partisan de la liberté constitutionnelle. Il prêta serment à Louis-Philippe après Juillet 1830.

GÉRARD (Étienne-Maurice, comte) maréchal de France, né à Damvillers (Meuse) le 4 avril 1773, mort le 17 avril 1855. Engagé volontaire en 1791, il arriva vite au grade de capitaine, devint aide de camp de Bernadotte, colonel en 1800 et général de brigade en 1806, après Austerlitz.

Nommé baron après la campagne de Wagram, il alla servir en Espagne et, pendant la campagne de Russie, se couvrit de gloire à Smolensk, à Valoutina, à la Moskowa, et fut élevé au grade de général de division. Il servit glorieusement dans les campagnes de 1813 et de 1814, et se distingua dans la campagne de Waterloo. Il faisait partie de l'armée de Grouchy, et si ses avis eussent été écoutés, le terrible désastre n'aurait probablement pas eu lieu.

Rentré en France en 1817, il fut élu à la Chambre en 1822 et siégea dans les rangs de l'opposition. Il prit une part active à la révolution de Juillet, fut ministre de la guerre sous Louis-Philippe, maréchal de France, commanda l'expédition de Belgique (1831) et prit Anvers. Pair de France (1832), il fut de nouveau ministre de la guerre et président du Conseil, grand chancelier de la Légion d'honneur et commandant général des gardes nationales de la Seine.

DÉVASTATION DU MUSÉE DU LOUVRE.

Aux termes de la capitulation, signée le 3 juillet 1815 au château de Saint-Cloud, Wellington et Blücher avaient promis le respect des propriétés privées et publiques « excepté celles qui avaient rapport à la guerre. » C'était une bizarre équivoque. Il semblait en effet qu'il ne s'agit que du matériel de guerre ; mais les généraux alliés ne cachèrent pas qu'ils entendaient réserver par là le droit d'enlever à nos musées les grandes œuvres d'art qu'y avaient amenées les guerres de la République et de l'Empire et qu'on nous avait laissées en 1814.

Le Musée du Louvre offrait à l'admiration universelle la réunion des chefs-d'œuvre qu'y avaient accumulé nos victoires, la plus vaste et la plus magnifique galerie de sculpture antique et de peinture moderne qu'il fût possible alors de former dans le monde. Ces tableaux, ces statues appartenaient à la France, soit par des conventions avec les gouvernements étrangers, qui les avaient cédés comme contribution de guerre, soit en vertu d'un état de possession reconnu à plusieurs reprises par l'Europe.

Les puissances étrangères, en 1814 n'en avaient pas contesté la possession à la France ; mais en 1815, elles étaient disposées à pousser à outrance, sur ce point comme sur tout autre, les conséquences de leurs succès.

Chaque puissance, foulant aux pieds les engagements pris envers Louis XVIII, quelques mois auparavant, réclama les œuvres d'art originaires de ses possessions actuelles. Les grandes puissances étant précisément les moins intéressées dans la question, il eût probablement été possible, en négociant, de conserver une partie de ces trésors artistiques. Mais le gouvernement ne voulut pas encourir l'impopularité d'une transaction à ce sujet.

On ne traita pas, et les alliés, agissant d'autorité, mirent le Louvre au pillage. Les Prussiens commencèrent par s'emparer de quelques objets originaires de l'Allemagne et des provinces rhénanes, püis l'Angleterre et l'Autriche prêtèrent leurs soldats aux petits États d'Italie et des Pays-Bas pour emballer et emporter tous les merveilleux ouvrages provenant de ces contrées.

Les portefaix de Paris avaient courageusement refusé leur concours aux étrangers et Wellington ne contint la population que par un grand déploiement de forces.

NAUFRAGE DE LA MÉDUSE

La Chambre, sortie des élections faites sous la pression des autorités que dominaient les ultras, se composait des royalistes les plus exaltés. En apprenant ce résultat, Louis XVIII, dans sa satisfaction, avait laissé échapper un mot qui est resté célèbre : « Nous avons une Chambre vraiment *introuvable!* » Mais il ne tarda pas à se repentir de l'avoir trouvée et le nom de *Chambre introuvable* a gardé dans l'histoire un sens bien différent de celui qu'il lui avait donné. Bientôt mécontent de l'attitude d'une Chambre, qui était plus royaliste que lui-même, le roi rendit une ordonnance de dissolution (5 sept. 1816).

Une majorité de haute bourgeoisie et de fonctionnaires remplaça la majorité de grands seigneurs de l'Ancien Régime et de nobles de province qui avaient dominé dans la « Chambre introuvable. » Aux cris de fureur qui éclatèrent au faubourg Saint-Germain répondit une explosion de joie publique.

Des incidents sans cesse renaissants entretenaient, toutefois, l'agitation des esprits. Les ultras, quoiqu'ils n'eussent plus la direction du gouvernement, étaient encore protégés par plusieurs ministres et occupaient une foule de positions officielles dont ils continuaient à abuser. Les acquittements scandaleux des assassins de 1815 irritaient l'opinion qui saisissait toutes les occasions de réagir en sens contraire. Tout tournait à la politique. Une frégate française, la *Méduse*, avait fait naufrage dans les mers d'Afrique, par l'incapacité de son capitaine, émigré rappelé au service. Ce commandant s'était sauvé dans une chaloupe, abandonnant une partie de son équipage. Cent cinquante malheureux, réfugiés sur un radeau, avaient presque tous péri de faim ; treize seulement avaient été recueillis vivants par un navire étranger.

Cette tragique aventure redoubla l'exaspération publique contre les émigrés auxquels on avait livré nos armées de terre et de mer. Elle nous valut un des plus beaux tableaux qu'ait produits l'école française, le *Naufrage de la Méduse*, de Géricault, actuellement au Musée du Louvre.

DISTRIBUTION D'ALIMENTS AUX PAYSANS AFFAMÉS.

Pendant que la politique remuait la classe moyenne et, plus ou moins, le peuple des villes, une autre cause agitait, avec les classes ouvrières, la masse entière des classes pauvres des campagnes.

A la suite des dévastations des étrangers, des pluies continuelles avaient fait manquer, dans presque toute la France, la récolte de 1816. Durant la seconde moitié de cette année, de grands troubles occasionnés par la cherté des grains avaient eu lieu sur divers points. Le ministre de l'intérieur Laîné avait fait ce qu'il avait pu pour combattre le mal, maintenant la libre circulation des grains à l'intérieur du royaume, en même temps qu'il encourageait l'importation des blés étrangers et qu'il en faisait acheter pour le compte de l'État.

La misère, néanmoins, allait augmenter! Il y eut un grand élan de charité dans le pays et l'on parvint à traverser l'hiver; mais au printemps de 1817, les associations particulières de secours, ainsi que le gouvernement lui-même, furent débordés; la disette devenait famine. Dans certaines contrées du Nord et de l'Est, le prix du pain monta jusqu'à vingt-quatre sous la livre.

Les malheureux en venaient à arracher l'herbe des champs; des bandes de paysans affamés, hommes, femmes, enfants, envahissaient les villes et venaient implorer la pitié des bourgeois, qui leur distribuaient, dans les rues, le peu qu'on pouvait ramasser d'aliments pour les empêcher de mourir de faim.

Le désespoir poussa les malheureux à des émeutes; dans un certain nombre de départements, les marchés furent assaillis; les marchands et les fermiers furent obligés, dans beaucoup de villes, de livrer leurs blés à bas prix; des magasins furent pillés.

Ces troubles furent facilement réprimés dès qu'on fit intervenir les troupes Il eût fallu de la modération dans la répression de désordres causés par de si cruelles souffrances; mais la modération n'était pas à l'usage des cours prévôtales. Bien qu'aucun meurtre n'eût été commis, et que la répression n'eût coûté la vie à aucun agent de la force publique, elles prodiguèrent les travaux forcés et firent tomber trois têtes à Sens et cinq à Montargis, dont une de femme.

RICHELIEU (Fernand-Emmanuel - Sophie Septimanie *du Plessis*, duc de), homme d'État, né à Paris le 25 septembre 1766, petit-fils du maréchal de France, émigra en 1789, entra au service de la Russie et se distingua contre les Turcs. L'empereur Alexandre le nomma gouverneur d'Odessa (1803), puis de la Nouvelle-Russie (1804).

Rentré en France à la Restauration, il fut élevé à la pairie (1814), devint ministre des affaires étrangères et président du Conseil (1815).

Grâce à son influence sur l'empereur Alexandre, dont il avait su, par son intègre et sage administration en Russie, se concilier l'estime et l'affection, il parvint à faire apporter quelque adoucissement aux traités que nous imposèrent les alliés (réduction de la contribution de guerre et de la durée d'occupation du territoire).

Il quitta le ministère le 29 décembre 1818, sans aucune fortune. Les Chambres lui ayant voté une rente de 50.000 francs, à titre de récompense nationale, il ne l'accepta, après un premier refus, que pour en faire l'abandon aux hospices de Bordeaux.

De nouveau président du Conseil en 1820, il se retira définitivement le 14 décembre 1821, et mourut quelques mois après (mai 1822).

BERRY (Charles-Ferdinand de Bourbon, duc de), second fils du comte d'Artois (Charles X), né à Versailles, le 23 janvier 1778, émigra avec sa famille en 1789, prit part avec les coalisés au siège de Thionville (1792) et servit dans l'armée de Condé jusqu'en 1797.

Après un voyage en Italie, il passa en Angleterre, y mena une vie assez dissipée et se maria avec une Anglaise, miss Brown, dont il eut deux filles. Ce mariage, ayant déplu à Louis XVIII, fut cassé.

En 1814, le duc de Berry arriva à Paris avec les Bourbons, fut nommé colonel général des chasseurs à cheval, suivit à Gand Louis XVIII pendant les Cent-Jours, et, le 17 juin 1816, épousa Marie-Caroline, fille aînée de Ferdinand Ier, roi de Naples.

Le 13 juin 1820, à onze heures du soir, à la sortie de l'Opéra, il fut frappé d'un coup de poignard par Louvel et expira le lendemain matin.

Il a eu de la princesse Caroline, sa femme, deux enfants : une fille, Louise-Marie-Thérèse, mariée en 1845 au duc de Parme et un fils posthume, né le 29 septembre 1820, Henri, duc de Bordeaux, qui prit en 1830 le titre de comte de Chambord.

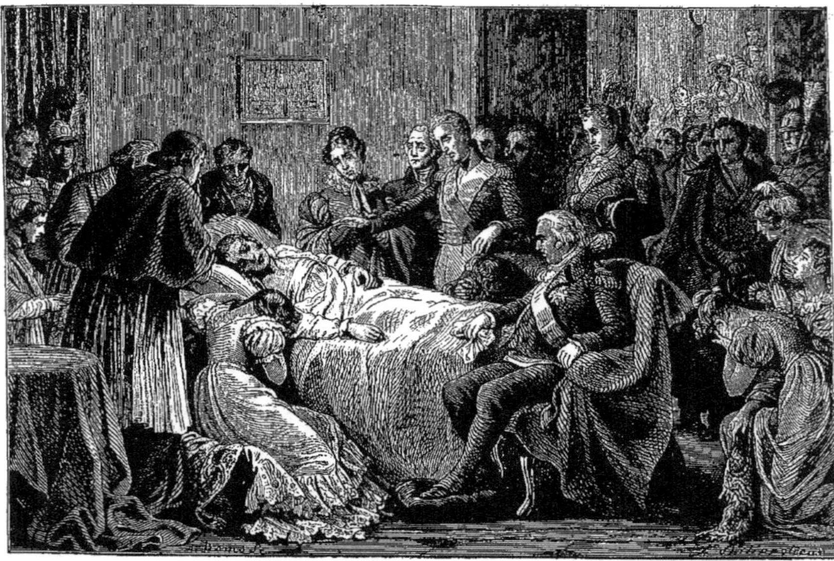

MORT DU DUC DE BERRY

Le duc de Richelieu, rebuté par les difficultés qu'il rencontrait à gouverner entre les ultra-royalistes et les libéraux, avait donné sa démission à la fin de 1818. Decazes, devenu ministre de l'Intérieur et bientôt après président du Conseil, essaya de se tenir en équilibre entre les partis; les ultra-royalistes, l'accusant de pactiser avec la Révolution, le combattirent avec énergie, et les libéraux qui lui reprochaient de servir la cause de la Contre-révolution, ne le soutinrent pas. Il fut victime de ce qu'il appelait son « jeu de bascule ».

Une catastrophe sanglante précipita sa chute.

Le 13 février 1820, vers dix heures, au sortir de l'Opéra, qui était alors sur la place Louvois, en face de la Bibliothèque, le duc de Berry, second neveu du roi, fut assailli par un homme qui lui enfonça dans la poitrine une longue tige de fer aiguisée.

La blessure était mortelle; le prince défaillant fut reporté dans le théâtre et déposé dans le cabinet du directeur, pendant que les chants et les danses continuaient dans la salle. La foule s'écoula quelques instants après sans rien savoir du terrible événement qui venait de s'accomplir si près d'elle.

L'assassin était un ouvrier sellier, nommé Louvel. Il déclara qu'il n'avait point de complices; que, poussé par la haine, il avait juré la mort des Bourbons depuis 1814, et qu'il avait commencé par celui d'entre eux qui semblait devoir perpétuer leur race. Le duc de Berry, second fils du comte d'Artois, avait deux filles; son frère aîné, le duc d'Angoulème, n'avait pas d'enfants.

Le duc de Berry expira le lendemain matin, après avoir supplié plusieurs fois le roi de faire grâce à l'homme qui lui donnait la mort.

Emportés par l'affolement et l'exaspération, les ultra-royalistes rendirent les libéraux responsables de ce crime. Un député de la droite, Clauzel de Coussergues, osa même proposer à la Chambre la mise en accusation de Decazes comme complice de l'assassinat, parce que ce ministre ne combattait pas assez énergiquement les libéraux.

Le roi dut consentir à la retraite de Decazes et rappeler le duc de Richelieu (20 février).

NAPOLÉON A SAINTE-HÉLÈNE

Napoléon s'était livré volontairement à l'Angleterre. Les ministres anglais ne pouvaient lui laisser la liberté; mais le respect d'eux-mêmes et de leur pays leur commandait de le traiter avec convenance et dignité. Ces hommes, tous plus ou moins médiocres d'esprit et de cœur, traitèrent leur captif de façon à réveiller envers lui l'intérêt, non pas seulement du peuple français, mais de ce peuple anglais qui le détestait.

Dès son arrivée à Plymouth, ils défendirent de donner dorénavant à Napoléon son titre d'empereur. Les vexations misérables continuèrent à Sainte-Hélène. Cette île pittoresque et sauvage avait une partie ombragée et salubre, une partie nue, sans abri contre le soleil et contre le vent; ce fut dans cette dernière qu'on installa Napoléon, parce que la surveillance y était plus facile.

Le gouverneur de l'île, Hudson Lowe, n'était pas un monstre, comme des récits exagérés l'ont fait croire. Ce n'était qu'un homme vulgaire, étranger à tout sentiment élevé, esclave de sa consigne, et toujours tremblant que son redoutable prisonnier ne lui échappât. La réprobation méritée par les procédés employés envers Napoléon doit remonter plus haut que Hudson Lowe; car il resta plutôt en deçà de ses instructions qu'il ne les dépassa.

Cette surveillance implacable était inutile. Il n'eût peut être pas été impossible à Napoléon de s'échapper. Il ne le voulait pas; si parfois l'instinct naturel lui faisait souhaiter de revoir l'espace libre devant lui, il revenait bien vite à un autre sentiment. Il comprenait qu'on ne refait pas deux fois le retour de l'île d'Elbe, que son rôle actif était achevé. Il ne s'agissait donc plus pour lui que de bien terminer le drame de sa vie.

Tant que sa santé qui déclinait lui en laissa la force, il travailla à arranger son passé en vue de l'avenir. Entouré de quelques amis et serviteurs fidèles, les généraux Bertrand, Montholon, Gourgaud, le comte de Las-Cases, O'Méara, il consacra son temps à dicter des fragments de ses mémoires et surtout ses principales campagnes.

Napoléon, après de longues souffrances, mourut le 5 mai 1821, à l'âge de 51 ans.

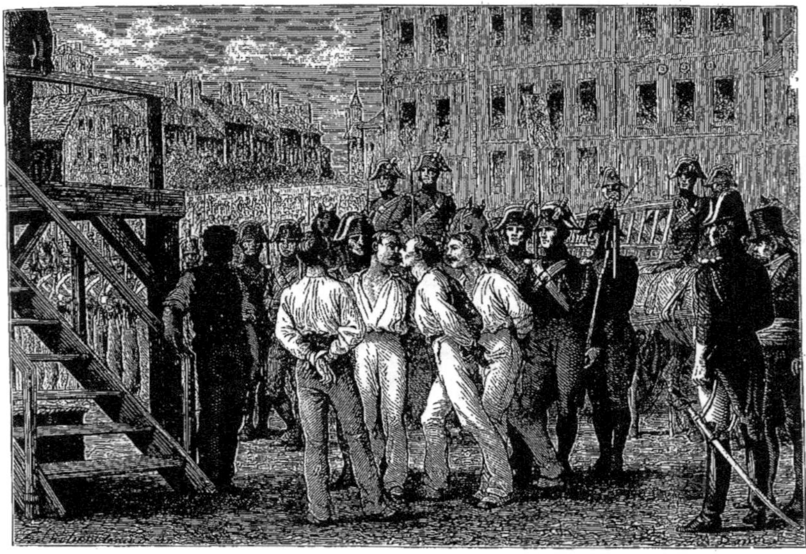

EXÉCUTION DES QUATRE SERGENTS DE LA ROCHELLE

Une violente réaction royaliste signala la première année du règne de Louis XVIII. La *terreur blanche* fit de nombreuses victimes dans le Midi et l'Ouest de la France et les lois que vota la première Chambre des représentants de la seconde Restauration furent des lois de répression. Les ministres Richelieu et Decazes (1816-1820) inaugurèrent une politique plus libérale ; les haines s'apaisèrent. L'assassinat du duc de Berry (13 février 1820) vint compromettre les résultats obtenus ; les ultra-royalistes triomphèrent ; des lois restrictives de la liberté individuelle et de la liberté de la presse furent votées.

Les classes populaires, ne pouvant plus résister par la force ouverte, opposèrent au gouvernement les Sociétés secrètes. La plus fameuse fut le *Carbonarisme* ou *Charbonnerie*, qui nous vint d'Italie. Le nombre des Carbonari affiliés aux différentes *ventes* s'éleva bientôt en France à soixante mille. Dès le commencement de 1822, ils préparèrent un double soulèvement militaire en Alsace et dans l'Ouest. Les tentatives ne réussirent pas ; leurs auteurs dénoncés, trahis, furent arrêtés, condamnés et exécutés.

Une affaire excita un intérêt exceptionnel. Ce fut le procès des « Quatre sergents de La Rochelle », Bories, Goubin, Pommier et Raoul qui appartenaient au 45ᵉ de ligne. Ces quatre jeunes gens, enrôlés dans la Charbonnerie, avaient été traduits devant la cour d'assises de Paris. Il n'y avait de leur part aucun commencement d'exécution d'un mouvement insurrectionnel. Ils furent néanmoins condamnés à mort.

La Fayette et ses amis essayèrent en vain de faire évader les quatre condamnés. Un grand déploiement de forces militaires avait rendu impossible toute tentative de la Charbonnerie pour les sauver. Ils furent exécutés le 21 septembre 1822. Ils moururent en criant : « Vive la liberté ! »

La mémoire des quatre sergents de La Rochelle est restée populaire entre celles de toutes les victimes politiques de ce temps. Chaque année, le jour des Morts, le peuple de Paris couvre de fleurs et de couronnes la tombe qui leur a été élevée au cimetière Montparnasse après la Révolution de 1830.

MANUEL (Jacques-Antoine), orateur politique, né à Barcelonnette (Basses-Alpes), le 19 décembre 1775, s'engagea comme simple soldat en 1792 et fit les premières campagnes d'Italie. Obligé, à cause de ses blessures, de renoncer à la carrière militaire, il se fit avocat et acquit bientôt à Aix une brillante réputation.

Représentant de Barcelonnette à la Chambre des Cent-Jours, il se signala par son éloquence et son ardent libéralisme. Il fut un de ceux qui proposèrent, après la seconde abdication, la proclamation de Napoléon II.

Renvoyé à la Chambre des députés, en 1818, par les électeurs de la Vendée, il mit au service de l'opposition son rare talent et son énergie infatigable. Il avait soulevé contre lui des haines ardentes parmi la majorité ultra-royaliste. Celle-ci, qui ne pouvait venir à bout de cette parole éloquente qu'en l'étouffant, saisit avec empressement l'occasion de paroles hostiles à la dynastie des Bourbons prononcées par Manuel au sujet de l'expédition d'Espagne, l'accusa de faire l'apologie du régicide et demanda son expulsion. Elle fut votée et Manuel fut arraché de son fauteuil par les gendarmes, le 4 mars 1823. Il mourut dans la retraite en 1827.

ROYER-COLLARD (Pierre-Paul), homme d'État et philosophe, né le 21 juin 1763 à Sompnis (Marne), fut de bonne heure avocat à Paris.

Député de la Marne au conseil des Cinq-Cents (1797), il en fut expulsé après le 18 fructidor, et se consacra tout entier à la philosophie. Il devint professeur à la Faculté des Lettres de Paris (1809), directeur de la librairie et de l'imprimerie (1814), président de la Commission de l'Instruction publique (1815) et conseiller d'État.

Entré à la Chambre *introuvable*, il fut le chef de cette école politique, qui voulait l'union de la royauté et de la liberté et qui reçut le nom de *doctrinaire*.

Démissionnaire en 1829, il ne cessa, malgré ses opinions royalistes, de combattre la politique anti-libérale des ministres de Louis XVIII et de Charles X. Renvoyé à la Chambre par sept collèges en 1827; nommé président de l'Assemblée en 1828, il fit partie de la représentation du pays jusqu'en 1842. Il mourut à Châteauvieux (Loir-et-Cher) le 4 septembre 1845.

Comme philosophe, Royer-Collard professa des doctrines spiritualistes, joignant à un rare talent de parole une logique puissante. Il était entré à l'Académie française en 1817.

MANUEL EXPULSÉ DE LA CHAMBRE

Les royalistes, plus puissants que jamais, firent triompher leur politique et forcèrent M. de Villèle à intervenir en Espagne pour soutenir Ferdinand VII contre ses sujets. Les débats qui eurent lieu à la Chambre des députés à propos de la demande d'un crédit de cent millions pour les préparatifs militaires furent très orageux.

Après un très beau discours de Royer-Collard sur le droit des nations à l'indépendance et l'iniquité d'une guerre entreprise pour rétablir le pouvoir absolu, Manuel, l'un des orateurs les plus éloquents de l'opposition, ayant prononcé des paroles hostiles à la dynastie des Bourbons, une tempête furieuse éclata dans l'Assemblée. Toute la droite apostropha et menaça Manuel, en criant qu'il justifiait le régicide. Le président dut interrompre la séance. Dans l'intervalle, Manuel, qui n'avait pu obtenir de s'expliquer à la tribune, envoya une lettre où il complétait sa pensée de façon à calmer la passion de ses adversaires. A la reprise de la séance, la droite refusa d'entendre la lettre de Manuel. Elle demanda l'expulsion, qui fut votée, le 3 mars 1823.

Manuel déclara qu'il ne sortirait de la Chambre que par la violence de ceux qui n'avaient pas le droit de l'en exclure. Le lendemain, il rentra dans l'Assemblée escorté de toute la gauche. Le président invita Manuel à se retirer. Manuel refusa. Le président suspendit la séance et alla donner des ordres pour l'exécution de la décision de l'Assemblée.

Un détachement de gardes nationaux entra dans la salle ; le commandant ordonna aux gardes d'avancer pour forcer Manuel à sortir. L'ordre fut répété par deux fois. Le sergent et le peloton restèrent immobiles. La gauche et les tribunes éclatèrent en applaudissements. On fit alors entrer un détachement de gendarmerie. Après trois sommations, l'officier et ses hommes mirent la main sur Manuel. Celui-ci ne céda qu'à la force matérielle. La gauche sortit avec lui et rédigea une protestation. Il y eut 64 signatures.

Manuel reçut des témoignages de sympathie de tous les coins de la France. Le sergent de la garde nationale, qui avait refusé de porter la main sur lui, fut associé à sa popularité et célébré comme un modèle de courage civique.

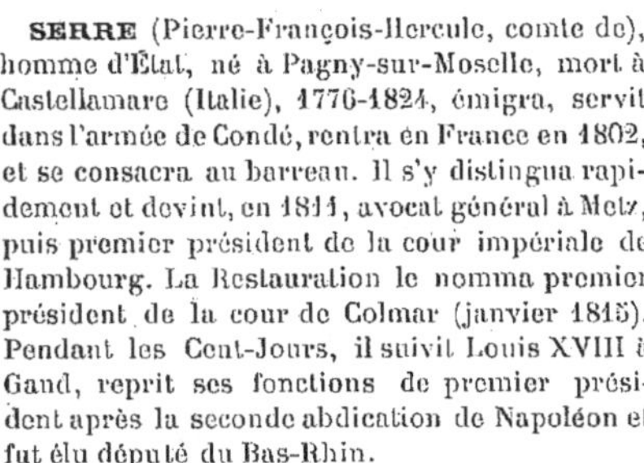

SERRE (Pierre-François-Hercule, comte de), homme d'État, né à Pagny-sur-Moselle, mort à Castellamare (Italie), 1776-1824, émigra, servit dans l'armée de Condé, rentra en France en 1802, et se consacra au barreau. Il s'y distingua rapidement et devint, en 1811, avocat général à Metz, puis premier président de la cour impériale de Hambourg. La Restauration le nomma premier président de la cour de Colmar (janvier 1815). Pendant les Cent-Jours, il suivit Louis XVIII à Gand, reprit ses fonctions de premier président après la seconde abdication de Napoléon et fut élu député du Bas-Rhin.

Il fit partie de la minorité dans la *Chambre introuvable*, combattit énergiquement les tendances réactionnaires de l'Assemblée et se lia étroitement avec Royer-Collard.

Réélu en 1816, il fut président de la Chambre en 1817-1818, fut nommé garde des sceaux dans le ministère Decazes (30 décembre 1818) et présenta trois lois libérales sur la presse. Après la chute de M. Decazes, il resta dans le cabinet présidé par le duc de Richelieu, se sépara de ses anciens amis, mais refusa de faire partie du ministère de Villèle. Nommé comte et ministre d'État, il fut envoyé comme ambassadeur à Naples (1822).

DECAZES (Élie, duc), issu d'une famille de magistrats, naquit le 28 septembre 1780, à Saint-Martin-du-Laye (Gironde). Il débuta avec succès au barreau et fut nommé juge au tribunal civil de la Seine. Appelé à la Haye, en 1807, par Louis Bonaparte, roi de Hollande, il devint, en 1811, conseiller à la cour impériale de Paris, puis secrétaire des commandements de Mme Lœtitia, mère de Napoléon.

Rallié, en 1814, au gouvernement constitutionnel établi par Louis XVIII, il fut, pendant les Cent-Jours, exilé à quarante lieues de Paris. A la seconde Restauration, il fut nommé préfet de police. Ministre de la police générale (24 septembre 1815), il fut en 1816, créé pair et comte. Ministre de l'Intérieur en 1818 et président du Conseil en 1819, il s'efforça de faire prévaloir une politique de conciliation. L'assassinat du duc de Berry (1820), en excitant les violentes attaques des ultra-royalistes, amena la retraite de Decazes. Louis XVIII le fit duc, ministre d'État et lui donna l'ambassade de Londres qu'il conserva jusqu'en 1821. Depuis lors, jusqu'à la fin de la Restauration, il ne joua plus qu'un rôle secondaire. Sous le gouvernement de Juillet, il fut nommé grand référendaire de la Chambre. Il mourut en 1861.

PRISE DU TROCADÉRO

Le seul épisode important de la guerre d'Espagne fut le bombardement de Cadix et la prise du fort du Trocadéro. Les partisans les plus énergiques de la révolution espagnole s'étaient concentrés dans cette place. Trente mille soldats français vinrent mettre le siège devant Cadix (août 1823).

La clef de Cadix était le Trocadéro, presqu'île qui s'avance entre la rade extérieure et le port intérieur, et qui empêchait la marine française d'entrer dans ce port et de coopérer efficacement avec l'armée de terre. De cette presqu'île, les Espagnols avaient fait une île en la coupant par un large fossé.

Pendant la nuit du 30 août, l'infanterie française pénétra résolument dans ce canal, qui n'avait pas moins de soixante-dix mètres de large; elle passa à marée basse, avec de l'eau jusqu'aux épaules, sous la canonnade et la fusillade, enleva à la baïonnette les retranchements de l'autre bord, tua les canonniers sur leurs pièces et culbuta les fantassins espagnols.

Un fort où s'étaient retirés les restes de la garnison fut emporté le 31 par un vigoureux coup de main et toute la presqu'île occupée le lendemain matin.

Une diversion tentée sur les derrières de l'armée française échoua quelques jours après. Le 20 septembre, le fort de Santi Petri, qui protégeait l'entrée de l'île et les abords de Cadix, fut assailli par terre et par mer et capitula. Trois jours après, l'escadre française commença le bombardement de Cadix. Les Cortès, sentant le succès de la résistance impossible, se résignèrent à rendre l'autorité absolue au roi et à se transporter au quartier-général du généralissime français, afin d'y stipuler les conditions les plus favorables pour l'Espagne.

Le gouvernement libéral fut renversé et Ferdinand VII rétablit son absolutisme; les mesures les plus brutales et les plus absurdes furent prises à l'égard de tous les hauts fonctionnaires du gouvernement constitutionnel.

Malgré les tristes conséquences de l'expédition, son succès militaire affermit momentanément la Restauration au dedans et au dehors. Ces victoires peu coûteuses ramenèrent au gouvernement tous ceux qui vont du côté de la fortune.

ANGOULÊME (Louis-Antoine de Bourbon, duc d'), fils aîné de Charles X et de Marie-Thérèse de Savoie, né à Versailles, le 6 août 1775, fut emmené en émigration par son père (1789), servit dans l'armée de Condé (1792), et vécut dans l'inaction jusqu'en 1814 en Allemagne, à Mittau (Courlande), et en Angleterre. En 1814, il entra en France avec l'armée anglo-espagnole qui avait franchi la frontière au moment où les coalisés arrivaient sur le Rhin. Nommé lieutenant-général pour les provinces du Midi, il essaya de résister à Bordeaux, lors du retour de l'île d'Elbe; mais, bientôt abandonné, il fut obligé de se rendre, fut conduit à Cette et embarqué. La seconde Restauration lui donna le commandement en chef de l'armée envoyée en Espagne pour rétablir Ferdinand VII sur le trône. Il s'empara du Trocadéro.

Devenu Dauphin de France à l'avénement de Charles X (1824), il n'exerça aucune influence sur les affaires politiques; après les journées de Juillet, il prit le commandement des troupes repoussées de Paris, mais ne livra aucun combat. Le 2 août, il signa avec Charles X son abdication en faveur du duc de Bordeaux et s'embarqua à Cherbourg avec la famille royale. Retiré en Autriche, il mourut à Goritz en 1844.

CHARLES X (Charles-Philippe), comte d'Artois, né à Versailles, le 9 octobre 1757, monta sur le trône de France, à la mort de son frère Louis XVIII, le 16 septembre 1824. Ses promesses, ses premiers actes le firent bien accueillir; mais les libéraux ne tardèrent pas à se refroidir en voyant que le roi conservait le ministère Villèle. Bientôt du reste s'accentua la politique réactionnaire qui avait marqué la fin du règne de Louis XVIII.

Le ministère Martignac, qui succéda au ministère Villèle, fut plus libéral; mais Charles X ne tarda pas à reprendre, avec M. de Polignac, la lutte contre le parti républicain. Un vif mécontentement se manifesta dans toute la France. La Chambre répondit au discours d'ouverture que prononça le roi par *l'adresse des 221*.

Charles X, au lieu de se soumettre, se décida à un coup d'État. Le 25 juillet 1830, il promulgua six *ordonnances* qui dissolvaient la Chambre, suspendaient la liberté de la presse et modifiaient les conditions électorales.

Le 27 juillet, l'insurrection commença à Paris et, après trois jours de combats, la victoire resta au peuple. Charles X quitta Saint-Cloud et s'embarqua à Cherbourg pour l'Angleterre. Il mourut à Goritz, en Autriche, le 6 novembre 1836.

SACRE DE CHARLES X

Louis XVIII ne s'était pas fait sacrer; ses infirmités lui rendaient impossible cette longue et fatigante cérémonie; mais Charles X avait hâte de renouveler le rite le plus solennel de la vieille monarchie.

Il fallut, bon gré mal gré, modifier l'antique cérémonial par trop contraire aux principes de 89. Les formes anciennes semblaient indiquer qu'au point de vue de l'Église le roi ne puisait son droit que dans le sacre. On obtint de l'archevêque de Reims un mandement où il reconnaissait que les rois tiennent leur droit de leur naissance et de la loi immuable qui a fixé la succession au trône. L'onction consacrait donc, mais ne créait pas le droit.

Le fameux serment d'exterminer l'hérésie, que Louis XVI avait encore prêté, fut supprimé. Ainsi, dans ce retour aux formes du passé, le chef même du parti du passé se sentait obligé de faire des concessions aux idées nouvelles.

La question capitale était si la mention expresse de la Charte entrerait dans le serment du sacre. Le parti clérical fit des efforts désespérés pour l'empêcher, à cause de l'article de la Charte qui proclamait la liberté des Cultes. Le nonce du pape obtint de Charles X une promesse à cet égard; mais de Villèle fit comprendre au roi que, dans la nouvelle formule du serment du sacre, il était nécessaire qu'il jurât d'observer fidèlement la Charte en même temps que d'honorer et maintenir la religion. Ce fut un grand désappointement pour les cléricaux.

La cérémonie du sacre eut lieu le 29 mai 1825, dans la cathédrale de Reims. On reproduisit toutes les pompes de l'ancien cérémonial, sauf en ce qui était absolument incompatible avec le régime nouveau. Le roi toucha encore les écrouelles en disant aux scrofuleux : « Le roi te touche; Dieu te guérisse! » Le lendemain, Charles X, faisant encore revivre de vieux usages, tint dans la cathédrale un chapitre de l'Ordre du Saint-Esprit. Ces vieux rites, si peu en rapport avec la société actuelle, semblèrent bizarres aux hommes du dix-neuvième siècle.

Le roi rentra à Paris le 6 juin, en grande magnificence; mais, sous l'éclat officiel des fêtes, on ne put se dissimuler la froideur glaciale de la population.

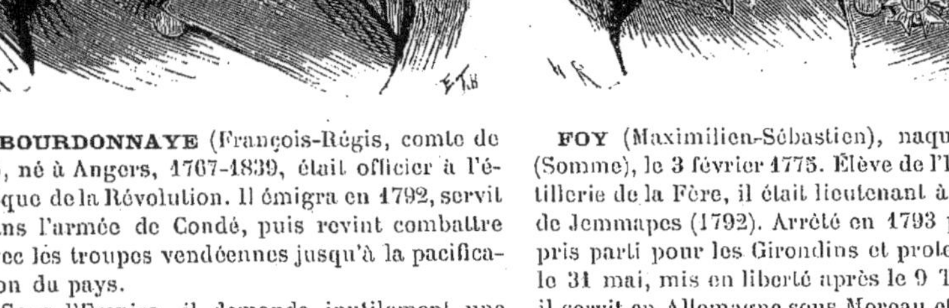

BOURDONNAYE (François-Régis, comte de la), né à Angers, 1767-1839, était officier à l'époque de la Révolution. Il émigra en 1792, servit dans l'armée de Condé, puis revint combattre avec les troupes vendéennes jusqu'à la pacification du pays.

Sous l'Empire, il demanda inutilement une place de sénateur, prit une part active aux menées qui, en 1814, préparèrent le retour des Bourbons, fut proscrit pendant les Cent-Jours, et, à la seconde Restauration, fit partie de la Chambre *introuvable*. Dès lors il se signala parmi les ennemis les plus violents de la Révolution. Il fut le chef de l'extrême droite et fit une guerre acharnée à M. Decazes, qui l'appelait un *tigre à froid*. Ennemi de tous les ministères, il soutint que, sans opposition, un gouvernement représentatif ne serait autre chose qu'une tyrannie organisée et défendue par une oligarchie monstrueuse. Lors de la formation du ministère Polignac (1829), il fut chargé du ministère de l'Intérieur, mais il se retira au bout de trois mois. Il fut alors nommé ministre d'État, membre du conseil privé, puis pair de France (janvier 1830), titre qu'il perdit à la révolution de Juillet. Il se retira alors dans ses terres et y vécut dans la retraite jusqu'à sa mort.

FOY (Maximilien-Sébastien), naquit à Ham (Somme), le 3 février 1775. Élève de l'École d'artillerie de la Fère, il était lieutenant à la bataille de Jemmapes (1792). Arrêté en 1793 pour avoir pris parti pour les Girondins et protesté contre le 31 mai, mis en liberté après le 9 Thermidor, il servit en Allemagne sous Moreau et en Suisse sous Masséna, et devint colonel en 1801.

Envoyé à Constantinople en 1807, il se distingua à la défense des Dardanelles et fit ensuite les campagnes d'Espagne et de Portugal, où il conquit les grades de général de brigade et de général de division. Blessé grièvement à Orthez (1814), il le fut encore à Waterloo. La seconde Restauration le rendit à la vie privée.

Il occupait ses loisirs à écrire une *Histoire de la guerre de la Péninsule*, lorsque, en 1819, le département de l'Aisne l'envoya à la Chambre des députés. Dès ses débuts, il se plaça au premier rang comme orateur et ne cessa de défendre avec un admirable talent la cause de la liberté; réélu en 1824, il fut un des quinze députés qui représentèrent l'opposition libérale, luttant avec une rare énergie et les élans d'une haute éloquence contre la réaction royaliste.

Épuisé de fatigue, il mourut le 28 novembre 1825. Sa mort fut un deuil public.

FUNÉRAILLES DU GÉNÉRAL FOY

Le parti libéral fit une grande perte vers la fin de l'année 1825 : le général Foy atteint d'une maladie de cœur dont les émotions de la vie politique avaient accéléré les progrès, mourut le 28 novembre. Après avoir pris part aux guerres de la République et de l'Empire, il avait consacré la dernière moitié de sa carrière à lutter dans la Chambre des députés contre la réaction royaliste; il avait surtout défendu les souvenirs de notre gloire et le drapeau tricolore. Sa chaleureuse éloquence, la loyauté, la générosité de son caractère lui avaient valu l'ardente sympathie de l'immense majorité du pays et le respect de ses adversaires.

A peine eut-il cessé de vivre que déjà la nouvelle fatale vola de bouche en bouche. Un gémissement universel s'éleva dans la capitale. « Il est mort! » s'écrièrent des milliers de citoyens, et la foule en larmes se porta vers sa demeure.

On peut dire que Paris prit le deuil.

On fit au grand orateur des funérailles qui rappelaient celles de Mirabeau. Cent mille citoyens représentant toutes les classes de la société, suivirent la dépouille mortelle du défenseur de la patrie. La foule se disputa l'honneur de porter son corps. Les fenêtres, les balcons étaient couverts de monde sur tout le parcours; les boutiques étaient fermées dans les rues, sur le boulevard et dans les quartiers les plus populeux; plusieurs magasins étaient drapés de noir.

Sur sa tombe, Casimir Périer, alors l'un des représentants les plus énergiques, et les plus autorisés de la gauche, prononça un discours éloquent et simple et déclara que les enfants du général Foy appartenaient à la France, qui les adopterait. « Oui, oui, la France les adopte! les enfants du général Foy sont les enfants de la patrie, » s'écria l'assemblée entière avec enthousiasme.

On ouvrit immédiatement une souscription nationale pour élever un monument funéraire à l'illustre mort et pour assurer l'avenir de sa famille qu'il avait laissée sans fortune. Ce fut la contre-partie de la souscription royaliste qui avait offert Chambord au duc de Bordeaux. On réalisa un million. Rien de pareil ne s'était encore vu en France.

JORDAN (Camille), homme politique et publiciste, né à Lyon, le 11 janvier 1771, mort à Paris, le 19 mai 1821, appartenait à une famille de négociants aisés. En 1791, il attaqua la Constitution civile du clergé. Après avoir pris part à l'insurrection de Lyon (1793), il se réfugia en Suisse. Il rentra en France en 1796 et fut envoyé au Conseil des Cinq-Cents par le département du Rhône. Il s'y prononça pour la liberté des cultes. Proscrit au 18 Fructidor, il quitta la France, se réfugia à Bâle, d'où il attaqua violemment le Coup d'État, et fut obligé de s'enfuir à Weimar. Il revint en France en 1800 et publia en 1802 une brochure virulente contre le Consulat à vie : *Vrai sens du vote national pour le Consulat à vie.* Il quitta pendant quelques années la science politique pour s'occuper de littérature et de philosophie.

A la Restauration, il fut élu député par le département de l'Ain, qu'il représenta jusqu'à sa mort. D'abord attaché au gouvernement des Bourbons, il forma, avec Royer-Collard, Guizot, de Barante, le petit groupe des *doctrinaires*; fatigué des tendances de plus en plus réactionnaires du régime, il lui fit, dès 1818, une opposition si vive qu'il fut, avec les autres doctrinaires, exclu du Conseil d'État (1820).

SACY (Antoine-Isaac, baron *Sylvestre* de), célèbre orientaliste, né à Paris (1758-1838). Conseiller à la cour des monnaies (1781), il apprit, tout en remplissant ses fonctions, les principales langues de l'Orient, et devint membre de l'Académie des inscriptions.

En 1795, il fut nommé professeur d'arabe à l'École des langues orientales, entra à l'Institut, et devint professeur de persan au Collège de France (1806). Député au Corps législatif de 1808 à 1815, il fut créé baron de l'Empire en 1813, accueillit avec faveur le retour des Bourbons, fut administrateur du Collège de France (1822) et de l'École des langues orientales. Élevé à la pairie en 1832, il fut nommé inspecteur des types orientaux de l'Imprimerie royale, conservateur des manuscrits orientaux à la Bibliothèque, secrétaire perpétuel de l'Académie des inscriptions.

Outre des mémoires et articles insérés dans le recueil de l'Académie et le *Journal des Savants*, Silvestre de Sacy a publié de nombreux ouvrages qui ont consacré sa réputation dans toute l'Europe et dont voici les principaux : *Annales des Sassanides*, trad. du persan ; *Principes de grammaire générale ; Chrestomathie arabe ; Grammaire arabe ; Traité des monnaies musulmanes*, trad. de l'arabe ; *Exposé de la religion des Druses*, etc.

PALAIS DE LA BOURSE A PARIS

Anciennement, les négociants de Paris se rassemblaient dans la grande cour du Palais de Justice, lorsqu'un arrêt du Conseil du 24 septembre 1724, en instituant la première Bourse légale que cette ville ait possédée, en fixa le siège à l'hôtel Mazarin, rue Vivienne. Pendant la Révolution, la Bourse fut transférée dans l'édifice des Petits-Pères, ensuite dans une galerie du Palais-Royal, mais aucun de ces lieux de réunion n'était digne de la capitale et du commerce considérable qui s'y fait. On sentit qu'il fallait que la Bourse de Paris occupât un édifice spécial et, en 1808, on commença à construire le monument actuel, dont la première pierre fut posée le 24 mars.

M. Brongniart, membre de l'Institut, qui avait dressé les plans, dirigea les travaux jusqu'en 1813; il eut pour successeur M. Labarre. Interrompus en 1814, les travaux furent repris et continués jusqu'à leur achèvement. L'inauguration eut lieu le 4 novembre 1826 et le public fut alors mis en possession de la totalité du palais. Le tribunal de commerce y avait été déjà installé un an auparavant.

Depuis, nos juges consulaires siègent dans un vaste palais élevé vis-à-vis du Palais de Justice.

La Bourse forme un vaste parallélogramme d'environ 70 mètres de longueur sur 50 de largeur et 20 mètres de hauteur mesurée au-dessus du pavé de la place au droit des faces extérieures, ou 30 mètres de hauteur jusqu'au sommet des combles. Le monument est entouré de 66 colonnes corinthiennes ayant chacune un mètre de diamètre et 10 de hauteur. La grande salle a 38 mètres de long sur 25 de large; on y remarque de belles fresques d'Abel de Pujol et de Meynier. Les piédestaux de l'escalier de la façade portent, celui de droite, la statue du Commerce, par Dumont; celui de gauche, la Justice consulaire, par Duret. L'escalier de la rue Notre-Dame-des-Victoires a reçu les statues de l'Industrie, par Pradier, et de l'Agriculture, par Seurre. Ces statues ont été placées en 1851 et 1852.

On n'a voulu employer dans l'édifice de la Bourse que des matériaux indigènes. Les marbres variés qui en décorent l'enceinte sont tous le produit du sol de la France. Le palais entier est construit en pierre, fer et cuivre; il n'est entré dans la construction aucune pièce de bois.

COURIER DE MÉRÉ (Paul-Louis), né à Paris (1772-1825), servit dans l'artillerie, de 1791 à 1809, et devint chef d'escadron. Peu épris de son métier, ayant plus de goût pour la littérature grecque que que pour les combats, il quitta le service pour se livrer librement à ses études favorites. Cette période de sa vie, jusqu'en 1816, fut consacrée à des travaux d'érudition. Il donna, en 1810, une traduction du roman de Longus, *Daphnis et Chloé*, dont il avait découvert un manuscrit complet dans la bibliothèque de Florence.

Sa carrière de pamphlétaire commença en 1816. Il débuta par la *Pétition aux deux Chambres*. Vinrent ensuite : *Lettres au Censeur* (1819-1820); *Simple Discours* (1821), dirigé contre le projet ministériel de souscription pour l'achat de Chambord en faveur du duc de Bordeaux ; *Pétition pour les villageois qu'on empêche de danser* (1822); le *Pamphlet des Pamphlets* (1824), etc.

Il travaillait à une traduction d'Hérodote, lorsqu'il fut tué d'un coup de fusil par son garde-chasse dans sa terre de Touraine (1825).

Dans le pamphlet, Courier est sans égal. Sa verve caustique, son style exquis, ses attaques mordantes contre les fautes et les ridicules de la Restauration lui méritèrent une immense popularité.

GÉRICAULT (Jean-Louis-André-Théodore), l'un des peintres les plus célèbres de l'école française moderne, naquit à Rouen, le 26 septembre 1791. Son père, avocat dans cette ville, étant venu se fixer à Paris, Géricault fut mis au lycée impérial (collège Louis-le-Grand). Au sortir du lycée, il entra dans l'atelier de Carle Vernet, puis passa dans celui de Guérin.

Il exposa, en 1812, un *Guide de la garde impériale* et, en 1814, un *Cuirassier blessé*, qui commencèrent à le faire connaître. En 1816, il alla visiter l'Italie et donna, en 1819, son remarquable tableau : le *Radeau de la Méduse*, qui excita l'enthousiasme et les critiques passionnées. Ce fut comme le signal de la lutte des romantiques et des classiques. Aujourd'hui qu'on juge sans passion cette œuvre d'un artiste de vingt-neuf ans, on y trouve de grands mérites à côté de grands défauts.

Géricault, dont la santé était déjà ruinée, mourut en 1824, des suites d'une chute de cheval.

Ses principales œuvres sont au Musée du Louvre : le *Radeau de la Méduse*; *Officier de chasseurs*; *Carabinier*; *Cuirassier blessé*; le *Four à plâtre*; *Cheval turc dans une écurie*; *Écurie de cinq chevaux*.

LES FUSILLADES DE LA RUE SAINT-DENIS

La politique suivie par le ministère de Villèle avait provoqué une vive opposition de la part des libéraux. Villèle, qui ne pouvait plus gouverner, obtint du roi la dissolution de la Chambre et la création de 76 nouveaux pairs, choisis parmi les députés les plus dévoués et les plus grands pro_ priétaires. Il espérait ainsi se rendre maître des prochaines élections. Son attente fut trompée.

L'opposition remporta une victoire complète dans les élections d'arrondissements. Paris et la France étaient dans l'ivresse. Des illuminations dans plusieurs quartiers de Paris célébrèrent ce triomphe.

Les illuminations, les chants joyeux, les fêtes populaires de Paris ne tardèrent pas de tourner au tragique. Dès le second jour, le 19 novembre 1827, vers le soir, de petites bandes d'enfants et de gens mal vêtus commencèrent à jeter des pierres dans les carreaux des maisons qui n'étaient pas illuminées; puis ils renversèrent des charrettes et dressèrent quelques barricades dans le quartier Saint-Denis. La gendarmerie les enleva et les abattit; mais on les reforma derrière elle. A une heure plus avancée de la

soirée, une force armée plus considérable revint, fit feu sans sommation et s'empara de nouveau des barricades. Il y eut plusieurs morts et bon nombre de blessés.

Le 20, on laissa les rassemblements se reformer, parcourir les quartiers Saint-Martin, Saint-Denis, Saint-Honoré, briser les fenêtres des boutiques, et relever les barricades sans obstacle, de 7 à 10 heures du soir.

Les troupes avancèrent enfin. Les premières colonnes, assaillies par des pierres au Châtelet, emportèrent deux barricades sans effusion de sang. Il n'en fut pas de même rue Gréneta et au passage du Grand-Cerf; des feux de peloton furent dirigés sur les barricades et sur les maisons voisines. La gendarmerie chargea dans les rues et il y eut de nombreuses victimes sur des points où il n'y avait pas l'ombre de résistance.

Le ministère eut la majorité dans les élections de départements; mais cet avantage était loin de suffire pour balancer son énorme échec des collèges d'arrondissements. M. de Villèle dut enfin céder devant l'opposition qui se manifestait de tous côtés, aussi bien à droite qu'à gauche.

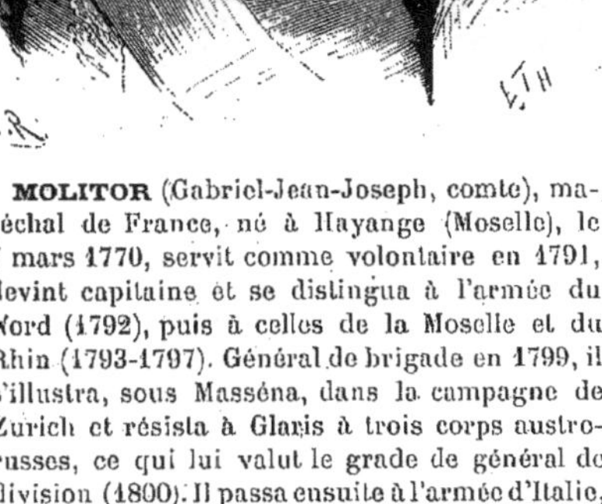

MOLITOR (Gabriel-Jean-Joseph, comte), maréchal de France, né à Hayange (Moselle), le 7 mars 1770, servit comme volontaire en 1791, devint capitaine et se distingua à l'armée du Nord (1792), puis à celles de la Moselle et du Rhin (1793-1797). Général de brigade en 1799, il s'illustra, sous Masséna, dans la campagne de Zurich et résista à Glaris à trois corps austro-russes, ce qui lui valut le grade de général de division (1800). Il passa ensuite à l'armée d'Italie, dont il commanda l'avant-garde.

Nommé gouverneur général de la Dalmatie (1806), il battit les Russes et les Monténégrins, devint, l'année suivante, gouverneur de Poméranie, prit part à la campagne de 1809 et se distingua à Wagram, reçut, en 1810, le commandement en chef des villes hanséatiques, et fut gouverneur général de Hollande. Il fit, en 1814, la campagne de France, sous les ordres de Macdonald, et pendant les Cent-Jours commanda en Alsace.

Exilé à la seconde Restauration, il fut rappelé en 1818, prit part à l'expédition d'Espagne à la tête du second corps d'armée et fut nommé maréchal de France. Gouverneur des Invalides en 1847, puis grand-chancelier de la Légion d'honneur, il mourut à Paris, le 28 juillet 1849.

BOURMONT (Louis-Auguste-Victor, comte de), maréchal de France, né en 1773, au château de Bourmont (Maine-et-Loire), émigra pendant la Révolution, servit dans l'armée de Condé et en Vendée. Après l'explosion de la machine infernale, il fut emprisonné au Temple, puis à Besançon d'où il parvint à s'évader, et se retira en Portugal (1804). Lors de la retraite de l'armée française, il offrit ses services à Junot, qui bientôt obtint sa grâce. Il fut attaché à l'armée d'Italie, se distingua dans les campagnes de Russie, de Saxe et de France et devint général de division. Pendant les Cent-Jours, il obtint le commandement d'une division dans l'armée qui devait combattre en Belgique, mais le 15 juin, la veille de la bataille de Fleurus, il abandonna ses troupes et se retira auprès de Louis XVIII. Sous la seconde Restauration, il eut le commandement de la 2e division d'infanterie de la garde royale, fit la guerre d'Espagne, fut nommé pair et, en 1829, devint ministre de la guerre. Chargé du commandement de l'expédition d'Algérie, il entra à Alger le 2 juillet 1830 et fut fait maréchal de France. En 1832, il prit part à la campagne de la duchesse de Berry en Vendée, alla en Portugal soutenir la cause de don Miguel et rentra en France en 1840 après l'amnistie. Il mourut en 1846.

BATAILLE DE NAVARIN

Les Grecs, qui subissaient depuis le quinzième siècle le joug pesant de la Turquie, s'étaient ranimés au grand souffle de la Révolution française. Une noble association, l'*hétairie*, se fonde, s'organise et prépare l'indépendance de la patrie. Le 21 mars 1821, l'insurrection éclate dans l'ancienne Grèce; bientôt toute la Morée se soulève. Les Grecs n'ont pas de flotte; mais de hardis capitaines, Canaris, Miaoulis, Botzaris, montés sur de petits bâtiments armés en course, sillonnent la mer avec une ardeur infatigable, un à un attaquent, prennent ou coulent les lourds vaisseaux turcs. Le Sultan appelle à son secours son vassal, le vice-roi d'Égypte. En 1824, les Égyptiens envahissent la Morée.

La Grèce lutta avec une constance admirable; mais, épuisée, à bout de ressources, elle était sur le point de succomber, lorsque l'Angleterre, la Russie et la France conclurent un traité (6 juillet 1827) pour rétablir la paix dans le Levant. Les trois puissances proposèrent à la Porte Ottomane que la Grèce s'administrât librement tout en reconnaissant la suzeraineté du Sultan.

La Porte n'ayant pas répondu à la proposition, les ambassadeurs des trois puissances à Constantinople invitèrent les amiraux anglais, français et russe à empêcher tout nouveau débarquement des musulmans en Grèce. Les trois amiraux avertirent Ibrahim, fils du pacha d'Égypte, de leurs instructions; celui-ci promit de ne pas faire sortir sa flotte du port de Navarin jusqu'à ce qu'il eût reçu de nouveaux ordres de Constantinople et d'Égypte. Mais, dès que les escadres alliées se furent éloignées, la flotte musulmane sortit. Les trois escadres anglaise, française et russe revinrent sur elle, l'obligèrent à rentrer au port et se mirent en ligne dans le port même. Les Turcs tirèrent sur le parlementaire que leur envoyait l'amiral anglais. Le feu, alors, s'engagea partout.

Moins de quatre heures après, la flotte turco-égyptienne n'existait plus. Tout était brûlé, coulé ou échoué à la côte. La marine turque ne s'en releva pas (20 octobre 1827).

Un armistice de fait suivit cette célèbre journée, qui amena la fin de la longue et cruelle guerre de Grèce.

BÉRANGER (Pierre-Jean de), célèbre chansonnier, né à Paris, le 19 août 1780, appartenait à une ancienne famille militaire. Élevé d'abord chez son grand-père, *un pauvre et vieux tailleur*, il alla à Péronne chez une de ses tantes et y fut ouvrier imprimeur. Il revint ensuite à Paris et, entraîné par son goût pour la poésie, composa des odes, des poèmes épiques, des comédies satiriques et des idylles religieuses et enfin des chansons qui lui valurent ses premiers succès littéraires.

Il eut à lutter contre la misère et s'adressa à Lucien Bonaparte, qui lui abandonna son traitement de l'Institut. Il était commis-expéditionnaire dans les bureaux de l'Université, lorsqu'il publia son premier recueil de chansons sous le titre de *Chansons morales et autres*.

Sous la Restauration, Béranger devint le poète populaire du parti libéral et attaqua vivement la royauté, le trône et l'autel dans ses chansons mordantes. Les divers recueils qu'il publia de 1821 à 1833 lui valurent plusieurs mois de prison.

Élu député de la Seine en 1848, il donna sa démission et mourut en 1857, modeste et pauvre, comme il avait vécu. Ses funérailles furent célébrées aux frais de l'État.

CHATEAUBRIAND (François-René, vicomte de) naquit à Saint-Malo, le 14 septembre 1768. Venu à Paris pour se livrer à la carrière littéraire, il publia, en 1790, une idylle assez faible, l'*Amour de la campagne*. Les troubles de la Révolution le déterminèrent à passer en Amérique. En 1792, il servit dans l'armée prussienne, fut blessé au siège de Thionville et se retira en Angleterre où il vécut quelque temps dans la misère. Il parvint enfin, en 1797, à publier un *Essai historique, politique et moral sur la Révolution*.

Imbu jusqu'alors de la philosophie du XVIIIe siècle et des doctrines de J.-J. Rousseau, il fut tout à coup ramené, par les derniers vœux de sa mère mourante, au christianisme. C'est alors qu'il conçut le plan de l'ouvrage qui devait être le *Génie du Christianisme*.

En 1806, il visita la Grèce, l'Asie Mineure, la Judée, recueillant partout des notes pour son épopée romantique, *les Martyrs*, et c'est avec les souvenirs de ce voyage qu'il composa l'*Itinéraire de Paris à Jérusalem*. Mêlé à plusieurs intrigues royalistes, arrêté en 1832, puis relâché, les dernières années de sa vie furent tristes. Il mourut en 1848 et fut enseveli, selon son désir, dans l'île du Grand-Bé, près de Saint-Malo.

DÉBARQUEMENT DE L'ARMÉE FRANÇAISE A SIDI-FERRUCH

La France avait à se plaindre depuis long-temps d'exactions, d'actes de piraterie, de viola-tions des anciennes conventions qui nous assu-raient, sur la frontière d'Alger et de Tunis, des établissements pour la pêche du corail.

Depuis la Restauration, notre pays était assez mal représenté à Alger. Notre consul n'avait pas une conduite et ne gardait pas une attitude de nature à le faire respecter. Un jour, dans une al-tercation qu'il eut avec le dey d'Alger, celui-ci s'emporta jusqu'à le frapper d'un coup d'éven-tail (29 avril 1827). Cet incident détermina la rupture. Le dey n'ayant pas accordé la répara-tion exigée par le gouvernement français, une escadre alla bloquer Alger.

Au commencement de 1830, il y avait plus de deux ans et demi que durait ce blocus dange-reux pour nos navires et peu efficace contre l'en-nemi. Polignac arrêta enfin la résolution d'une descente en Algérie. Il espérait, par un grand succès au dehors, détourner la France de la po-litique et sauver la monarchie.

La flotte mit à la voile le 25 mai. Elle comp-tait une centaine de navires de guerre mon-tés par 27,000 marins, et plus de 600 bâtiments de transport. Les troupes de débarquement dépassaient 40,000 hommes. Cet armement, dans son ensemble, égalait au moins l'expédi-tion d'Égypte. Il comprenait sept bateaux à va-peur; c'est la première application que la France ait faite à une grande opération militaire de cette invention autrefois offerte à Napoléon par Fulton et méconnue par l'Empereur.

Le débarquement commença le 14 juin sur la presqu'île de Sidi-Ferruch, à quelques lieues à l'ouest d'Alger, et cette difficile opération, qui, au dire de l'amiral Duperré, commandant de la flotte, devait coûter de trois à quatre semaines, avait été terminée en six jours. Le 19 juin, l'ar-mée avait gagné une bataille à Staouëli et mar-chait sur Alger. Le 8 juillet, le télégraphe apporta la nouvelle de la prise d'Alger. Le fameux fort de l'Empereur, ainsi nommé en mémoire de l'échec de l'empereur Charles-Quint devant la ville, avait sauté, le 4 juillet, après quelques heures de bombardement; la ville s'était rendue le lendemain, avec l'immense matériel qu'elle renfermait et le riche trésor du dey.

MARTIGNAC (Jean-Baptiste-Silvère Gaye, vicomte de), né à Bordeaux, en 1776, mort à Paris, ce 3 avril 1832, était avocat dans sa ville natale lors des Cent-Jours. Les opinions royalistes dont il fit montre dans ces circonstances le firent nommer procureur général à Limoges, au retour des Bourbons.

Élu député de Marmande en 1821, il s'attacha à M. de Villèle et soutint dans diverses circonstances le ministère à la chambre avec une grande éloquence. — Conseiller d'État en 1822, il accompagna, en 1823, le duc d'Angoulême à l'armée d'Espagne en qualité de commissaire civil. A son retour, il fut nommé ministre d'État, directeur général de l'enregistrement et des domaines et créé vicomte.

A la chute du ministère Villèle, en 1828, il entra dans le nouveau cabinet avec le portefeuille de l'Intérieur. Il fut le principal personnage de ce ministère, qui a gardé son nom, et inaugura une politique libérale. Mais ce ministère trop libéral s'aliéna vite les sympathies de Charles X. Remplacé par le prince de Polignac, août 1829, Martignac continua, après la révolution de Juillet, à siéger à la Chambre des pairs.

POLIGNAC (Auguste-Jules-Armand-Marie, prince de) naquit à Versailles, le 14 mai 1780. — Compromis dans le complot de Georges Cadoudal, il fut condamné à deux ans de prison (1804). Retenu arbitrairement à l'expiration de la peine, il s'évada en 1814 et alla rejoindre le prince d'Artois. Nommé pair de France en 1815, il fut envoyé à Londres comme ambassadeur en 1823. Le 9 août 1829, Charles X lui confia le portefeuille des affaires étrangères et, peu de jours après, lui donna la présidence du cabinet.

Le ministère de Polignac fut appelé presque aussitôt le *ministère de la Terreur blanche.* D'une ignorance absolue sur l'état de l'opinion publique, d'ailleurs maladroit, il entama immédiatement la lutte contre les libéraux. Le 16 mai 1830, la Chambre fut dissoute. Les élections ayant été défavorables au gouvernement, le ministère Polignac contresigna les *Ordonnances du 25 juillet* qui amenèrent les journées des 26, 27, 28 et 29 juillet et l'abdication de Charles X.

Arrêté à Granville le 15 août et ramené à Paris, le prince de Polignac fut condamné à la prison perpétuelle et enfermé à Ham. Amnistié le 29 novembre 1836, il se retira en Angleterre. Il mourut à Paris, le 20 mars 1847.

PRISE DU LOUVRE

L'avènement du ministère Polignac excita un vif mécontentement dans toute la France. La Chambre répondit au discours d'ouverture que prononça le roi par *l'adresse des 221*, ainsi appelée parce qu'elle fut signée par deux cent vingt et un députés. La Chambre fut dissoute; les 221 furent réélus et avec eux entrèrent à l'Assemblée 49 nouveaux opposants.

Charles X, au lieu de se soumettre, se décida à faire un coup d'État. Le 26 juillet 1830, il promulgua quatre ordonnances : 1° suspension de la liberté de la presse; 2° dissolution de la Chambre; 3° modification des conditions électorales; 4° convocation des nouveaux collèges aux 6 et 13 septembre. Les journalistes décidèrent qu'ils publieraient leurs journaux sans autorisation et, au nombre de 44, signèrent une protestation dont la rédaction avait été confiée à M. Thiers, le plus énergique promoteur de la résolution. La police brisa les presses de la plupart des journaux.

Le 27 juillet, l'insurrection commença. La foule, chassée du jardin du Palais-Royal, jeta des pierres aux gendarmes; quelques coups de feu furent tirés par la troupe. La foule se dispersa en criant : « Aux armes! » Le lendemain, Paris s'était mis en état de guerre. Étudiants, commis, ouvriers, citoyens de toutes classes s'étaient rassemblés dans les rues et sur les places, armés de tout ce qui peut servir d'instrument de combat. Parmi eux commençaient à paraître des gardes nationaux en uniforme. Bientôt tous ces groupes se mettent en mouvement; ils envahissent l'Hôtel de Ville; le drapeau blanc est remplacé par le drapeau tricolore. Des barricades s'élèvent de tous côtés. En quelques heures, l'insurrection a gagné tous les quartiers de la ville. L'armée, que commande Marmont, est partout refoulée ou bloquée. Il ne reste bientôt plus à Marmont que le Louvre et les Tuileries. Dans la journée du 29, deux régiments de ligne font défection. Après une faible résistance, les insurgés s'emparent du Louvre et des Tuileries et Marmont se retire à Saint-Cloud auprès de Charles X.

La lutte était finie. Aucune cruauté ne souilla la victoire. Maître des établissements publics, le peuple les protégea au lieu de les dépouiller.

MAISON (Nicolas-Joseph, marquis), maréchal de France, né en 1771, à Épinay-sur-Seine, s'engagea en 1792 et conquit rapidement tous ses grades. Il était capitaine à Jemmapes. Destitué en 1793, il servit comme simple volontaire dans les armées de la Meuse et du Rhin, puis en Allemagne et en Italie. Nommé général de brigade à Austerlitz (1805), il fit la campagne de Prusse, servit en Espagne et en Hollande et gagna le grade de général de division à la bataille de Polotzk (1812). Créé baron après le passage de la Bérésina, comte après la bataille de Leipzig, il reçut le commandement en chef de l'armée du Nord, chargée de la défense de la Belgique, et battit les alliés à Courtray.

Rallié aux Bourbons, qui le nommèrent pair et gouverneur de Paris, Maison se tint à l'écart pendant les Cent-Jours. Créé marquis en 1817, il fut chargé (1828) de l'expédition de Morée, força Ibrahim-Pacha d'évacuer la presqu'île, ce qui lui valut le bâton de maréchal (1829).

Après la révolution de Juillet, il fut chargé par le gouvernement d'accompagner Charles X à Cherbourg, fut successivement ministre des affaires étrangères, ambassadeur à Vienne, puis en Russie, devint ministre de la guerre, et mourut le 13 février 1840.

LA FAYETTE (Marie-Jean-Paul, marquis de), naquit en 1757, au château de Chavagnac, en Auvergne. Bien qu'appartenant à la noblesse, il sentit « son cœur enrôlé » lorsqu'il apprit l'insurrection des colonies anglaises d'Amérique, équipa un bâtiment à ses frais et fit voile vers l'Amérique. Nommé major général de l'armée, il contribua, par sa vigueur, son habileté et sa prudence, au succès de la cause qu'il avait embrassée.

Rentré en France, il fut élu aux états généraux. Vice-président de l'Assemblée au 14 Juillet, il fut proclamé, le 15, commandant de la garde nationale. Destitué après le 10 Août 1792, sur le point d'être décrété d'accusation, il passa la frontière. — Tombé au pouvoir des Autrichiens, il fut retenu prisonnier jusqu'au traité de Campo-Formio. Il ne reparut en France qu'après le 18 Brumaire, vota contre le Consulat et contre l'Empire, et ne rentra sur la scène politique qu'en 1814.

Député de 1818 à 1823, il prit souvent la parole pour défendre la cause de la liberté. Il fit, en 1824, un dernier voyage en Amérique et reçut des Américains reconnaissants 200,000 dollars et un domaine. Il rentra à la Chambre des députés en 1827 et se mit un des premiers à la tête du mouvement populaire en juillet 1830. Il mourut le 19 mai 1834.

LA FAYETTE SE RENDANT A L'HOTEL DE VILLE

Lorsque arriva la nouvelle de la prise du Louvre, M. Guizot proposa d'établir une autorité municipale qui s'occupât du rétablissement de l'ordre et de la défense de la capitale. Les députés invitèrent La Fayette à désigner les membres de cette commission. La Fayette dit que la Commission municipale, qui ferait fonction de gouvernement provisoire, devait être choisie par la Chambre.

Les députés présents élurent commissaires MM. Laffitte, Casimir-Perier, le général Lobau, de Schonen et Audry de Puyraveau. La Commission, présidée par La Fayette, s'établit à l'Hôtel de Ville.

Le général avait recouvré toute sa popularité de 1789. Des acclamations enthousiastes éclatèrent sur son passage dans les rues de Paris. C'est alors seulement que le roi consentit à retirer les ordonnances et à changer le ministère ; mais, aux envoyés du roi qui se présentèrent à l'Hôtel de Ville, La Fayette répondit : « Il n'est plus temps ! »

L'indécision était grande cependant parmi les députés réunis à l'hôtel Laffitte. Quelques-uns parlèrent de République. M. Laffitte soutint qu'il y avait des obstacles insurmontables à la rétablir ; que la meilleure solution était de donner la couronne au duc d'Orléans. MM. Thiers et Mignet appuyèrent vivement M. Laffitte et rédigèrent immédiatement en faveur du duc d'Orléans un placard anonyme qu'ils firent afficher aux coins des rues. Le parti républicain s'en irrita ; mais il était encore peu nombreux. La bourgeoisie montra une impression favorable. La masse populaire flottait.

Une vive agitation régnait à l'Hôtel de Ville. Des jeunes gens intrépides et passionnés, dont les âmes républicaines se révoltaient contre la pensée qu'on allait refaire un roi, sommaient La Fayette de prendre la dictature jusqu'à ce que la nation eût nommé une Assemblée nouvelle ; le général résistait, mais il demandait à ses collègues de la Chambre des garanties pour la liberté préalablement au choix d'un nouveau gouvernement. Les sollicitations pressantes de La Fayette inquiétèrent la Chambre et contribuèrent à accélérer ses résolutions. Elle signa un appel au duc d'Orléans comme lieutenant-général du royaume (30 juillet).

DUPERRÉ (Victor-Guy), amiral, né à la Rochelle, 1773-1846, servit d'abord dans la marine marchande.

Enseigne de vaisseau en 1793, il fut fait prisonnier, l'année suivante, par les Anglais et resta quatre ans en captivité. Nommé capitaine de frégate en 1806, il soutint sur la *Sirène*, près de Lorient, un brillant combat contre une division anglaise et fut assez heureux pour échapper aux croiseurs ennemis.

En 1809, il reçut le commandement de la *Bellone*, et fut chargé d'aller ravitailler l'île de France bloquée par les Anglais. Il remplit heureusement sa mission, livra plusieurs combats et s'empara de quelques bâtiments ennemis.

Contre-amiral et baron de l'Empire (1810), il contribua à la prise de Cadix (1823). Vice-amiral en 1826, il occupa les fonctions de préfet maritime à Brest (1827-1830) et reçut le commandement en chef de la flotte qui devait transporter en Algérie l'armée du général Bourmont. Les services qu'il rendit pendant cette expédition lui valurent d'être nommé amiral et pair de France.

Sous Louis-Philippe, Duperré fut, à trois reprises différentes, ministre de la marine (1834, 1839 et 1840 jusqu'en février 1843.)

PASQUIER (Étienne-Denis, baron, puis duc), homme d'État, né à Paris, 1762-1862, était le fils d'un conseiller au Parlement.

Conseiller au Parlement de Paris par dispense d'âge (1787), il vit périr son père sur l'échafaud (1794) et fut emprisonné lui-même sous la Terreur. Nommé maître des requêtes (1806), il devint successivement baron de l'Empire, conseiller d'État et préfet de police (1810). Il se laissa surprendre par la conspiration de Malet, fut arrêté par les conspirateurs et emprisonné pendant quelques heures. Napoléon le maintint néanmoins dans ses fonctions qu'il conserva jusqu'au retour de Louis XVIII.

Ministre de la guerre par intérim (1815), membre du conseil privé et ministre d'État, député et président de la Chambre (1816), Pasquier fut garde des sceaux dans le ministère Richelieu et ministre des affaires étrangères dans les cabinets Decazes et Richelieu. Après l'assassinat du duc de Berri (février 1820), il fut l'instigateur et le défenseur de toutes les lois d'exception demandées aux Chambres.

Pair de France en 1821, il combattit le ministère Villèle, se rallia à la monarchie de Juillet et devint président de la Chambre des pairs (1830), chancelier de France (1837) et duc (1844).

ARRIVÉE DU DUC D'ORLÉANS A L'HOTEL DE VILLE

L'appel signé par les députés avait été expédié au duc d'Orléans, qui, sur une lettre pressante de M. Laffitte, quitta Neuilly et arriva dans la nuit du 30 juillet au Palais-Royal. Charles X n'était plus à Saint-Cloud. Dans la nuit, le bruit s'étant répandu qu'une bande d'insurgés marchait sur Saint-Cloud, le roi gagna Trianon, d'où le lendemain il partit pour Rambouillet.

A Paris, le 31 juillet au matin, plusieurs des principaux journaux se prononcèrent en faveur du duc d'Orléans. Le duc rédigea une proclamation où il annonçait aux habitants de Paris qu'il venait partager leurs dangers et faire tous ses efforts pour les préserver de l'anarchie; qu'il avait repris, avec les Parisiens, les glorieuses couleurs qu'il avait longtemps portées; que les Chambres allaient se réunir et que la Charte serait désormais une vérité. Cette proclamation, très bien accueillie à la Chambre des députés, ne le fut pas de même à l'Hôtel de Ville, resté le quartier général des combattants de Juillet. Les députés et le duc d'Orléans prirent alors une résolution habile et nécessaire, c'était de se transporter ensemble à l'Hôtel de Ville,

pour s'y faire accepter de la force populaire.

Les députés se rendirent en corps au Palais-Royal et le cortège se mit en route pour l'Hôtel de Ville. Un tambour ouvrait la marche, puis quatre huissiers de la Chambre. Le duc d'Orléans, à cheval avec quelques officiers de la garde nationale, était suivi des députés à pied. La population se montra tout d'abord sympathique; mais, à mesure que l'on approchait de l'Hôtel de Ville, les cris de : « Vive la liberté ! » dominaient ceux de : « Vive le duc d'Orléans ! »

Le duc monta le perron de l'Hôtel de Ville avec grande anxiété; la jeunesse républicaine qui encombrait l'escalier paraissait froide et défiante. — « Vous voyez, dit le prince, un ancien garde national de 89 qui vient rendre visite à son ancien général, M. de La Fayette. » Il entra dans la grand'salle. La Fayette mit un drapeau tricolore dans la main du duc d'Orléans et le poussa à la fenêtre. Le duc agita le drapeau et embrassa La Fayette. La foule entassée sur la place, jusque-là hésitante ou mal disposée, fut entraînée et acclama. Le nouveau gouvernement était fondé.

BIGNON (Louis-Pierre-Édouard), homme d'État, diplomate et publiciste, né à la Meilleraye (Loire-Inférieure), 1771-1841, servit comme volontaire en 1792 et devint secrétaire de légation en 1797. Ministre plénipotentiaire, en 1806, il fut, pendant les Cent-Jours, membre de la Chambre des représentants, fut nommé sous-secrétaire d'État du ministère des affaires étrangères et, après Waterloo, occupa quelque temps le ministère des affaires étrangères. Élu député par le département de l'Eure en 1817, Bignon siégea dans l'opposition ; il demanda le rappel des proscrits. Réélu successivement en 1820, en 1824, en 1826, en 1827, en 1831 et en 1834, il fut délégué au ministère de l'Instruction publique en 1830. Il fut nommé pair de France en 1837.

Napoléon, qui avait su apprécier la probité et la haute capacité de Bignon, avait écrit dans son testament : Je lègue au baron Bignon 100,000 francs ; je l'engage à écrire l'histoire de la diplomatie française de 1792 à 1815 ».

Il a laissé divers ouvrages : *Exposé comparatif de l'état financier, militaire, politique et moral de la France et des principales puissances de l'Europe; Des prescriptions; Des cabinets et des peuples; Histoire de France sous Napoléon; Du Congrès de Troppau, etc., etc.*

SÉBASTIANI (François - Horace - Bastien, comte), maréchal de France, né à la Porta d'Ampugnano, près de Bastia, le 10 novembre 1772, mort à Paris, le 20 juillet 1851, abandonna l'état ecclésiastique lors de la Révolution, passa en France et servit dans les armées de la République.

Colonel de dragons lors du 18 Brumaire, il seconda Bonaparte, fut chargé de diverses missions en Orient, s'en acquitta avec succès et, à son retour, fut nommé général de brigade (1803).

Général de division après Austerlitz, il fut envoyé comme ambassadeur à Constantinople. Il s'employa habilement à rompre l'alliance de la Turquie avec la Russie et l'Angleterre et mit en quelques jours Constantinople dans un état de défense si formidable que la flotte ennemie s'empressa de repasser le détroit.

Envoyé en Espagne, il s'y distingua de 1808 à 1810, mais finit par éprouver divers échecs. Il prit part à l'expédition de Russie, fit la campagne de Saxe, fut blessé à Leipzig et combattit courageusement pendant la campagne de France.

Député en 1819, ministre de la marine, puis des affaires étrangères (1830-1832), ambassadeur à Naples, puis à Londres (1834-1840), il fut créé maréchal de France et reprit sa place à la Chambre jusqu'en 1848.

MARCHE DES PARISIENS SUR RAMBOUILLET

Dans la soirée du 1ᵉʳ août, le duc d'Orléans avait reçu une dépêche de Charles X qui lui conférait la lieutenance générale du royaume. Le duc répondit par des protestations vaguement affectueuses. Charles X fit un pas de plus; il écrivit au duc d'Orléans qu'il abdiquait en faveur de son petit-fils le duc de Bordeaux, invitant le lieutenant général du royaume à faire proclamer le petit prince sous le nom de Henri V.

Dans le même temps, le duc d'Orléans expédiait à Rambouillet des commissaires qui avaient pour mission de décider la famille royale à s'éloigner. Charles X ne voulut pas les recevoir. M. Odilon Barrot dit au duc d'Orléans qu'il était évident que Charles X cherchait à gagner du temps; que cette situation était périlleuse et qu'il fallait la faire cesser. « Oui, répondit vivement le duc d'Orléans, il faut qu'il parte! il faut faire une démonstration armée sur Rambouillet! Que chaque légion de la garde nationale fournisse cinq cents hommes! »

Au bruit des tambours battant le rappel, à la nouvelle que Charles X prétendait recommencer la lutte, ce ne furent pas seulement six mille gardes nationaux, mais quinze ou vingt mille hommes de tout âge, de toute profession, à pied, à cheval ou entassés dans des voitures de toute espèce, qui se précipitèrent en tumulte sur la route de Rambouillet. Cette foule étrange riait et chantait. Il eût suffi d'un petit corps de troupes solides et résolues pour disperser en plaine cette masse d'hommes braves individuellement, mais sans ordre et sans discipline.

Ces troupes résolues, Charles X ne les avait pas; les siennes fondaient par la désertion. Charles X ne pouvait plus guère compter que sur ses gardes du corps. La cohue venant de Paris était d'ailleurs suivie par les 6.000 gardes nationaux parisiens et par 2.000 Rouennais qui étaient munis d'artillerie.

On fit faire halte à la masse armée à quelque distance de Rambouillet et les commissaires se présentèrent de nouveau devant le roi vaincu. Charles X céda enfin et consentit à quitter la France avec sa famille. Le 3 août, Charles X et sa famille prirent la route de l'exil et se dirigèrent sur Cherbourg, escortés par les commissaires du nouveau gouvernement.

LOUIS-PHILIPPE Ier, né à Paris, le 6 octobre 1773, fils de Philippe-Égalité, porta d'abord le titre de duc de Valois, puis celui de duc de Chartres.

En 1789, il se lança avec ardeur dans le mouvement, applaudissant aux idées nouvelles; il se distingua à Valmy et à Jemmapes. Il quitta la France, à l'époque de la Terreur, et alla vivre à l'étranger jusqu'à la chute de Napoléon.

Bien accueilli par Louis XVIII, comblé de faveurs par Charles X, il fut, malgré tout, regardé par tout le monde comme le chef du parti libéral et, après les *journées de Juillet*, les députés lui offrirent la lieutenance générale du royaume, qu'il accepta. Le 7 août 1830, il fut proclamé roi des Français.

Louis-Philippe inaugura son règne par des mesures libérales, combattit les partis révolutionnaires et maintint énergiquement l'ordre au dedans.

De 1836 à 1840, le roi chercha à gouverner personnellement; ce fut la période des crises ministérielles. La dernière partie du règne (1840-1848) fut beaucoup plus calme. Mais le refus d'étendre le droit de suffrage amena une révolution qui obligea Louis-Philippe à abdiquer (24 février 1848).

CASIMIR PERIER naquit à Grenoble, le 21 octobre 1777. Après avoir fait la campagne d'Italie (1798-1800) dans l'arme du génie, il fonda à Paris, avec son frère une maison de banque qui prospéra. Élu député de Paris en 1817, il se rangea du côté de l'opposition. Lorsque parurent les ordonnances de Juillet, Casimir Perier se rallia à l'insurrection et fit partie de la Commission municipale. Il accepta la royauté de Louis-Philippe comme un moyen de salut. Il entra sans portefeuille dans le cabinet du 11 août 1830. Élu président de la Chambre, il prit la direction des affaires, avec la présidence du Conseil, le 13 mars 1831. Il eut à réprimer, au dedans, des émeutes républicaines à Paris et à Lyon et des troubles royalistes dans le Midi.

Au dehors, au nom du principe de *non-intervention*, Casimir Perier intervint partout pour le faire respecter. Il envoya devant Lisbonne une flotte contre l'usurpateur dom Miguel; il défendit la Belgique contre les Hollandais qu'il chassa d'Anvers; en Italie, il fit audacieusement occuper Ancône pour mettre un terme à l'invasion des Autrichiens. Épuisé de fatigues, Casimir Perier succomba le 16 mai 1832 à une attaque de choléra, après une visite qu'il avait faite à l'Hôtel-Dieu avec le duc d'Orléans.

LOUIS-PHILIPPE PRÉTANT SERMENT DEVANT LA TRIBUNE DE LA CHAMBRE

Dans la même journée où Charles X reprit le chemin de l'émigration, le lieutenant général du royaume ouvrit la session des deux Chambres. Environ 240 députés étaient présents. Ils se mirent immédiatement en devoir de reviser la Charte et de constituer un gouvernement définitif. L'élévation du duc d'Orléans à la royauté n'était plus douteuse pour personne; mais il se produisait de grandes diversités d'opinions entre les hommes politiques qui acceptaient cette solution. Les uns voulaient conserver purement et simplement la Charte; les autres réclamaient une Charte entièrement nouvelle; enfin une opinion intermédiaire admettait la conservation de la Charte, mais à condition qu'elle fût considérablement modifiée.

Ces graves questions donnèrent lieu à de vives discussions. Enfin on se mit d'accord et, dans la séance du 7 août, la Charte reçut les modifications suivantes :

Suppression du préambule comme blessant la souveraineté nationale, en paraissant octroyer aux Français les droits qui leur appartiennent essentiellement; établissement de l'égalité des cultes; abolition de la censure; application du jury aux délits de presse et aux délits politiques; éligibilité pour les députés abaissée à 30 ans. On décréta que la fixation du cens électoral et du cens d'éligibilité serait renvoyée à des lois spéciales et non plus déterminée immuablement par la Charte. Quant à la pairie, on annula les dernières nominations de pairs faites par Charles X sous le ministère Villèle et l'on renvoya la discussion sur l'hérédité à la session de 1831.

Les modifications de la Charte arrêtées, la Chambre décida que le nouveau roi s'appellerait Louis-Philippe Ier.

Le 9 août, le duc d'Orléans se transporta au palais de la Chambre des députés, où il accepta les engagements que contenait la déclaration de l'Assemblée et le titre de *roi des Français* qu'elle lui conférait pour bien marquer qu'il s'agissait d'un chef élu de la nation et non plus d'un possesseur héréditaire du sol de la France.

Le roi Louis-Philippe se découvrit et jura d'observer fidèlement la nouvelle Charte constitutionnelle et de ne gouverner que par les lois et selon les lois.

SAINT-SIMON (Claude-Henri, comte de), économiste et célèbre chef de secte, né à Paris, 1760-1825, après avoir servi avec distinction dans la guerre d'Amérique, revint en France sous la Révolution, et s'occupa de projets d'organisation sociale. Ayant dissipé sa fortune, il fut copiste au Mont-de-Piété. Ses amis l'aidèrent à publier ses premiers écrits (*Introduction aux travaux scientifiques du XIXe siècle*, 1807 ; *Lettres au bureau des longitudes*, 1808).

Sous la Restauration, il publia diverses brochures politiques, qui le firent connaître ; il commença à fonder une école dont les principaux adeptes furent Augustin Thierry, Auguste Comte, Olinde Rodrigues, Léon Halévy, Duvergier, Enfantin, Carnot, etc. En 1819, une brochure hardie, la *Parabole*, le fit traduire en cour d'assises, où il fut acquitté. En 1825 parut le *Nouveau Christianisme*, le plus remarquable de ses écrits, et d'où ses disciples ont tiré les principes de la hiérarchie sociale fondée sur la capacité et sur les œuvres.

Le comte de Saint-Simon a donné son nom à une secte mi-partie religieuse, mi-partie économiste, qui tenta de mettre en pratique ses doctrines sur la religion, la propriété, la famille, le mariage et la hiérarchie sociale.

LOUIS (Dominique, baron), né à Toul (1755-1837), d'abord destiné à l'état ecclésiastique, fut l'un des prêtres qui assistèrent Talleyrand à la célébration de la fête du Champ-de-Mars, le 14 juillet 1790.

Forcé d'émigrer en Angleterre (1793), il rentra en France après le 18 Brumaire, devint maître des requêtes, conseiller d'État, baron, puis directeur du contentieux aux finances. Le Gouvernement provisoire le plaça, en 1814, à la tête des finances, poste dans lequel il fut conservé par Louis XVIII. Il rendit de grands services par son intelligence et sa probité sévère. Il suivit Louis XVIII à Gand, reprit son portefeuille après les Cent-Jours, mais se retira du ministère le 26 septembre 1815. Député de la Meurthe à la Chambre *introuvable*, il vota avec les royalistes libéraux, rentra au ministère des finances le 30 décembre 1818 et le quitta à la fin de 1819. Il fit dès lors une vive opposition au gouvernement. Député de la Seine en 1828, il fit partir des 221 et signa la protestation contre les ordonnances.

Appelé au ministère des finances après la révolution de Juillet, il réorganisa le service du Trésor, revint aux affaires dans le cabinet du 13 mars 1831 et ne se retira de la vie active que le 11 octobre 1832, où il fut nommé pair de France.

CHARLES X S'EMBARQUE A CHERBOURG

Le soir même du 3 août, Charles X et sa famille prirent la route de l'exil. Ils se dirigèrent sur Cherbourg, escortés par les commissaires du gouvernement chargés de les faire respecter, mais conservant encore autour d'eux les quatre compagnies des gardes du corps, les gendarmes d'élite et deux pièces de canon.

Jamais révolution victorieuse n'avait reconduit ainsi à la frontière, avec une escorte d'honneur, une race royale descendue du trône. Il semblait que la France, en se séparant pour toujours, avec ces égards et cette dignité, de la vieille dynastie qui avait si longtemps régné sur nos pères, voulût effacer les souvenirs sanglants du 21 janvier.

Le roi déchu ne quitta la France que plusieurs jours après la proclamation du successeur que lui avait donné la Chambre.

Charles X avait prolongé son triste voyage, comme s'il eût attendu jusqu'à la dernière heure quelque impossible retour de fortune. Celui des commissaires du nouveau gouvernement qui remplit dans ces circonstances si délicates le rôle le plus actif, M. Odilon Barrot, s'employa chaleureusement à écarter des royaux exilés tout ce qui eût pu aggraver leur malheur et s'efforça d'obtenir qu'on ne les contraignît pas à précipiter leur départ.

Ce fut seulement le 17 août que Charles X et sa famille s'embarquèrent à Cherbourg sur un navire américain. On n'avait pas voulu imposer au roi déchu l'humiliation de naviguer sous le pavillon de la Révolution victorieuse : on fit seulement convoyer par des bâtiments de guerre français deux navires américains qui emportaient la famille royale et sa suite, et on les conduisit à Portsmouth.

On avait l'assurance que l'Angleterre reconnaîtrait notre nouveau gouvernement et ne recevrait Charles X et les siens que comme particuliers et non comme maison royale.

Les dernières paroles de Charles X au commandant de l'escorte navale, le célèbre marin Dumont-d'Urville, méritent qu'on en tienne compte à sa mémoire.

« Mon petit-fils, dit-il, ne reviendra jamais en France par l'aide des baïonnettes étrangères; il sera appelé par les Français eux-mêmes, ou bien il restera en exil. »

SAC DE L'ARCHEVÊCHÉ

Pendant les dix premières années, de 1830 à 1840, le gouvernement de Louis-Philippe fut menacé par des insurrections continuelles.

L'approche d'un grand procès politique, celui des ministres de Charles X, entretenait dans Paris une fermentation qui fut redoublée par une démarche de la Chambre. Les députés votèrent à la presque unanimité une adresse au roi pour l'inviter à présenter le plus tôt possible un projet de loi qui supprimerait la peine de mort au moins en matière politique. Le roi promit le projet de loi (9 octobre 1830). Beaucoup de gens ne virent dans ce concert de la Chambre et du roi qu'une manœuvre pour assurer la vie et même l'impunité aux auteurs des Ordonnances. Les bravades maladroites des légitimistes, des « carlistes », comme on les appelait, irritèrent le peuple. Les cris de vengeance retentirent dans la rue et, le 18 octobre, des groupes tumultueux se portèrent sur Vincennes, en criant : « Mort aux ministres ! » Arrêtée par la fermeté du général Daumesnil, la bande revint sur le Palais-Royal ; elle fut dissipée assez facilement par la garde nationale.

L'arrêt de la cour de Paris fut rendu dans la nuit du 21 au 22 décembre : les quatre ministres furent condamnés à la prison perpétuelle. L'agitation fut extrême dans Paris. Les ouvriers se rassemblaient avec des cris menaçants. Un drapeau noir fut arboré sur le Panthéon. Le gouvernement parvint, non sans peine, à dissiper l'orage.

L'excitation des esprits ne fut point calmée. Une explosion redoutable eut lieu moins de deux mois après ces événements. Les légitimistes, profitant des embarras du gouvernement, tentaient de se réorganiser. Le 14 février, ils firent célébrer dans l'église Saint-Germain-l'Auxerrois un service solennel à l'occasion de l'anniversaire de la mort du duc de Berry. Une foule irritée envahit et saccagea le presbytère, pénétra ensuite dans l'église et la dévasta. Le lendemain, le tumulte recommença. C'était le mardi gras. Des masques parcouraient joyeusement les boulevards, pendant que des bandes nombreuses abattaient partout les croix qu'ornaient des fleurs de lys. L'archevêché fut envahi ; la foule ne se contenta pas de le ravager ; elle le démolit. L'archevêque de Quélen s'était attiré cette catastrophe par ses bravades. Le roi fit effacer, dans son palais et sur ses équipages, les fleurs de lys qu'il avait gardées jusque-là comme l'insigne de sa famille.

L'INSURRECTION DE LYON

Lyon fut, au mois de novembre 1835, le théâtre de graves événements ; les causes en étaient économiques, et non politiques.

La grande industrie de la soie, très florissante avant la Révolution, était tombée peu à peu, par suite de la concurrence étrangère ; pour résister, il avait fallu baisser les prix et diminuer les salaires. Les ouvriers, menacés dans leurs intérêts, s'associèrent pour s'entr'aider et tâcher de lutter contre la dépréciation du travail. Ils réclamèrent et obtinrent de l'autorité l'établissement d'un tarif réglant le prix des façons. Les fabricants protestèrent et furent encouragés dans leur résistance par les ministres.

Le 20 novembre, les ouvriers décidèrent que tous les métiers cesseraient de battre et le 21 au matin une forte colonne d'ouvriers descendit de la Croix-Rousse dans la ville ; au milieu d'eux flottait un drapeau noir, avec cette inscription : « Vivre en travaillant ou mourir en combattant. » Une première collision a lieu avec la garde nationale qui fait feu. La Croix-Rousse entière s'insurge, d'énormes barricades s'élèvent ; la garde nationale de la Croix-Rousse et d'autres quartiers populeux passe à l'insurrection. La troupe de ligne est repoussée sur divers points.

La lutte dura cinq jours. De furieux combats s'engagèrent dans les rues de Lyon et la garnison, peu nombreuse, dut évacuer la ville. Le gouvernement envoya sur Lyon une armée de 36,000 hommes, sous les ordres du maréchal Soult, ministre de la guerre, et du duc d'Orléans.

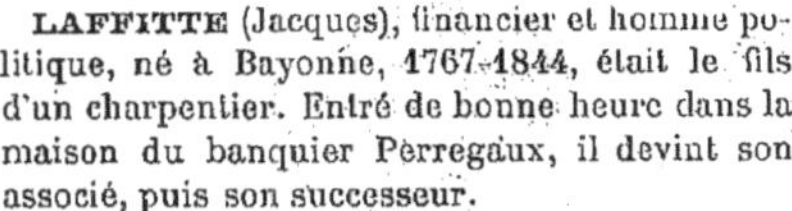

LAFFITTE (Jacques), financier et homme politique, né à Bayonne, 1767-1844, était le fils
d'un charpentier. Entré de bonne heure dans la
maison du banquier Perregaux, il devint son
associé, puis son successeur.

Régent de la Banque de France en 1809, président de la Chambre de commerce, puis gouverneur de la Banque en 1814, il se signala par sa
générosité patriotique dans les tristes événements de 1814 et de 1815, et rendit des services
pécuniaires à Louis XVIII et au duc d'Orléans.

Élu député de Paris en 1816 et constamment
réélu, il siégea dans les rangs de l'opposition.
Dans les derniers temps du règne de Charles X,
dont il prévoyait la chute, il se rapprocha de plus
en plus du duc d'Orléans, fut, après les ordonnances de Juillet, un des plus ardents à provoquer la résistance et, plus que tout autre, contribua à faire nommer le duc d'Orléans lieutenant-
général du royaume, ensuite roi.

D'abord ministre sans portefeuille, il devint
président du conseil et ministre des finances
(3 nov. 1830-13 mars 1831). En quittant le ministère, Laffitte était presque ruiné. Il dut vendre
tous ses biens. Une souscription nationale lui
permit de conserver l'hôtel de la rue qui porte
aujourd'hui son nom.

LAMARQUE (Maximilien, comte), général et
homme politique, né à Saint-Sever, le 22 juillet
1770, s'enrôla en 1792.

Général de brigade en 1801, il fut attaché à la
Grande-Armée, puis à celle du roi Joseph, mérita
par ses services le grade de général de division
(1807) et s'empara par un coup de main auda-
cieux de Caprée (1808). Il s'illustra encore en
Italie, dans la campagne de Wagram, en Calabre
et en Espagne.

Tenu à l'écart pendant la première Restauration, il fut chargé, pendant les Cent-Jours, de
combattre les Vendéens soulevés; à la tête de
quelques milliers d'hommes seulement, il parvint
avec une habileté remarquable à pacifier le pays.

Exilé au retour des Bourbons, il se retira à
Amsterdam et ne rentra en France qu'en 1818.
Élu député des Landes en 1828, il devint l'un
des chefs du parti libéral et ne cessa de faire de
l'opposition, même après 1830. Il fut l'un des
principaux adversaires de Casimir Perier, qui
lui fit retirer le commandement des départements de l'Ouest. Son éloquence vive et généreuse, l'honnêteté de ses opinions politiques lui
avaient mérité une grande popularité. Ses funérailles furent l'occasion d'une manifestation républicaine qui dégénéra en émeute (5 juin 1832).

ARRESTATION DE LA DUCHESSE DE BERRY

La mort de Casimir Perier, survenue le 16 mai 1832, fut une perte irréparable pour la monarchie. Les partis, contenus grâce à la fermeté du grand ministre, relevèrent aussitôt la tête.

La duchesse de Berry, personne active, exaltée, mais de peu de jugement, n'avait cessé de conspirer depuis la Révolution de Juillet. Elle obtint de Charles X une déclaration qui ordonnait aux royalistes de la reconnaître comme régente du royaume au nom de son fils ; puis elle quitta la Grande-Bretagne pour venir s'établir en Italie, où elle tint, durant quelques mois, une petite cour qui rappelait le Coblentz des émigrés. On y complotait gaiement et follement.

Les rapports qu'elle recevait lui annonçaient que, non seulement l'Ouest et le Midi, mais Paris même étaient disposés à se soulever et lui montraient le trône de Juillet prêt à s'écrouler au premier choc. Le 24 avril, elle s'embarqua avec une petite suite et débarqua, dans la nuit du 28, à peu de distance de Marseille ; mais le mouvement sur lequel elle avait compté échoua.

La duchesse, voyant le coup manqué dans le Midi, refusa de se rembarquer ; elle parvint à atteindre secrètement Toulouse, puis la Vendée. Elle parcourut ce pays travestie en paysan. Mais l'Ouest était bien changé depuis 1793 ; l'ancien royalisme était fort refroidi chez le plus grand nombre ; les préjugés avaient diminué. Elle ne trouva d'écho que dans les châteaux et dans les campagnes. Elle fixa néanmoins le soulèvement au 24 mai. Un contre-ordre donné par Bourmont, le futur général de l'insurrection, et qu'une partie des hommes enrôlés n'avaient pas reçu, enleva au mouvement le peu de chance qu'il avait, non pas de triompher, mais d'être autre chose qu'un échauffourée. Les insurgés se levèrent çà et là le 24 mai, se battirent avec courage, mais furent écrasés. Les autres bandes se mirent en campagne quelques jours après et eurent le même sort.

La duchesse de Berry chercha un refuge à Nantes, où elle se déroba durant cinq mois entiers aux recherches actives de la police. Elle fut enfin livrée, pour une grosse somme d'argent, par un juif converti au catholicisme. Elle fut arrêtée et envoyée prisonnière au château de Blaye (6 novembre.)

LAMENNAIS (Hugues-Félicité-Robert de), célèbre écrivain, né le 19 juin 1782, à Saint-Malo, après une jeunesse passée dans une solitude studieuse et assez éloignée de la foi, fut ordonné prêtre en 1816.

En 1817, il donna le premier volume de son *Essai sur l'indifférence en matière de religion*, qui le rendit aussitôt célèbre. Les trois derniers volumes, parus de 1820 à 1824, lui valurent de violentes et nombreuses attaques. Il se rendit à Rome, où il fut bien accueilli par le pape Léon XII.

Après la révolution de Juillet, il fonda le journal l'*Avenir*, dont les doctrines furent violemment combattues par le clergé. Lamennais en appela au jugement du pape. Grégoire XVI ayant condamné ses théories, Lamennais se soumit; mais, dès ce moment, sa rupture avec l'Église fut décidée. Il publia alors les *Paroles d'un croyant*, pamphlet virulent, qui excita partout l'enthousiasme ou la haine.

Après avoir fondé le *Monde*, qui ne dura que quelques mois, Lamennais publia une série de pamphlets politiques, dont un lui attira une condamnation à un an de prison. Député à l'Assemblée législative, il y joua un rôle assez effacé. Il mourut le 27 février 1854.

MOLÉ (Louis-Mathieu, comte), homme d'État, né à Paris, le 24 janvier 1781, était fils d'un président à mortier. Après avoir publié des *Essais de morale et de politique*, qui attirèrent l'attention de Napoléon Ier, il fut nommé auditeur au Conseil d'État, puis maître des requêtes (1806).

Préfet de la Côte-d'Or (1807), conseiller d'État et directeur général des ponts et chaussées (1809), grand juge (1813), il fit partie du conseil de régence en 1814. Créé pair de France, sous la seconde Restauration, il reçut en 1817 le portefeuille de la marine; mais à la dissolution du cabinet (décembre 1818), il se rangea dans l'opposition.

Après la révolution de 1830, il fut appelé au ministère des Affaires étrangères, posa le principe de non-intervention et tomba, moins de trois mois après, avec le cabinet. Président de deux ministères successifs (1836-1839), Molé eut à lutter contre la coalition des divers partis de la Chambre et fit dissoudre le Parlement. La nouvelle Chambre ne lui ayant pas apporté une majorité suffisante, il donna sa démission (31 mars). Nommé à l'Assemblée législative, il y fut l'un des chefs du parti monarchique. Après le 2 décembre, il se retira au château de Champlâtreux, où il mourut en 1855.

PREMIÈRE CHARGE DES DRAGONS AU BOULEVARD BOURDON

Au moment même où avortait l'insurrection légitimiste, la monarchie de Louis-Philippe était aux prises dans Paris avec un adversaire redoutable.

Le parti républicain allait s'exaltant de jour en jour; un grand nombre de républicains étaient impatients de passer de la discussion à l'action. L'occasion vint : elle fut saisie.

Le général Lamarque venait de mourir; il était très aimé de la partie jeune et vive de la population; on résolut de lui faire d'éclatantes funérailles. Le 5 juin 1832, dès le matin, se forma un immense cortège, en tête duquel marchaient La Fayette, Laffitte, le général Clausel et toute la gauche de la Chambre. 60,000 hommes suivirent le char funèbre, de la rue d'Anjou-Saint-Honoré jusqu'à la Bastille, entre deux haies d'innombrables spectateurs. La fermentation croissait à mesure qu'on avançait; les cris de plus en plus violents de : « Vive la République ! » éclataient.

Le corps devait être envoyé en province. Lorsque le char funèbre eut passé le pont d'Austerlitz, les jeunes gens de la tête du cortège voulurent s'opposer au départ du corps de Lamarque et s'efforcèrent de le conduire au Panthéon. La garde municipale à cheval leur barra le passage, un conflit s'engagea et les jeunes gens furent repoussés.

Pendant ce temps, sur l'autre rive, deux colonnes de dragons s'étaient avancées vers le boulevard Bourdon, le quai Morland et le pont d'Austerlitz.

A la vue des troupes, on cria: « Aux armes ! » Une partie de l'artillerie répondit par le cri de : « Vive la liberté ! » et quitta les rangs. Tout ce qui, dans le cortège, ne voulait pas de lutte armée, se dispersa. Les autres engagèrent le combat sur le boulevard Bourdon et autour de l'Arsenal. Après plusieurs charges, la cavalerie fut refoulée par la fusillade qui partait des édifices qu'occupaient les insurgés.

L'insurrection se développa avec une extrême rapidité sur les deux rives de la Seine; entre 3 et 6 heures du soir, elle s'étendit de la Bastille à la place des Victoires, élevant des barricades, se saisissant des petits postes, se multipliant à force d'audace et d'activité.

CARREL (Armand), célèbre journaliste, naquit à Rouen, le 8 mai 1800. Sorti sous-lieutenant de l'École de Saint-Cyr, il démissionna en 1823, pour s'enrôler dans la légion étrangère au service des Cortès. A son retour en France, il fut traduit devant un conseil de guerre qui le condamna à mort. Un vice de forme entraîna l'annulation du jugement. Carrel fût renvoyé devant un nouveau tribunal militaire qui l'acquitta.

A sa sortie de prison, il écrivit successivement au *Constitutionnel*, au *Globe*, à la *Revue française*, et enfin, avec MM. Thiers et Mignet, fonda le *National* (1830). A la publication des ordonnances de Juillet, il signa la protestation des journalistes, prit une part active au combat, et fut nommé préfet du Cantal. Mais il refusa et revint prendre sa place au *National*. Il y arbora hardiment ses convictions républicaines, entra en guerre ouverte avec le gouvernement de Juillet et subit plusieurs condamnations. Il eut trois duels, dont le dernier lui coûta la vie. Emporté par son ardeur belliqueuse, Carrel avait inséré dans le *National* une note qui parut blessante à M. de Girardin. Celui-ci demanda une réparation par les armes. Le 22 juillet 1836, une rencontre eut lieu au bois de Vincennes. Atteint au bas-ventre, Carrel expira après 24 heures de souffrances.

MONTHOLON (Charles-Tristan, comte de) général, né à Paris (1783), suivit tout jeune la carrière des armes et gagna rapidement ses premiers grades.

Il prit part aux campagnes d'Autriche, de Prusse et de Pologne, fut blessé à Essling et créé comte après Wagram.

Promu général de brigade en 1812, il resta fidèle à l'Empire, sous la première Restauration, devint, pendant les Cent-Jours, aide de camp de Napoléon, l'accompagna à Sainte-Hélène avec sa famille et l'assista à ses derniers moments. Il rentra dans l'armée après 1830. Compromis dans l'affaire de Boulogne, en 1840, il fut condamné par la Chambre des pairs à vingt ans de détention et enfermé à Ham avec le prince Louis-Napoléon.

Élu représentant à l'Assemblée législative (mai 1849), il soutint la politique de l'Élysée. Admis à la retraite comme général, en 1850, il fut, après le coup d'État, réintégré dans son grade.

Le général Montholon a publié: *Mémoires pour servir à l'Histoire de France sous Napoléon, écrits à Sainte-Hélène sous sa dictée* (1823); *Récits de la captivité de Napoléon à Sainte-Hélène* (1847). Il mourut en 1853.

BARRICADE DU CLOITRE SAINT-MERRY

Les troupes de ligne et la garde nationale, réunies sous le commandement du maréchal Lobau, reprirent l'offensive sur divers points dans la soirée; mais la bourgeoisie se tourna contre eux l'insurrection se trouva bientôt resserrée dans une espèce de citadelle qu'elle s'était faite autour de l'église Saint-Merry.

La défaite de l'insurrection était assurée depuis la matinée du 6 juin, et pourtant, à quatre heures de l'après-midi, on combattait encore. Une poignée d'hommes, fortement retranchés au Cloitre-Saint-Merry, tenaient en échec toute une armée.

Un jeune homme, aussi obscur que ses camarades, un héros appelé Jeanne, dirigeait la défense. Les insurgés avaient coupé la rue Saint-Martin par deux barricades, l'une à la hauteur de la rue Maubuée, l'autre à la hauteur de la rue Saint-Merry; ils occupaient, au coin de la rue Saint-Merry, une maison, d'où leur feu, combiné avec celui des barricades, plongeait dans toutes les directions. Ils avaient repoussé trois attaques dans la soirée du 5 juin; attaqués de nouveau avant le jour, ils accueillirent la garde nationale par une si terrible fusillade qu'elle se débanda en pleine déroute.

Les assauts se renouvelèrent toute la journée. Les insurgés étaient épuisés. L'un d'eux demandait des vivres. « Des vivres ! répondit Jeanne : il est trois heures; à quatre heures nous serons morts ! »

En ce moment, on faisait avancer contre eux le canon, qui abattait leurs barricades; puis on lançait à l'attaque de tous côtés des colonnes d'infanterie. Les barricades et la maison furent enfin emportées. La plupart des insurgés furent tués ou pris. Jeanne, cependant, ne mourut ni ne se rendit. A la tête d'une partie de ses compagnons, il se jeta, baïonnette en avant, sur les soldats, perça leurs lignes et s'échappa.

Ainsi finit l'insurrection des 5 et 6 juin. Le sacrifice de ces héroïques téméraires qui s'étaient précipités en avant au nom de la République, sans se demander si le droit était avec eux, ne fut pourtant pas entièrement perdu; il en resta une impression mêlée d'admiration et de terreur, qui rehaussa la renommée du parti républicain et imposa à ses adversaires.

FOURIER (François-Charles-Marie), chef de l'école phalanstérienne, né à Besançon en 1772, mort à Paris, le 8 octobre 1837, fut d'abord commis marchand à Marseille et à Lyon et publia dans le *Bulletin de Lyon* divers articles, dont quelques-uns furent très remarqués. En 1808, il fit paraître sa *Théorie des quatre mouvements et des destinées générales*, qui contient le programme de son système social dont la base est l'organisation du travail et l'association. En 1826, il vint se fixer à Paris et devint chef de l'école qui porte son nom. Il avait donné en 1822 un nouveau livre : *Traité de l'association industrielle et agricole*. Propageant ses doctrines par ses livres, il fit paraître successivement : *Le nouveau monde industriel et sociétaire; Pièges et charlatanisme des deux sectes Saint-Simon et Owen; La fausse industrie;* deux revues périodiques : *le Phalanstère, la Phalange.*

Avec quelques-uns de ses disciples, il tenta à Condé-sur-Vesgres (Seine-et-Oise) un essai de phalanstère, qui échoua complètement. L'insuccès de cet établissement n'ébranla pas la confiance qu'il avait dans l'avenir de ses idées qui, bien qu'entremêlées des plus extravagantes rêveries, trouvèrent après sa mort d'ardents et nombreux sectateurs.

VERNET (Jean-Émile-Horace), célèbre peintre, né à Paris, le 30 juin 1789, mort le 17 janvier 1863, fut élève de son père Carle. Nommé membre de l'Institut en 1826, il alla, de 1828 à 1835, diriger l'Académie de France à Rome.

Doué d'une facilité merveilleuse et d'une imagination pleine de souplesse, Horace Vernet conquit de bonne heure une grande popularité. La correction de son dessin, la franchise et la clarté de son pinceau lui assureront toujours une place parmi les premiers peintres de son époque.

Peu d'artistes de notre temps ont autant produit : *Prise d'une redoute; Mort de Poniatowski; Massacre des Mameluks;* le *Chien du régiment;* le *Cheval du trompette;* les *Adieux de Fontainebleau; Napoléon le soir de Waterloo;* le *Rocher de Sainte-Hélène; Judith et Holopherne; Batailles de Jemmapes, de Montmirail, de Hanau, de Valmy;* la *Barrière de Clichy;* le *Pont d'Arcole; Raphaël au Vatican; Plafond* (musée du Louvre); *Batailles de Bouvines et de Fontenoy; Revue de Charles X au Champ-de-Mars; Entrée de l'armée française en Belgique; Batailles de Friedland d'Iéna, de Wagram; Siège d'Anvers; Siège de Constantine; Prise de la Smalah d'Abd el-Kader; Portraits de Napoléon Ier, de Louis-Philippe et de ses fils, de Napoléon III,* etc., etc.

SIÈGE D'ANVERS

La révolution de Juillet eut des contre-coups en Europe. De graves événements éclatèrent en Belgique, en Pologne, en Italie et il fut bien difficile à Casimir Perier, malgré le principe de non-intervention, de ne pas intervenir dans les affaires de ces pays.

Les Belges supportaient impatiemment la domination des Hollandais. Moins d'un mois après les journées de Juillet, une insurrection éclata à Bruxelles (25 août 1830). Après une lutte de cinq jours dans les rues de la ville, les troupes furent repoussées et, le 5 octobre, les Belges proclamèrent leur indépendance.

Le Congrès national de Bruxelles offrit la couronne au duc de Nemours, fils de Louis-Philippe. Mais celui-ci déclina l'honneur fait à sa famille, de peur de s'aliéner l'Angleterre. La conférence de Londres proposa alors aux Belges, qui l'acceptèrent, Léopold, prince de Saxe-Cobourg. Le roi de Hollande, irrité, rompit l'armistice, jeta son armée sur la Belgique et battit les Belges à Louvain. Une armée française de 50,000 hommes passa la frontière. Le roi de Hollande céda et rappela ses troupes.

La France et l'Angleterre arrêtèrent entre elles deux une convention pour assurer l'évacuation des territoires que la Hollande et la Belgique conservaient, chacune de leur coté; le délai fut fixé au 12 novembre 1832. La Belgique adhéra sans peine à la sommation qui lui fut faite d'évacuer quelques postes hollandais qu'elle avait gardés sur la Meuse. Mais les Hollandais ne bougèrent pas de la citadelle d'Anvers. 70,000 Français, conduits par le maréchal Gérard, entrèrent, le 15 novembre, en Belgique et marchèrent sur Anvers.

Les travaux de siège furent dirigés très habilement par les généraux Neigre et Haxo. La tranchée avait été ouverte le 29 novembre : les batteries ouvrirent leur feu le 4 décembre. Le 14, les Français enlevèrent d'assaut l'ouvrage avancé qui porte le nom de lunette Saint-Laurent. La garnison hollandaise tint quelques jours encore; mais la citadelle, écrasée par 104 pièces de gros calibre, n'était plus qu'un amas de décombres. Le général hollandais capitula le 23 décembre.

La Belgique ne fut définitivement constituée qu'en 1838.

THÉNARD (Louis-Jacques, baron), chimiste célèbre, né le 4 mai 1777, à la Louplière (Aube), était le fils de pauvres cultivateurs. Venu à Paris pour étudier la pharmacie, il fut élève de Vauquelin et de Fourcroy; il devint successivement répétiteur à l'École polytechnique, professeur de chimie au Collège de France, professeur à la Sorbonne puis à l'École polytechnique, et membre de l'Académie des sciences.

On lui doit d'importantes découvertes. Il trouva la préparation du bleu magnétique qui porte son nom, celle de la céruse et l'épuration des huiles végétales par l'acide sulfurique. Il découvrit le bore et parvint, au moyen de la pile voltaïque, à produire en abondance le sodium et le potassium.

Il découvrit enfin l'eau oxygénée.

Créé baron par Charles X en 1825, il fut élu député de l'Yonne (1827 à 1830) et créé pair de France en 1832. Commandeur de la Légion d'honneur en 1837, grand-officier en 1842, vice-président du conseil royal de l'Instruction publique, il devint administrateur du Collège de France en 1838. Il fonda en 1857 la *Société des amis de la Science*, à laquelle il légua une partie de sa fortune. Outre de nombreux mémoires publiés dans divers recueils, il a laissé un *Traité de chimie*, souvent réimprimé.

GAY-LUSSAC (Nicolas-François), né le 6 décembre 1778, à Saint-Léonard (Haute-Vienne), mort à Paris, le 9 mai 1850, fut élève de l'École polytechnique, puis de celle des Ponts et chaussées.

Répétiteur à l'École polytechnique en 1802, il fit, avec Biot, une ascension en ballon, qu'il renouvela seul, deux ans après, s'éleva jusqu'à 7000 mètres et fit d'intéressantes observations sur les variations de la force magnétique.

En 1805, il fit avec de Humboldt un voyage en Italie qui eut des résultats importants pour la science.

Admis à l'Académie des sciences en 1806, professeur de chimie pratique à l'École polytechnique et de physique à la Sorbonne (1809), il fit de savantes analyses sur une foule de sujets de physique et de chimie, découvrit le cyanogène, l'acide chlorique oxygéné, inventa l'alcoolomètre portatif à siphon, et ne cessa de contribuer aux progrès de la science en publiant un grand nombre de mémoires. Il introduisit d'importantes modifications dans les procédés employés à la Monnaie, où il remplissait les fonctions de vérificateur.

Député en 1831, professeur de chimie générale au Jardin des plantes, il fut créé pair de France en 1839.

VUE DE LYON

Une nouvelle insurrection, plus sanglante que la première, éclata à Lyon, au mois d'avril 1834.

Les ouvriers s'agitaient afin d'obtenir des augmentations de salaires ou des diminutions dans les heures de travail. Les fabricants entamèrent les hostilités en diminuant le prix de façon d'un des articles de l'industrie lyonnaise. La majorité des chefs d'ateliers décidèrent l'interdiction générale des métiers : 20,000 métiers cessèrent de battre le 14 février. Les républicains lyonnais, qui appartenaient à la bourgeoisie, obtinrent toutefois la reprise des travaux.

Le gouvernement ne cherchait malheureusement pas, comme il l'aurait dû, à éviter un conflit où il se croyait sûr de l'emporter. Le ministère fit voter le 25 mars un projet de loi qui enlevait toute liberté d'association. Il n'appliqua pas à outrance contre tous les « mutuellistes » cette loi injuste; mais il poursuivit quelques ouvriers pour menaces et violences peu graves lors de la récente grève. Les mutuellistes exaspérés déterminèrent le mouvement.

Le 9 avril, pendant que le tribunal siégeait pour juger leurs camarades, les barricades s'é-

levèrent; les coups de fusil retentirent et le combat s'engagea sur un grand nombre de points. La lutte fut surtout acharnée aux abords de la Croix-Rousse. La troupe, qui avait reçu des ordres très rigoureux, se montrait plus violente que les insurgés.

La Guillotière, en partie brûlée, fut reprise par la troupe; la Croix-Rousse et Vaise résistaient avec succès, et les ouvriers occupèrent, dans la nuit du 10 au 11, le fort Saint-Irénée, abandonné par l'armée. Ils y trouvèrent quelques canons, avec lesquels ils tirèrent, de la hauteur de Fourvières, sur la place Bellecour. Cependant la garnison se renforçait. Les insurgés, au contraire, ne recevaient pas du dehors les renforts qu'ils avaient espérés. La majorité de la population ne s'engageait pas dans le conflit. Dans la quatrième journée, celle du 12, l'insurrection commença de faiblir : Vaise fut emporté et des femmes, des enfants, des vieillards furent massacrés. La Croix-Rousse, menacée d'un bombardement, déposa les armes le 13 avril. Ce fut la fin de la seconde révolte de Lyon sous Louis-Philippe.

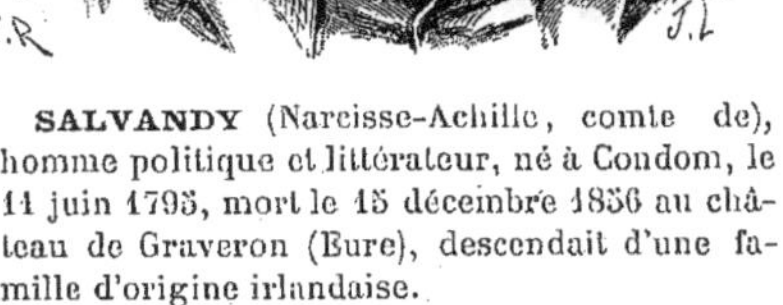

SALVANDY (Narcisse-Achille, comte de), homme politique et littérateur, né à Condom, le 11 juin 1795, mort le 15 décembre 1856 au château de Graveron (Eure), descendait d'une famille d'origine irlandaise.

Incorporé en 1813, il fit les campagnes de Saxe et de France et était sous-lieutenant à la fin de l'Empire. Il entra dans la maison militaire de Louis XVIII et publia diverses brochures politiques qui le signalèrent à l'attention publique et lui valurent d'être nommé maître des requêtes (1819).

Conseiller d'État en 1828, il se rallia au gouvernement de Louis-Philippe et se montra l'un des plus ardents soutiens du parti de la résistance. Ministre de l'Instruction publique (15 avril 1837-mars 1839), il s'efforça de rendre à l'Université toute son importance. Après avoir été ambassadeur en Espagne et à Turin, il rentra, le 1er février 1845, au ministère de l'Instruction publique. Son administration fut signalée par d'excellentes mesures; il défendit l'Université contre les incessantes attaques du clergé, reconstitua l'École des Chartes, créa l'École française d'Athènes.

Il était membre de l'Académie française depuis 1835.

VILLEMAIN (Abel-François), homme politique et écrivain, né à Paris (11 juin 1790-8 mai 1870), avait à peine vingt ans, lorsqu'il fut nommé professeur suppléant de rhétorique au lycée Charlemagne (1810). Peu de temps après, il devint maître de conférences à l'École normale. Professeur d'éloquence à la Sorbonne (1816), il y fit de brillantes leçons sur l'histoire de notre littérature et obtint jusqu'à la fin de la Restauration le succès le plus vif et le plus éclatant.

Chef de la division de l'imprimerie et de la librairie, maître des requêtes, membre de l'Académie française, il perdit ses fonctions de maître des requêtes pour avoir rédigé l'adresse de l'Académie contre les lois projetées sur la presse en 1827.

Député d'Évreux (1830), il signa l'adresse des 221 et contribua à la revision de la Charte. En 1831, il devint membre du Conseil royal de l'Instruction publique et pair de France en 1832, fut ministre de l'Instruction publique du 12 mai 1839 au 1er mars 1840, et du 29 octobre de la même année au 30 décembre 1844. L'état de sa santé le força à se retirer des affaires. Depuis lors il ne s'occupa plus que de travaux littéraires.

ATTENTAT DE FIESCHI

Pendant que la Cour des pairs jugeait les insurgés lyonnais, un tragique événement vint jeter l'effroi dans Paris et détourner l'attention publique du procès d'avril.

Il courait depuis quelque temps des bruits de complots contre la vie du roi ; de l'automne de 1834 à l'été de 1835, la police en avait découvert sept. On annonçait maintenant qu'il y aurait une tentative contre Louis-Philippe pendant la revue annuelle du 28 juillet. Du 26 au 27, les bruits se précisèrent ; la police fut prévenue qu'on avait fabriqué une machine infernale et que le coup se ferait vers le boulevard du Temple. La police opéra des recherches qui n'aboutirent pas. Les renseignements n'étaient malheureusement pas imaginaires.

Le roi se rendit à la revue, escorté de ses trois fils, le duc d'Orléans, le duc de Nemours, le prince de Joinville, de plusieurs ministres, des maréchaux Maison, Lobau, Mortier et d'un nombreux état-major. Au moment où le cortège royal arrivait sur le boulevard du Temple, une forte détonation éclata. La chaussée fut jonchée de morts et de blessés. Plus de quarante personnes étaient tombées : parmi les morts, le maréchal Mortier qui avait échappé à tant de batailles, des officiers supérieurs de l'armée et de la garde nationale, des vieillards, des femmes. Cinq autres généraux étaient blessés. Les chevaux du roi et du prince de Joinville étaient atteints; mais les projectiles avaient sifflé autour du roi et de ses fils sans les toucher.

L'auteur de cet horrible attentat s'appelait Fieschi. Il s'était servi, pour commettre son crime, d'une machine composée de 24 canons de fusil, disposés comme des tuyaux d'orgue.

Après la catastrophe, les ministres de Louis-Philippe présentèrent à la Chambre des députés un ensemble de lois restrictives et réactionnaires. Elles sont restées célèbres sous le nom de « lois de Septembre », parce que le vote définitif eut lieu le 9 de ce mois.

Ces sévères lois de répression, dirigées principalement contre les institutions libres du pays, n'empêchèrent pas les crises de se renouveler. De 1836 à 1846, plusieurs tentatives furent faites contre le roi ou des membres de sa famille.

ÉRECTION DE L'OBÉLISQUE DE LOUQSOR, PLACE DE LA CONCORDE

Le 25 juin 1836, au moment où le roi sortait du Carrousel en voiture, on tira sur lui à bout portant avec un fusil-canne. Les renseignements qu'eut la police sur de nouveaux complots contre la vie du roi firent décider qu'il n'y aurait pas de revue cette année pour l'anniversaire de Juillet.

Le 29 juillet ne se passa point cependant sans solennité. M. Thiers inaugura l'Arc de Triomphe de l'Étoile, enfin terminé. La place de la Concorde fut, trois mois après, le théâtre d'une autre inauguration. L'on y éleva, à l'extrémité opposée de la perspective que domine l'Arc de l'Étoile, vis-à-vis de ce monument de l'histoire contemporaine, un monument de l'histoire la plus antique.

Le pacha d'Égypte avait fait don à la France et à l'Angleterre des deux obélisques placés à l'entrée d'un palais construit à Thèbes par le roi Ramsès III, dans le XVIe siècle avant l'ère chrétienne. Les difficultés du transport firent renoncer le gouvernement anglais à ce présent. Le commissaire envoyé par la France, le baron Taylor, s'obstina à doter son pays de ce noble reste d'un passé de 36 siècles; son énergique et intelligente persévérance triompha de tous les obstacles. L'obélisque de Louqsor fut transporté à Paris sous la direction du capitaine de vaisseau Verninhac de Saint-Maur et de l'ingénieur Lebas. Le 25 octobre 1836, Lebas dressa l'antique monument sur l'emplacement où avaient péri Louis XVI et tant d'autres victimes.

La hauteur totale de l'obélisque est de $22^m,83$; sa largeur à la base est de $2^m,44$ sur une face, et de $2^m,42$ sur chacune des trois autres. La hauteur du piédestal est, de $8^m,10$. Son poids est d'environ 230,000 kilogrammes. Les hiéroglyphes qui y sont gravés racontent les règnes de Ramsès II et Ramsès III.

Deux des faces du piédestal portent l'inscription suivante : « En présence du roi Louis-Philippe Ier, cet obélisque transporté de Louqsor en France a été dressé sur ce piédestal par M. Lebas, ingénieur, aux applaudissements d'un peuple immense, le 25 octobre 1836. » Sur les deux autres faces sont reproduits en dessins dorés, d'un côté les opérations de transport de l'obélisque à bord du bateau français, de l'autre le halage, *le virage* et l'élèvement de l'immense monolithe.

RETRAITE DE CONSTANTINE

Les progrès de nos armes en Algérie étaient arrêtés, dans la région de l'Est, par l'énergique résistance des *Kabyles*. En 1836, le maréchal Clausel résolut de frapper un coup décisif. Le 21 novembre, avec moins de 9,000 hommes, il arriva devant Constantine. Une forte garnison, bien munie d'artillerie, défendait la ville. Nous n'avions que des canons de campagne. Notre chance unique était dans un coup de main; on le tenta de deux côtés. La double attaque échoua. Les vivres, les munitions même allaient man-quer; il fallut se résigner à la retraite. On était à quarante lieues de Bône; nous devions re-passer les montagnes, harcelés par des milliers de cavaliers arabes. Le commandant Changar-nier fit former le carré et attendre de pied ferme cette nuée d'ennemis. Un feu de deux rangs à portée de pistolet joncha la terre d'hommes et de chevaux. Les Arabes se contentèrent désormais de tirailler à distance.

Le maréchal Clausel conduisit la retraite jus-qu'à Bône avec beaucoup de vigueur et d'habileté.

CLAUSEL (Bertrand, comte), maréchal de France, né à Mirepoix (Ariège), 1772-1842.

Sous-lieutenant en 1791, aide de camp du général Pérignon à l'armée des Pyrénées (1793), il fut chargé de venir présenter à la Convention les drapeaux enlevés aux Espagnols, devint chef de brigade, fut chef d'état-major du général Grouchy en Italie et général de brigade en 1799.

Envoyé à Saint-Domingue avec le général Leclerc (1802), il en revint général de division. Il servit dans les guerres de l'Empire, en Hollande, en Italie, en Dalmatie et surtout en Espagne et au Portugal, où il se couvrit de gloire à la bataille des Arapiles.

Inspecteur général d'infanterie sous la première Restauration, il servit avec dévouement Napoléon pendant les Cent-Jours, fut condamné à mort par contumace en 1816, puis amnistié en 1820. Il revint en France et fut élu député de l'Ariège (1827).

Après la révolution de Juillet, il reçut le commandement de l'armée d'Afrique jusqu'en octobre 1830. Nommé maréchal en 1831, il fut de nouveau envoyé en Algérie le 8 juillet 1836. Il s'empara de Mascara; mais la malheureuse expédition de Constantine le fit rappeler. Il vécut dès lors dans la retraite.

CHANGARNIER (Nicolas-Anne-Théodule), général, né à Autun (Saône-et-Loire), le 26 avril 1793, mort à Paris, le 14 février 1877.

Sorti de Saint-Cyr en 1815, capitaine en 1830, il fut envoyé en Afrique, où il se distingua par des actions d'éclat. Nommé chef de bataillon en 1835, il se couvrit de gloire dans la retraite de Constantine. Lieutenant-colonel en 1837, puis colonel, maréchal de camp (1840), lieutenant-général en 1843, il fut, après la Révolution de 1848, nommé gouverneur général de l'Algérie. Élu représentant de la Seine le 4 juin et appelé au commandement supérieur des troupes de Paris, sous la présidence de Louis-Napoléon, il réprima l'émeute du 13 juin 1849. Après avoir soutenu la politique du président, il se déclara contre lui, et fut destitué le 7 janvier 1851. Arrêté au 2 Décembre, éloigné de France jusqu'à l'amnistie, il revint vivre dans ses propriétés. Dès le début de la guerre de 1870, il offrit ses services au gouvernement, fit partie de l'armée de Metz et fut prisonnier de guerre après la capitulation.

Rentré en France après l'armistice et élu à l'Assemblée nationale, il fut l'un des chefs du centre droit et se mêla à toutes les intrigues qui avaient pour but le rétablissement de la monarchie. Il devint sénateur inamovible en 1875.

PRISE DE CONSTANTINE

Le ministère fit porter sur le maréchal Clausel la responsabilité de l'échec devant Constantine et lui donna pour successeur le général Damrémont.

Le 6 octobre 1836, Damrémont vint, avec 10,000 hommes, mettre le siège devant Constantine. Il avait avec lui deux très bons généraux de l'artillerie et du génie, Valée et Rohaut de Fleury. On établit des batteries sur la hauteur de Mansourah pour contrebattre la ville; les batteries de siège furent placées à Coudiat-Aty, seul point par où l'on pouvait aborder le rempart de plein pied.

La brèche fut ouverte le 11 octobre. Le lendemain, le général Damrémont s'approcha pour reconnaître la brèche. Un officier général, le voyant pleinement découvert devant l'ennemi, courut à lui pour l'engager à se retirer. Damrémont ne l'écouta pas et, presque au même instant, un boulet le renversa mort.

La perte de ce brave chef, loin de décourager l'armée, l'exalta. Le général Valée prit le commandement, fit sur-le-champ recommencer le feu et, le 13 au matin, lança trois colonnes d'assaut.

La première était commandée par le lieutenant-colonel Lamoricière et se composait en majeure partie de zouaves. Lamoricière enleva impétueusement ses hommes, escalada la brèche et pénétra dans la ville soutenu par les deux autres colonnes. Une lutte acharnée se prolongea de maison en maison, parmi les ruelles étroites et les ruines qu'avait faites le canon.

Lamoricière fut cruellement brûlé par l'explosion d'un magasin à poudre : il survécut et poursuivit une brillante carrière militaire.

Quand les deux autres colonnes, pénétrant à leur tour, se furent réunies victorieusement au centre de la place, ce qui restait des autorités musulmanes fit sa soumission et le feu cessa. Une scène affreuse avait signalé la fin de la résistance. Un grand nombre des habitants, affolés, avaient tenté de s'échapper de la ville en descendant les rochers à pic de la gorge du Rummel. Beaucoup de ces malheureux roulèrent de roc en roc et allèrent se briser dans le lit du torrent.

La conquête de l'ancienne capitale de la Numidie nous assurait dorénavant une base solide dans l'intérieur de l'Algérie.

JOINVILLE (François-Ferdinand-Philippe-Louis-Marie d'Orléans, prince de), né à Neuilly, le 14 août 1818, troisième fils de Louis-Philippe, entra à l'École navale de Brest. Il était lieutenant de vaisseau en 1836. Deux ans après, il trouva l'occasion de se distinguer, au Mexique, à l'attaque du fort de San Juan d'Ulloa. Ce fut lui qui, en 1840, fut chargé de ramener de Sainte-Hélène les restes de Napoléon Ier. Nommé contre-amiral en 1843, il reçut en 1845 le commandement de l'escadre de la Méditerranée, bombarda Tanger et s'empara de Mogador, ce qui lui valut d'être élevé au grade de vice-amiral.

Lors des événements de 1848, il se démit de son commandement et se retira en Angleterre. Après nos premières défaites en 1870, il demanda vainement à servir dans l'armée française, rentra en France après la chute de l'Empire et combattit, sous un pseudonyme, à l'armée de la Loire, jusqu'au jour où Gambetta crut devoir le faire arrêter et embarquer pour l'Angleterre.

Député de la Haute-Marne aux élections du 3 février 1871, il déclina toute candidature aux élections générales de 1876 et rentra dans la vie privée.

Il est mort à Paris, le 16 juin 1900.

BAUDIN (Charles), amiral, fils du conventionnel Baudin des Ardennes, né à Sedan, 1784-1854, entra dans la marine dès l'âge de 15 ans.

En 1808, il eut le bras droit emporté en combattant contre les Anglais. Parvenu au grade de capitaine de vaisseau, après une carrière honorable, il donna sa démission en 1815, lorsqu'il comprit que l'Empereur ne pouvait plus espérer aucun retour de la fortune.

Après la seconde abdication, il avait offert à Napoléon Ier de le conduire en Amérique en trompant la surveillance des vaisseaux anglais qui tenaient la mer.

Baudin se retira au Havre, où il fonda une maison de commerce qui prospéra. La révolution de 1830 lui porta un coup funeste et l'obligea à se retirer des affaires. Il reprit alors du service. Bientôt élevé au grade de contre-amiral, il fut chargé de commander l'escadre expédiée contre le Mexique en 1838. Il vint bloquer la Vera-Cruz, la principale ville maritime du Mexique et, le 28 novembre, il attaqua et prit le fort de San Juan d'Ulloa, construit sur un rocher en avant de la Vera-Cruz.

Membre éminent du Conseil de l'amirauté, il fut nommé amiral par Napoléon III.

BOMBARDEMENT DU FORT DE SAN JUAN D'ULLOA.

Au milieu des crises ministérielles qui se succédèrent dans une courte période de quatre ans (1836-1840), la politique extérieure avait eu quelque faiblesse. Le gouvernement n'osa pas intervenir en Espagne contre les carlistes ; il laissa enlever à la Belgique le Luxembourg, et, renonçant à toute influence au delà des Alpes, il retira d'Ancône la garnison française.

Le gouvernement espérait obtenir quelque compensation du fâcheux effet de sa politique en Europe par des succès lointains dans l'Amérique du Sud.

On avait souvent à se plaindre des procédés violents et des dénis de justice auxquels nos nationaux étaient en butte dans les nouvelles républiques de l'Amérique espagnole. Un tyran appelé Rosas, qui dominait à Buenos-Ayres, nous avait poussés à bout et l'on avait envoyé une flottille bloquer le grand fleuve de la Plata. L'amiral Leblanc s'empara, le 11 octobre 1838, par un heureux coup de main, de l'île fortifiée de Martin-Garcia, devant Buenos-Ayres.

Les hostilités se prolongèrent durant des années : une partie des populations de la Plata nous aidaient contre Rosas, mais sans résultats décisifs. C'est là que commença de se signaler Garibaldi, alors capitaine d'un bâtiment de commerce génois, qui se fit l'auxiliaire des Français.

Un autre fait militaire, qui eut plus de retentissement, se passa au Mexique.

Le gouvernement mexicain n'ayant pas voulu réparer les excès commis contre les résidants français, on expédia une escadre contre la Vera-Cruz, la principale place maritime du Mexique. L'amiral Baudin, le 28 novembre, attaqua et prit le fort de San Juan d'Ulloa, construit sur un rocher en avant de la Vera-Cruz.

Le jeune prince de Joinville, le troisième des fils de Louis-Philippe, s'était distingué dans cette affaire en qualité de commandant d'une corvette. Il montra également beaucoup de vigueur lors de la descente qui fut opérée quelques jours après contre la ville, et il entra le premier dans la Vera-Cruz à la tête de ses matelots.

Le gouvernement mexicain accéda enfin aux satisfactions qui lui étaient imposées et la paix fut rétablie tant bien que mal.

BARANTE (Amable-Guillaume-Prosper Brugière, baron de), historien et homme politique, né à Riom, 1782-1866, entra au ministère de l'intérieur et devint auditeur au Conseil d'État (1806). Après avoir été sous-préfet de Bressuire (1807), préfet de la Vendée (1809) et de la Loire-Inférieure (1813), il devint, sous Louis XVIII, conseiller d'État et secrétaire général du ministère de l'Intérieur.

Élu député en 1815, il siégea parmi les royalistes constitutionnels, fut nommé, en 1816, directeur général des contributions indirectes et élevé à la pairie en 1819. L'Académie française lui ouvrit ses portes en 1828.

Après la révolution de 1830, il se montra l'un des plus zélés défenseurs de gouvernement de Louis-Philippe et fut ambassadeur en Sardaigne, puis en Russie. A la chute de Louis-Philippe, il se retira complètement des affaires publiques et se consacra tout entier aux lettres.

Il a laissé de nombreux travaux, généralement estimés : *Tableau de la littérature française au XVIIIe siècle; Des communes et de l'aristocratie; Histoire des ducs de Bourgogne*, souvent réimprimée; *Mélanges historiques et littéraires; Histoire de la Convention nationale; Histoire du Directoire*, etc., etc.

COUSIN (Victor), philosophe et écrivain, né à Paris, le 28 novembre 1792, mort à Cannes, le 14 janvier 1857, était fils d'un horloger.

Après de brillantes études au lycée Charlemagne, il entra à l'École normale supérieure, y devint répétiteur grec, puis maître de conférences, et suppléa Royer-Collard dans la chaire de philosophie à la Sorbonne. Son cours fut suspendu en 1822 comme entaché de libéralisme. Il reparut dans sa chaire en 1828 et reprit avec éclat un enseignement auquel sa merveilleuse éloquence avait déjà donné un immense retentissement.

Après la révolution de 1830, il fut nommé conseiller d'État, membre du conseil royal de l'instruction publique, professeur titulaire à la Sorbonne, directeur de l'École normale et pair de France. Ministre de l'Instruction publique, lors de la formation du cabinet Thiers (1er mars 1840), il opéra de nombreuses réformes. En 1844, il défendit avec la plus grande éloquence, à la Chambre des pairs, la cause de la philosophie et de l'Université. Il se retira de la vie politique après la révolution de 1848 et se consacra à des études littéraires et historiques sur le XVIIe siècle. Par ses écrits et par son influence, Victor Cousin a contribué puissamment à fonder l'École spiritualiste du XIXe siècle.

PRISE DE MÉDÉAH

Les affaires de l'Algérie offrirent, en 1839, des incidents remarquables.

La domination française s'étendait et s'affermissait dans la grande province de Constantine, mais, pendant ce temps, la puissance d'Abd el-Kader se développait dans la province d'Oran, dans une partie de celle d'Alger et s'efforçait de pénétrer jusque dans celle de Constantine.

Durant l'automne de 1839, le maréchal Valée et le duc d'Orléans parcoururent, avec une colonne expéditionnaire, la région montueuse habitée par les Kabyles entre Alger et Constantine. Ils franchirent sans résistance les fameux défilés appelés les *Portes-de-Fer*, gorges profondes, resserrées entre d'immenses murailles calcaires, où une poignée d'hommes exterminerait une armée.

Les progrès que faisait notre domination décidèrent Abd el-Kader à recommencer la guerre. Dans le courant de novembre, il jeta ses bandes sur la Métidja, au sud d'Alger, et dans la province d'Oran, entre Mazagran et Mostaganem. Nos troupes reprirent l'offensive avec vigueur. Les Arabes furent battus dans diverses rencontres aux environs de Blidah et de la Chiffa. La lutte se prolongea durant le cours de l'année 1840. Un héroïque fait d'armes eut lieu dans les premiers jours de février. Une compagnie de 123 fantassins, commandée par le capitaine Lelièvre, avec une seule pièce de canon, défendit pendant quatre jours et quatre nuits le petit fort de Mazagran contre 12,000 Arabes, qui ne purent jamais venir à bout d'enlever d'assaut la position. Le nom de Mazagran devint très populaire en France.

Aucun échec ne décourageait Abd el-Kader, qui nous harcelait partout avec une activité infatigable. Le duc d'Orléans revint, au printemps de 1840, se mettre à la tête d'une division ; il défit un corps arabe auprès d'un grand monument que les indigènes appellent le Tombeau de la Roumi. Le maréchal Valée et le duc d'Orléans forcèrent ensuite le passage du Petit-Atlas, en escaladant la crête abrupte qui commande le col de Mouzaïa. Cette victoire eut pour conséquence l'occupation définitive de Médéah, la ville des montagnes, et de Milianah, qui domine la plaine au delà du Petit-Atlas.

THIERS (Louis-Adolphe), naquit à Marseille, en 1797. Il fut reçu avocat, mais délaissa le barreau pour se vouer à l'étude de l'histoire et de la philosophie, vint à Paris et entra dans la rédaction du *Constitutionnel* (1821). De 1823 à 1827, il publia son *Histoire de la Révolution française*. En 1830, il fonda le *National* et contribua largement à la révolution de Juillet.

Sous Louis-Philippe, il fut conseiller d'État, ministre de l'intérieur et président du conseil. Éloigné des affaires en 1840, il reprit ses grands travaux d'historien et prépara *l'Histoire du Consulat et de l'Empire*. Élu député en 1848, il fut arrêté et exilé au 2 décembre 1851, mais revint en France sous l'Empire. Nommé député de la Seine en 1863, il brava les injures et les menaces, lors des événements de 1870, en s'opposant, seul, à la guerre avec la Prusse, puis, après nos premiers désastres, il partit pour aller demander aux grandes puissances de l'Europe leur intervention en faveur de la paix.

A la suite des élections de Bordeaux (février 1871), Thiers fut nommé chef du pouvoir exécutif. Porté à la présidence de la République, il quitta le pouvoir le 24 mai 1873, et se retira à Saint-Germain-en-Laye, où il mourut, le 3 septembre 1877.

GUIZOT (François-Pierre-Guillaume), né à Nîmes, 1787-1874, fit ses études à Genève et vint à Paris en 1805 pour suivre les cours de droit. Il occupa, en 1812, la chaire d'histoire à la Faculté des lettres. A la chute de l'Empire, il entra au ministère de l'intérieur avec le titre de secrétaire général et conquit bientôt un rang distingué parmi les royalistes constitutionnels. Il prit une part active à la révolution de 1830 et contribua pour beaucoup à la nomination du duc d'Orléans à la lieutenance générale.

Ministre de l'instruction publique, le 30 juillet, et, quelques jours après, ministre de l'intérieur, il quitta et reprit plusieurs fois la direction des affaires. En 1833, il fit voter la belle loi qui créa véritablement l'instruction primaire en France. Il reparut au ministère en 1840 et dirigea le gouvernement jusqu'à la chute de Louis-Philippe. Sa politique ennemie de toute réforme libérale amena la révolution de 1848.

Guizot a laissé de nombreux ouvrages, dont les principaux sont : *Histoire générale de la civilisation en Europe*; *Histoire de la civilisation en France*; *Histoire de la révolution d'Angleterre*; *Mémoires pour servir à l'histoire de mon temps*; *Histoire de France racontée à mes petits enfants*, etc., etc.

FONTAINE MOLIÈRE

Le dernier acte à signaler du cabinet du 12 mai 1839 présidé par le maréchal Soult doit valoir une mention honorable aux deux Chambres et aux ministres; ce fut le vote d'un monument à la mémoire de Molière (6 février-4 mars 1840).

Ce monument, situé non loin de la maison où mourut Molière, à l'angle des rues Richelieu et Molière, a été élevé avec les fonds d'une souscription nationale et inauguré le 15 janvier 1844.

Le socle et le bassin de la fontaine Molière sont en pierre de Château-Landon ; un piédestal en marbre blanc supporte la statue du grand poète. Cette statue est de M. Seurre aîné ; elle est assise et en bronze.

Au-dessous et de chaque côté du piédestal sont deux muses en marbre blanc, portant chacune une légende où se trouvent inscrits les titres des comédies de Molière; on les doit au ciseau de Pradier. Au-dessous, l'eau jaillit de trois têtes de lions sculptées dans le marbre du socle; sur le soubassement, auquel est adossée cette composition, s'élève un ordre corinthien accouplé, au centre duquel est une niche, ornée dans sa partie supérieure d'une clef portant une table de marbre où est écrit le millésime de 1844. Le monument est terminé par un riche entablement surmonté d'un fronton circulaire, au centre duquel est assis un génie qui couronne le poète.

Le monument, qui a 16 mètres de haut sur 6^m,50 de large, a été exécuté sous la direction de l'architecte Visconti.

DELAVIGNE (Jean-François-Casimir), poète lyrique et dramatique, né au Havre, le 4 avril 1793, mort à Lyon, le 11 déc. 1843, était fils d'un commerçant. Il se fit remarquer, au lycée Napoléon, par un dithyrambe sur la naissance du roi de Rome (1811), mais ce fut seulement après la double invasion de 1814 et de 1815 que se révéla son talent. Son indignation patriotique éclata alors dans trois pièces de vers : *Waterloo*, la *Dévastation du Musée*, *Du besoin de s'unir après le départ de l'étranger*, qu'il appela *Messéniennes*.

En 1819, il débuta au théâtre avec les *Vêpres Siciliennes* ; l'année suivante, il donna les *Comédiens*, puis le *Paria*, tragédie (1821). Entre temps, il avait écrit de *Nouvelles Messéniennes*, pour célébrer la cause des Grecs et la révolution de Naples. En 1823, le Théâtre-Français représenta l'*École des vieillards*, qui peut être considérée comme le chef-d'œuvre de C. Delavigne et qui ouvrit à l'auteur les portes de l'Académie française.

Vinrent ensuite la *Princesse Aurélie*, froidement accueillie ; *Marino Faliero* ; *Louis XI* et les *Enfants d'Édouard*, qui obtinrent un grand succès ; *Don Juan d'Autriche* ; *une Famille au temps de Luther* ; la *Popularité* ; la *Fille du Cid* ; le *Conseiller rapporteur*, et enfin l'opéra de *Charles VI* en collaboration avec son frère.

MUSSET (Louis-Charles-Alfred de), l'un des plus grands poètes du dix-neuvième siècle, né à Paris, le 11 novembre 1810, y mourut le 1er mai 1857. Son père, littérateur distingué, le mit chez un banquier, mais il ne tarda pas à quitter sa place pour se livrer tout entier à la poésie.

Dès 1830, à peine âgé de vingt ans, il donna ses *Contes d'Espagne et d'Italie*; bientôt après parut un nouveau recueil. En 1833, Musset devint collaborateur de la *Revue des Deux Mondes*, qui eut désormais la primeur de ses productions.

Citons parmi les poésies : *Rolla*; les *Nuits*, qui suffiraient seules à immortaliser le nom de Musset; la *Lettre à Lamartine*; l'*Espoir en Dieu*, et parmi les comédies et proverbes : *On ne badine pas avec l'amour*; *Il ne faut jurer de rien*; le *Caprice*; *Il faut qu'une porte soit ouverte ou fermée*...

Les *Poésies* forment 2 vol.; les *Comédies et Proverbes*, 2 vol.; les *Nouvelles*, 2 vol.; un dernier volume contient les *Œuvres posthumes*.

« Musset, a dit M. Taine, était plus qu'un poète, c'était un homme. Il n'a dit que ce qu'il sentait et il l'a dit comme il le sentait. »

Alfred de Musset fut reçu à l'Académie française en 1852. Il mourut cinq ans après, universellement regretté.

COLONNE DE JUILLET

C'est sur l'emplacement de l'ancienne Bastille que s'élève la colonne de Juillet. Cette colonne a été érigée en l'honneur des victimes des trois journées de la révolution de juillet 1830, en vertu d'une ordonnance royale du 6 juillet 1831. La première pierre a été posée par le roi Louis-Philippe, le 27 du même mois.

La colonne est d'ordre corinthien ; elle repose sur un massif circulaire entouré d'une grille. Au-dessus du massif est un soubassement carré avec 24 médaillons de bronze. Sur la face occidentale du piédestal est un lion de bronze, bas-relief de Barye ; sur la face opposée figurent les armes de la ville de Paris ; sur les deux autres faces, le millésime de 1830 et les dates des 27, 28, 29 juillet.

A chacun des quatre angles est un coq de bronze, supportant une guirlande qui retombe en festons et entoure le piédestal. Sur le fût, divisé en trois parties, sont gravés en lettres d'or les noms des six cent quinze victimes.

Le chapiteau, qui a été coulé d'un seul jet et qui pèse 12,000 kilogrammes, supporte une statue exécutée par Dumont ; c'est le *Génie de la Liberté*, tenant un flambeau d'une main, des fers brisés dans l'autre et déployant ses ailes. Le monument a une hauteur totale de 50ᵐ,33.

Le monument a été terminé au commencement de 1840 et, le 29 juillet de cette même année, les cendres des combattants tués pendant les *trois journées* furent placées sous la colonne dans les caveaux construits à cet effet.

ARAGO (Dominique-François) naquit le 26 février 1786, à Estagel (Pyrénées-Orientales). A sa sortie de l'École polytechnique, où il occupa le premier rang, il fut attaché à l'Observatoire et devint, à 24 ans, membre de l'Académie des sciences et professeur à l'École polytechnique. Directeur de l'Observatoire, membre de toutes les Académies, puis en 1830 secrétaire perpétuel de l'Académie des sciences pour les sciences mathématiques, il avait depuis longtemps déjà acquis une renommée européenne.

Élu député des Pyrénées-Orientales en 1830, il siégea à l'extrême-gauche et se fit remarquer dans toutes les questions d'enseignement, de marine, de chemins de fer, etc., etc. En 1848, il devint membre du Gouvernement provisoire et ministre de la guerre et de la marine.

Comme savant, François Arago fut de bonne heure célèbre. Il a fait faire de notables progrès à l'astronomie, à l'optique, à l'électro-magnétisme, etc. Écrivain distingué autant que savant illustre, professant avec une élégante clarté, il a surtout popularisé la science, dans ses cours, dans ses comptes rendus à l'Académie, dans ses nombreuses notices insérées dans l'Annuaire du bureau des longitudes.

Arago mourut à Paris le 2 octobre 1853.

AMPÈRE (André-Marie), philosophe et savant célèbre, né à Lyon (1775-1836), donna, de bonne heure, des preuves nombreuses d'une remarquable intelligence. Professeur de physique à Bourg, en 1801, il publia son premier ouvrage : *Considérations sur la théorie mathématique du jeu,* qui le fit nommer professeur au collège de Lyon et plus tard répétiteur à l'École polytechnique.

Inspecteur général de l'Université en 1809, professeur d'analyse à l'École polytechnique et membre de l'Institut en 1814, Ampère, multipliant ses travaux et ses expériences, fit, en 1820, une des plus importantes découvertes de la science moderne, celle de l'électro-magnétisme, qui le conduisit à poser les principes de la télégraphie électrique. Il contribua aussi, avec Arago, à l'invention de l'électro-aimant.

Ses principaux ouvrages sont : *Traité de calcul différentiel et intégral; Démonstration des lois de la réfraction; Mémoire sur l'action mutuelle de deux courants électriques; Mémoire sur la théorie mathématique des phénomènes électromagnétiques ; Considérations philosophiques sur la détermination du système solide et du système nerveux des animaux articulés; Essai sur la philosophie des sciences,* qui resta inachevé.

CHATEAU-FORT DE HAM.

Le prince Louis-Napoléon, fils de la reine Hortense et du roi Louis de Hollande, et devenu, par la mort du duc de Reichstadt, l'héritier de Napoléon Ier, avait essayé, de sa résidence de Suisse, de nouer, en France, des relations avec les anciens serviteurs de l'Empire et avec les républicains. Durant l'été de 1836, il crut le moment venu de réaliser une entreprise qu'il méditait depuis longtemps. Il prépara des proclamations au peuple et à l'armée, les invitant à se soulever contre Louis-Philippe, au nom de la « liberté trahie », et, le 30 octobre, se rendit secrètement à Strasbourg, où il s'était acquis des affidés parmi la garnison. Il avait déjà entraîné un régiment, lorsqu'il fut arrêté. Le gouvernement le fit embarquer pour l'Amérique.

Revenu peu de temps après en Angleterre, il y avait recommencé les mêmes manœuvres qu'en Suisse : soudoyer des journaux, répandre des brochures, embaucher des officiers et des soldats. Le 5 août 1840, il partit de Londres avec le général Montholon et quelques officiers, débarqua dans la nuit à Vimereux, près de Boulogne, et se dirigea vers cette ville. Les conjurés entrèrent dans la cour de la caserne du 42e de ligne. Louis-Napoléon harangua les soldats et leur dit que Louis-Philippe avait cessé de régner. Troublés, entraînés, ils commençaient à crier : « Vive l'empereur! » quand arrive un capitaine qui appelle à lui les sous-officiers et les soldats. Louis-Bonaparte lui tire un coup de pistolet qui le manque et blesse un grenadier. Les soldats se rallient au capitaine.

Les conjurés évacuent la caserne et montent de là au château pour s'en emparer. Personne ne s'était joint à eux dans la ville; le rappel battait, la garde nationale et la ligne marchaient contre eux. Ils se dispersèrent. Louis-Napoléon et quelques-uns des siens s'enfuirent du côté de la mer et gagnèrent à la nage un canot, avec lequel ils essayèrent de retourner à leur navire.

Les gardes nationaux firent feu sur les fugitifs; le canot chavira. Louis-Napoléon, arrêté, fut cette fois, avec ses complices, traduit devant la Cour des pairs, qui le condamna à la prison perpétuelle (6 octobre).

Il fut enfermé au château de Ham (Somme), d'où il s'évada en 1846.

BALZAC (Honoré de), né à Tours (1799-1850), peut être considéré comme un des premiers littérateurs de notre époque. Son style, animé et coloré, est parfois incorrect ; mais l'originalité du talent et la fécondité du génie, une grande faculté d'observation, un sentiment très fin de la vie privée, une exactitude minutieuse et saisissante, font d'Honoré de Balzac un peintre de mœurs de premier ordre. Peu d'hommes ont exercé sur la littérature une influence aussi considérable.

Après des tâtonnements et des débuts difficiles, tour à tour écrivain, éditeur, imprimeur, fondeur, Balzac, qui avait déjà publié, sous des pseudonymes, de nombreux volumes, donna, sous son nom, en 1827, *le Dernier Chouan*. Mais le premier ouvrage qui le mit en relief fut la *Physiologie du mariage* (1829). — En 1830, il publia *la Peau de chagrin*, dont le succès fut immense. A partir de cette époque sa production fut vraiment étonnante et l'auteur vit sa renommée croître de jour en jour.

Parmi ses principaux, ouvrages, nous citerons : *Eugénie Grandet, Le Médecin de campagne ; Le Père Goriot ; La Femme de trente ans ; Le Lis dans la vallée ; La Recherche de l'absolu ; Les Parents pauvres ; César Birotteau*, etc. etc.

INGRES (Jean-Dominique-Auguste), l'un des plus grands peintres de notre époque, né à Montauban, le 15 septembre 1781, mort à Paris, le 12 janvier 1867, était fils d'un père à la fois peintre et sculpteur. Après avoir remporté à onze ans le grand-prix de l'Académie de Toulouse, il vint à Paris et entra dans l'atelier de David. Premier grand-prix de Rome, il alla passer quatre ans en Italie, fut membre de l'Institut, directeur de l'Académie de France à Rome et sénateur.

Ses premiers tableaux suscitèrent un soulèvement dans l'école ; on cria au mauvais goût. Ce grand artiste, qui avait à un haut degré le sentiment du beau, et qui régénérait le style classique par une pénétration plus intime de l'antiquité grecque que ne l'avait eue l'école de David, compta durant sa vie entière autant de détracteurs acharnés que d'admirateurs enthousiastes.

Aussi remarquable comme peintre de portraits que comme peintre d'histoire, Ingres a laissé de nombreux tableaux dont les principaux sont : *Œdipe et le Sphinx ; la Mort de Léonard de Vinci ; Roger délivrant Angélique ; le Vœu de Louis XIII ; Apothéose d'Homère ; Martyre de saint Symphorien ; Jeanne d'Arc au sacre de Charles VII ; la Source ; Portraits de la duchesse de Broglie, de Molé, de Bertin, de Cherubini*, etc.

RETOUR DES RESTES DE NAPOLÉON

M. Thiers, dans la pensée de détourner les esprits de la politique intérieure, proposa au roi de redemander les restes de Napoléon à l'Angleterre. Le roi et la Chambre acceptèrent le projet (mai 1840). Le gouvernement anglais de son côté consentit à rendre à la France le corps de Napoléon et le prince de Joinville eut mission d'aller le chercher à Sainte-Hélène.

Parti avec deux navires de guerre, le prince arriva devant l'île le 8 octobre et reçut à son bord les restes du grand capitaine, exhumés et transportés, avec un imposant cérémonial, par les autorités anglaises. Le corps, qui avait été retrouvé intact, fut déposé dans une chapelle ardente, dans l'entrepont de la frégate la *Belle-Poule*.

Le prince de Joinville revint sans encombre à Cherbourg. Le 8 décembre, le cercueil de l'empereur fut transféré sur un bateau à vapeur qui l'amena en Seine jusqu'à Paris. Il y eut sur tout le parcours un mouvement immense dans les populations.

Le cercueil impérial fut débarqué à Courbevoie, le 14 décembre, et placé le lendemain sur un énorme et magnifique char funèbre, monument de près de 50 pieds de haut, traîné par 16 chevaux magnifiquement caparaçonnés.

Le char funèbre entra dans Paris par l'Arc de de l'Étoile, aux détonations du canon, au carillon de toutes les cloches et aux cris de : « Vive Napoléon! » Malgré le froid le plus rigoureux qu'on eût éprouvé depuis des années (il gelait à 15 degrés Réaumur), le peuple des villes et des campagnes était accouru de plusieurs lieues à la ronde. L'exaltation était telle que beaucoup de gens avaient passé cette âpre nuit dans les Champs-Élysées. Partout sur le passage du char éclataient les acclamations comme un tonnerre. Les vieux soldats fondaient en larmes; tout le mal qu'avait fait cet homme était oublié; cette foule émue ne se souvenait que de sa gloire.

Le roi reçut, sous le dôme des Invalides, le corps de l'Empereur, fit placer sur le cercueil l'épée d'Austerlitz et présida au service funèbre, en présence des grands corps de l'État.

Les conséquences de cette solennité furent un dangereux réveil des traditions impérialistes et un nouvel affaiblissement du régime de 1830.

BROGLIE (Achille-Léonce-Victor-Charles, duc de) né à Paris en 1785, mort en 1870, fut d'abord auditeur au Conseil d'État. Remarqué par Napoléon 1er, il fut chargé de plusieurs missions en Illyrie, en Espagne, à Varsovie.

La Restauration, qu'il avait accueillie avec empressement, le fit pair de France en 1814. Dès le premier jour, il se montra libéral et combattit les divers ministères. Il fut membre actif de la Société : *Aide-toi, le ciel t'aidera*, qui organisa la résistance légale contre la politique de M. de Polignac.

Après la révolution de Juillet, il entra comme ministre de l'instruction publique dans le ministère du 11 août 1830, présidé par Dupont de l'Eure, et pratiqua la politique dite « du mouvement ». En 1832, avec Guizot et Thiers, il fit partie du ministère qu'on a appelé « le grand ministère ». Ce fut l'époque des grands travaux, des lois libérales, de la prise d'Anvers.

Quelque temps après, il eut la présidence du Conseil et fit voter par les Chambres les *lois répressives* de septembre 1835. Il se retira en 1836 et ne remonta plus au pouvoir. A l'Assemblée législative de 1849, il siégea avec la droite, dont il fut un des chefs les plus actifs.

ORLÉANS (Ferdinand-Philippe-Louis-Charles-Henri, duc de Chartres, puis d'), fils aîné du roi Louis-Philippe, naquit à Palerme, le 3 septembre 1810.

Il fut élevé au lycée Henri IV, où il se distingua, entra à l'École polytechnique et devint colonel du 1er régiment de hussards. Le 1er août 1830, comme son père venait d'être investi de la lieutenance générale du royaume, il entra à Paris avec son régiment cocarde tricolore en tête.

En 1832, il assista au siège d'Anvers, où il se signala par son courage, et fit en Algérie plusieurs campagnes, de 1833 à 1841. Après une expédition brillante contre Mascara, il coopéra à la prise de Tlemcen et se distingua principalement aux *Portes-de-Fer*.

Le 13 juillet 1842, le duc d'Orléans se rendait en voiture au château de Neuilly, quand ses chevaux s'emportèrent. Il sauta hors de la voiture et tomba; il expira après quelques heures d'agonie. Prince libéral, ami des lettres et des arts, il fut unanimement regretté.

Il avait épousé en 1837 la princesse Hélène-Louise-Élisabeth de Mecklembourg-Schwerin; il a laissé deux fils, le comte de Paris et le duc de Chartres.

MORT DU DUC D'ORLÉANS

Le 13 juillet 1842, une catastrophe soudaine frappa la famille royale, émut le pays et réagit sur la politique.

Le duc d'Orléans, sur le point de se rendre au camp de Saint-Maur, allait, dans une voiture légère, des Tuileries au château de Neuilly, où était le roi, pour faire ses adieux à sa famille. En entrant dans le chemin de la Révolte, près de la porte Maillot, ses chevaux s'emportèrent. Le prince, qui était leste, voulut se jeter hors de la voiture et sauter à pieds joints sur la route. Il avait mal calculé son élan ; la violence du choc lui fit perdre l'équilibre ; il tomba à la renverse et resta étendu sur la route, la tête fracassée.

On le transporta dans une petite boutique d'épicier, où accourut toute la famille royale. Il ne reprit pas connaissance. Après quelques heures d'agonie, il expira au milieu des siens en pleurs. Il avait 32 ans.

L'émotion causée par cette fin tragique fut générale. Le duc d'Orléans, par sa brillante bravoure en Afrique, par l'aménité de ses manières, par ses grandes qualités, s'était acquis une solide popularité. Mais la portée de cet accident lugubre ne fut bien comprise que longtemps après. Le cours des choses eût pu être bien différent si le duc d'Orléans eût vécu. On peut douter qu'il fût fort libéral, mais il était incontestablement fort national et passionné pour l'honneur de la France et de l'armée. On n'aurait eu, selon les apparences, ni la Révolution de 1848, ni le second Empire, et la transition à la démocratie et à la République définitive eût été tout autre. Bien des calamités eussent pu être épargnées à la France.

La mort du duc d'Orléans souleva dans le Conseil de graves difficultés. Il s'agissait de savoir à qui appartiendrait la régence si le roi mourait avant la majorité de l'aîné des deux fils que laissait le duc. Le testament du malheureux prince désignait l'aîné de ses frères, le duc de Nemours, prince peu populaire. Lamartine et Odilon Barrot réclamèrent la régence pour la duchesse d'Orléans. M. Thiers soutint le duc de Nemours. La loi de régence, en faveur du duc de Nemours, fut adoptée par la Chambre, malgré un éloquent discours d'Odilon Barrot, et promulguée le 30 août.

DUVIVIER (François-Fleurus), général, né à Rouen le 17 avril 1794, entra jeune à l'École polytechnique. Il était capitaine du génie en 1817.

Il prit part à l'expédition d'Algérie et ne tarda pas à se faire apprécier du commandant en chef de l'armée d'Afrique, le général Clausel, qui le chargea, en 1830, d'organiser un bataillon de zouaves.

Sa brillante conduite au col de Mouzaïa (1831), où il commandait les volontaires parisiens, les qualités administratives dont il avait fait preuve en diverses circonstances lui valurent le commandement supérieur de Bougie (1833-1835).

En 1836, sous le maréchal Clausel, et en 1837, sous le général Damrémont, il prit part aux expéditions dirigées contre Constantine, se distingua, avec les zouaves, à la prise de cette ville et fut nommé colonel. Promu maréchal de camp en 1839, il ne devint général de division qu'après février 1848. Il fut chargé par le Gouvernement provisoire d'organiser la garde nationale mobile. Le département de la Seine l'envoya à l'Assemblée constituante.

Chargé, pendant les journées de Juin, de défendre l'Hôtel de Ville, il fut mortellement blessé et mourut le 8 juillet 1848.

BUGEAUD DE LA PICONNERIE (Thomas-Robert), duc d'Isly, maréchal de France, né à Limoges, le 15 octobre 1784, était caporal à Austerlitz (1805). Il se signala en Espagne, et rentra en France avec le grade de colonel. Il se couvrit de gloire, en 1815, à l'Hôpital-sous-Conflans (Savoie) où, avec 1,700 hommes, il culbuta 7,000 Autrichiens. Licencié sous la Restauration, il ne fut rappelé à l'activité qu'après 1830. Maréchal de camp et député, il joua, dès lors, un rôle politique et militaire considérable.

Envoyé en Algérie (1836), il battit Abd el-Kader et conclut avec lui le désastreux traité de la Tafna, qui reconnaissait la souveraineté indépendante de l'émir. Gouverneur général de l'Algérie en 1840, il déploya les plus grandes qualités comme général et comme administrateur, soumit en trois ans tout le territoire arabe et s'efforça de le coloniser. Créé maréchal de France en 1843, il remporta l'année suivante au Maroc la glorieuse victoire d'Isly, qui lui valut le titre de duc. Rentré à Paris il fut, au 24 février 1848, nommé commandant supérieur de l'armée et de la garde nationale, poste qu'il n'occupa que fort peu de temps. Il venait d'être appelé au commandement de l'armée des Alpes, lorsqu'il mourut du choléra (10 juin 1849).

PRISE DE LA SMALAH

Le général Bugeaud, nommé gouverneur général de l'Algérie, en 1841, se montra le digne adversaire d'Abd el-Kader. Il combina contre l'émir un très bon plan d'opérations, concentra nos forces et mit en mouvement des colonnes qui s'appuyaient les unes les autres et convergeaient vers le même but. Il attaqua le chef ennemi dans les positions où il s'était fortifié à l'intérieur, lui enleva plusieurs places et le rejeta en 1842, dans le Maroc avec une poignée d'hommes.

Abd el-Kader ne se découragea pas; mais, malgré des efforts héroïques, il ne réussit pas à recouvrer la grande situation que nous lui avions définitivement enlevée.

Revenu du Maroc sur le territoire algérien, il était parvenu à soulever de nouveau les tribus mal soumises et à répandre l'inquiétude jusqu'aux portes d'Alger; mais nos colonnes mobiles avaient bientôt rejeté l'émir dans les montagnes. Le 16 mai 1843, Abd el-Kader, cerné par plusieurs de nos colonnes, fut atteint par une avant-garde de cavalerie commandée par le jeune duc d'Aumale. Le prince, qui disposait à peine de cinq cents chevaux, résolut de profiter sur-le-champ de l'occasion qui s'offrait de s'emparer de la *smalah* de l'émir; sans attendre l'arrivée de nos autres forces, avec une audace inouïe, il lança ses cavaliers. Toute la smalah, c'est-à-dire les tentes, les bagages, la plupart des familles qui suivaient l'émir dans ses courses et qui formaient autour de lui comme une cité nomade tombèrent au pouvoir des Français. Abd el-Kader n'échappa qu'à grand'peine. Toutes les tribus insurgées se soumirent. Abd el-Kader dut se réfugier de nouveau auprès de l'empereur du Maroc. Le maréchal Bugeaud reprit énergiquement l'offensive et marcha contre l'armée marocaine massée sur la rivière d'Isly à peu de distance de la frontière algérienne. Nous n'avions pas 10,000 hommes contre 30,000. Le 14 août 1844, Bugeaud entama l'action et remporta une éclatante victoire qui assura la neutralité du gouvernement marocain.

Abd el-Kader, après avoir vainement essayé de provoquer une révolution au Maroc et d'appeler à la guerre sainte les tribus soumises, fut obligé de se rendre au général Lamoricière (23 décembre 1847).

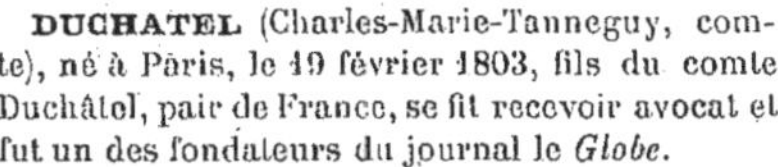

DUCHATEL (Charles-Marie-Tanneguy, comte), né à Paris, le 19 février 1803, fils du comte Duchâtel, pair de France, se fit recevoir avocat et fut un des fondateurs du journal le *Globe*.

Conseiller d'État après la révolution de 1830, puis député en 1833, il soutint avec talent la politique conservatrice. Ministre du commerce (4 avril 1834-22 février 1836), ministre des finances (6 septembre 1836-15 avril 1837), il refusa le portefeuille que lui offrit M. Molé et entra résolument dans la coalition parlementaire. Il fit partie du ministère du 12 mai 1839 et conserva le portefeuille de l'intérieur jusqu'au 1er mars 1840. Le 29 octobre de la même année, il reprit ce portefeuille dans le ministère Guizot, soutint avec talent le gouvernement de Louis-Philippe, dont il conserva la confiance jusqu'au 24 février 1848. Son obstination à refuser toute réforme politique, son profond dédain pour le mouvement d'idées qui gagnait la France entière contribuèrent grandement à la chute de Louis-Philippe.

Après la révolution, il disparut de la scène politique et mourut à Paris, le 5 novembre 1867. Il avait été nommé, en 1842, membre de l'Académie des sciences morales et politiques et, en 1846, membre de l'Académie des beaux-arts.

BERRYER (Pierre-Antoine), célèbre avocat et homme politique, né à Paris, le 4 janvier 1790, fils du jurisconsulte Pierre-Nicolas Berryer, suivit, comme son père, la carrière du barreau.

Dévoué aux Bourbons, il salua avec joie leur retour. Mais s'il défendit toujours les principes de la Restauration, il combattit du moins les violences des ultra-royalistes et professa toujours une politique de modération. Il présenta, avec son père et M. Dupin, la défense du maréchal Ney devant la Chambre des pairs, fit acquitter Cambronne et fut le défenseur des généraux Canuel et Donnadieu. Sa réputation fut bientôt considérable. Député en 1830, il s'imposa à la Chambre par sa grande éloquence. Prenant part à tous les grands débats de la Chambre, plaidant devant les tribunaux les causes civiles importantes, il était considéré comme le premier orateur de son temps.

Après la révolution de Février, il fit partie des Assemblées constituante et législative, mais délaissa un peu la politique pour se consacrer aux questions de finances et d'administration. Il protesta avec éclat contre le coup d'État du 2 Décembre. Nommé membre de l'Académie française en 1852 et réélu député en 1863, il mourut le 29 novembre 1868.

LA GARDE NATIONALE A LA PLACE DES VICTOIRES

La politique obstinément conservatrice de Guizot fut la cause principale de la révolution de février 1848. L'opposition réclamait la réforme électorale et parlementaire; toute la presse libérale, avec elle, demandait que le cens électoral fût diminué, que les fonctionnaires ne pussent pas être députés et qu'un plus grand nombre d'électeurs prissent part aux affaires publiques. Le ministère n'entendit faire aucune concession et le Parlement refusa toute réforme. L'opposition entreprit une campagne de banquets, dans laquelle les orateurs attaquèrent avec violence les institutions monarchiques.

Le ministère, effrayé de cette agitation, interdit un banquet projeté à Paris le 22 février dans le douzième arrondissement. Les masses alors organisèrent ce jour-là une grande manifestation, parcourant Paris aux cris de : « Vive la Réforme! A bas Guizot! » Bientôt l'agitation s'étendait et se multipliait; de tous côtés on ébauchait des barricades. L'occupation militaire de Paris fut ordonnée vers quatre heures; le soir, il y eut des coups de fusil; les barricades cependant ne furent pas encore bien sérieusement

défendues. Le lendemain, la garde nationale, au concours de laquelle le gouvernement avait fait appel, se montra disposée à livrer bataille aux troupes. Sur le boulevard Montmartre, un bataillon de la deuxième légion salua la troupe de ligne par le cri de : « Vive la Réforme! »

La troisième légion se livra à des manifestations bien plus graves encore. Une de ses compagnies protégea contre la garde municipale des ouvriers qui criaient : « Vive la Réforme! » et força les municipaux à rentrer dans leur caserne de la rue Notre-Dame-des-Victoires. Un moment après, un officier général ayant ordonné à un détachement de cuirassiers de refouler le peuple qui encombrait la place des Victoires, un bataillon de la troisième légion croisa la baïonnette sur les cuirassiers. La cavalerie s'arrêta, saisie d'étonnement.

Des incidents analogues se reproduisaient de toutes parts. Enfin la légion de cavalerie, la plus aristocratique et la plus monarchique de la garde nationale, pria son colonel d'avertir le roi qu'il n'était plus possible de sauver la monarchie que par de promptes concessions.

SAUVAGE (Pierre-Louis-Frédéric), inventeur de l'hélice appliquée à la navigation, naquit à Boulogne-sur-Mer, le 19 septembre 1785.

Il entra dans l'administration du génie militaire, mais n'y resta pas longtemps. En 1814, il devint constructeur de navires et donna dès ors libre carrière à son esprit inventeur. Malheusement chacune de ses inventions fut pour lui une source de déceptions et de misères sans nombre.

La plus importante, la plus utile de toutes ses découvertes fut celle de l'hélice, qu'il essaya d'appliquer à la propulsion des navires à vapeur. Sauvage avait consacré toutes ses veilles, toutes ses ressources à la réalisation de son œuvre. Ses expériences ne parurent pas décisives. Ruiné, dépouillé par d'avides plagiaires, Sauvage fut jeté en prison pour dettes, pendant que son idée passait la Manche et que l'Anglais Smith parvenait à résoudre la question. Découragé, brisé par des années de lutte et de misère, Sauvage devint fou et alla finir ses jours dans une maison de santé (janvier 1857).

Une reconnaissance tardive s'était manifestée envers Sauvage; le gouvernement lui avait accordé une pension de 2,000 livres. La ville de Boulogne-sur-Mer lui a élevé une statue.

DAGUERRE (Louis-Jacques-Mandé), peintre-décorateur et physicien, né à Cormeilles (Seine-et-Oise), en 1789, se livra d'abord à l'art de la décoration théâtrale où il introduisit de grands perfectionnements. Il construisit ensuite avec Bouton le *Diorama* (1822), qui eut la plus grande vogue jusqu'en 1839, époque à laquelle il fut détruit par un incendie.

Fortement intéressé par les travaux de Nicéphore Niepce, qui depuis 1814 cherchait le moyen de fixer les images de la chambre obscure, Daguerre s'associa, en 1829, au savant chimiste et utilisant et perfectionnant les essais tentés par lui, inventa le *daguerréotype*. Niepce doit être considéré comme le véritable inventeur de la photographie; mais Daguerre a simplifié et vulgarisé ce que Niepce a inventé.

Sur la proposition d'Arago, le gouvernement fit l'acquisition du procédé, moyennant une pension viagère de 6000 francs à Daguerre et une de 4000 francs à l'héritier de Niepce. Ce dernier était mort en 1833.

Daguerre mourut à Petit-Brie-sur-Marne, le 12 juillet 1851, après avoir eu la gloire d'attacher son nom à l'une des plus importantes découvertes du XIXe siècle.

Du daguerréotype est née la photographie.

LES MORTS DU BOULEVARD PROMENÉS DANS PARIS

Le roi Louis-Philippe, que la défection de la garde nationale avait frappé comme d'un coup de foudre, ouvrit enfin les yeux. Il consentit à se séparer de Guizot et confia à Molé, puis à Thiers, le soin de former le ministère.

Les partisans de la Réforme triomphaient donc et il semblait que toute cette agitation populaire dût se calmer d'elle-même. Sur toutes les grandes lignes de la capitale, il n'y avait plus apparence de guerre civile. Seules, des bandes nombreuses faisaient de longues et pacifiques excursions à travers la ville, chantant et promenant des drapeaux.

L'une de ces bandes, aux approches du ministère des affaires étrangères, à la hauteur de la rue Neuve-Saint-Augustin, trouva le boulevard barré par un détachement d'infanterie qui protégeait ce ministère, souvent menacé depuis deux jours. Il n'y avait pas plus d'intentions hostiles du côté du peuple que du côté de la troupe; mais le flot grossissant poussait toujours et la première ligne de la troupe se rompait sous le poids.

Soudain, un coup de fusil partit, non du peuple, mais de la troupe. Ce fut comme une traînée de poudre; les soldats affolés firent feu, sans ordre, dans toutes les directions. Une centaine de personnes tombèrent les unes sur les autres, mortes ou blessées. Le peuple exaspéré ramassa des cadavres, les chargea sur une charrette et les promena dans Paris, à la lueur des torches, en criant : « Vengeance ! » On courut aux églises et, de onze heures à minuit, les volées du tocsin se répondirent d'un bout à l'autre de la ville. En quelques heures, tous les armuriers étaient dévalisés, les barricades sortaient de terre de tous côtés, des coups de feu s'échangeaient sur divers points.

Durant cette nuit lugubre, les négociations ministérielles s'échangeaient lentement et confusément. Rien ne pouvait décider le roi à prendre nettement son parti. Il manda aux Tuileries, d'une part, M. Thiers, qui représentait la transaction; de l'autre, le maréchal Bugeaud, à qui il offrait le commandement de l'armée et de la garde nationale.

BARROT (Camille-Hyacinthe-Odilon), né à Villefort (Lozère) en 1791, était en 1814 avocat à la Cour de cassation. D'abord dévoué aux Bourbons, il se rangea bientôt dans l'opposition et se signala en défendant les journaux libéraux devant les tribunaux. Il prit une part active à la révolution de 1830. Commissaire du nouveau gouvernement, il fut chargé d'escorter la famille royale à Cherbourg. Il fut un de ceux qui contribuèrent le plus à l'élévation du duc d'Orléans à la royauté. Élu député de l'Eure, Odilon Barrot se prononça nettement en faveur d'une monarchie libérale.

Chef incontesté de la gauche, il soutint le ministère Thiers (1836) et, après sa chute, entra dans la coalition parlementaire qui amena le renversement du ministère Molé (1839). Il commença dès lors à demander la réforme électorale par l'adjonction des capacités et, après les élections de 1846, entreprit la campagne des banquets réformistes.

Député à l'Assemblée constituante, il fit partie du premier ministère nommé par Louis-Napoléon. Après le coup d'État, il se retira de la vie politique. Nommé conseiller d'État, puis vice-président du Conseil d'État (1872), Odilon Barrot est mort en 1873.

MARRAST (Armand), publiciste, né à Saint-Gaudens (Haute-Garonne), le 5 juin 1801, fut d'abord régent au collège de Saint-Sever, puis maître d'études dans divers établissements.

Exclu de l'enseignement à la suite d'une manifestation aux funérailles de Manuel, il se lança dans le journalisme et, après la révolution de Juillet, devint un des principaux rédacteurs de la *Tribune*.

Poursuivi après l'insurrection d'avril 1834 et emprisonné à Sainte-Pélagie, il parvint à s'échapper et se retira en Angleterre. L'amnistie lui rouvrit les portes de la France. Il remplaça A. Carrel au *National*, dans lequel il poursuivit de ses attaques acharnées le gouvernement jusqu'à la révolution de Février.

Secrétaire, puis membre du Gouvernement provisoire, après la chute de Louis-Philippe, il devint maire de Paris, le 9 mars 1848. Envoyé à l'Assemblée constituante par quatre départements, il en devint le président à partir du 19 juillet et conserva ses fonctions jusqu'à la clôture de l'Assemblée. Il eut, en cette qualité, à proclamer la Constitution républicaine.

Non réélu à la Législative, il acheva ses jours dans la retraite et dans la pauvreté. Il mourut à Paris, le 10 mars 1852.

ODILON BARROT ET SES AMIS ARRÊTÉS PAR LES BARRICADES

M. Thiers, mandé par Louis-Philippe dans la nuit du 23 au 24 février, n'avait accepté de former le cabinet qu'à la condition de pouvoir s'adjoindre le chef de la gauche, Odilon Barrot. Comme Thiers, Barrot demanda la dissolution de la Chambre. Le roi la refusa et pria les ministres de s'employer à calmer le peuple.

Avec plus de générosité que de prudence, Odilon Barrot accepta la charge d'aller parler au peuple. Il eut d'abord du succès entre les Tuileries et le boulevard des Italiens, puis de là jusqu'au faubourg Poissonnière. Mais un peu plus loin commença de retentir le cri : « A bas Louis-Philippe ! »

Arrivés à la porte Saint-Denis, Barrot et ses amis virent devant eux une véritable forteresse, composée de quatre énormes barricades barrant le boulevard, la rue et le faubourg Saint-Denis.

« Ceux qui gardaient cette barricade, dit Odilon Barrot dans ses Mémoires, ne répondirent que par un silence de mort aux acclamations de la foule qui m'entourait. »

Barrot se sentit impuissant devant ces groupes nouveaux qui ne voulaient pas l'entendre. Il revint sur ses pas, le cœur serré, le corps brisé de fatigue. La foule continuait à se montrer sympathique à sa personne ; mais les cris : « A bas Louis-Philippe ! A bas Thiers ! » augmentaient, bientôt dominés par un autre cri : « Aux Tuileries ! Aux Tuileries ! »

GIRARDIN (Émile de), publiciste, né en Suisse de parents inconnus en 1802, mort à Paris en 1881, fut d'abord connu sous le nom d'Émile Delamotte. Reconnu plus tard par le général Alexandre de Girardin, il en prit le nom.

Il débuta, en 1828, dans la carrière de journaliste et fonda le journal le *Voleur*, puis successivement la *Mode*, le *Journal des Connaissances utiles*, l'*Almanach de France*, qui commencèrent sa réputation. Il a surtout attaché son nom à trois journaux : la *Presse* (1836), la *Liberté* (1866) et la *France* (1874).

Membre de la Chambre des députés, Émile de Girardin se rendit, dans la matinée du 24 février 1848, auprès de Louis-Philippe pour lui demander son abdication. Député à la Constituante, il combattit Cavaignac et soutint la candidature du prince Louis-Napoléon à la présidence de la République. Exilé après le 2 Décembre, il rentra en France en 1856, et, jusqu'en janvier 1870, combattit vigoureusement l'administration impériale. En 1873, avec le *Petit Journal*, il soutint la politique de Thiers et quelques années après, dans la *France*, lutta avec acharnement contre les hommes du 16 Mai. Les services qu'il rendit alors au parti républicain lui valurent d'être nommé député de Paris (1877).

BASTIAT (Frédéric), économiste, né à Bayonne, le 29 juin 1801, mort à Rome, le 24 décembre 1850, s'occupa de bonne heure de questions économiques. Supérieur à tous égards par le savoir, par la logique, par le talent d'écrire, il commença, en 1844, à publier le fruit de ses études dans le *Journal des Économistes*.

Les grands propriétaires anglais avaient jusque-là maintenu le régime protecteur, ou plutôt prohibitif, en ce qui concernait les céréales. Deux économistes éloquents, Cobden et Bright, organisèrent une ligue pour obtenir la liberté du commerce des grains; puis ils appliquèrent leur ligue à la conquête de la liberté du commerce en général (1842-1843). Les économistes français essayèrent de suivre l'exemple des Anglais. Lié avec Cobden, Bastiat traduisit les discours des libre-échangistes et forma à Paris une association pour le libre-échange. L'exemple de Paris fut suivi par beaucoup d'autres villes; mais les associations en faveur du libre-échange n'aboutirent pas. L'opinion n'était pas bien préparée chez nous.

Bastiat fit partie des Assemblées politiques de 1848 et 1849 et se montra, en toute occasion, l'un des plus zélés défenseurs des théories du libre-échange.

LOUIS-PHILIPPE QUITTE LES TUILERIES

La Révolution avançait d'heure en heure, de minute en minute. Après s'être emparées de l'Hôtel de Ville, les masses populaires, commençaient à converger de toutes parts vers les Tuileries. Déjà on parlait d'abdication et de régence autour de Thiers et des princes. Le duc de Nemours prononça le mot fatal devant le roi. Louis-Philippe hésita; mais, bientôt après, ranimé par la reine, il déclara qu'il ne donnerait son abdication qu'avec sa vie et consentit seulement à transmettre la présidence du Conseil à Odilon Barrot.

En ce moment, une violente fusillade retentit à deux pas des Tuileries. Émile de Girardin, pénétrant à son tour dans le palais, vint presser le roi d'abdiquer. Louis-Philippe demanda aux généraux présents si l'on pouvait défendre les Tuileries. La plupart s'écrièrent que la défense était impossible. Le roi se résigna enfin à signer son abdication.

On vint dire au roi que le peuple allait dans un instant attaquer les Tuileries. Louis-Philippe quitta son uniforme pour un habit bourgeois et sortit du palais par une porte dérobée, avec la reine et la famille royale. Le triste cortège traversa le jardin qui était désert et sortit par la grille du Pont-Tournant. On n'avait pu trouver que trois mauvaises voitures à un cheval. Le roi, la reine, une partie de la famille royale et quelques personnes de service s'entassèrent précipitamment dans ces étroits véhicules; deux des princesses, égarées dans la foule, ne purent rejoindre que beaucoup plus tard leur famille exilée. Les voitures partirent au galop, escortées par un détachement de cavalerie; elles se dirigèrent sur Saint-Cloud et Louis-Philippe sortit de Paris pour n'y plus rentrer.

Pendant ce temps, un flot de peuple envahissait les Tuileries; on enleva le trône, on le hissa sur une charrette et l'on alla le brûler sur la place de la Bastille, au pied de la colonne de Juillet. D'autres bandes d'envahisseurs pénétrèrent à leur tour dans le palais, brisant, déchirant, criblant de balles les bustes et les portraits du roi et tout ce qui rappelait la royauté; mais personne ne songea à poursuivre Louis-Philippe. On ne s'occupa plus de lui et l'on marcha sur la Chambre pour y proclamer la République.

ALBERT (Alexandre Martin, dit), ouvrier mécanicien, né à Bury (Oise), le 27 avril 1815, vint à Paris après avoir fait son tour de France. Il avait à peine quinze ans quand éclata la révolution de 1830, pour laquelle il se battit.

En 1840, avec le concours d'autres ouvriers, il fonda le journal l'*Atelier*, dont il prit la direction sans cesser pour cela de travailler comme ouvrier.

Aux journées de Juin 1848, il fut un des premiers qui élevèrent des barricades et combattit avec ardeur. Son nom, qui était déjà populaire, fut prononcé lors de la formation du Gouvernement provisoire et acclamé avec ceux de Louis-Blanc, Flocon et Marrast. Il fut admis comme quatrième secrétaire.

Nommé par le département de la Seine représentant du peuple à l'Assemblée constituante, Albert n'y siégea que quelques jours. Arrêté pour sa participation à l'attentat du 15 Mai, il fut arrêté et traduit devant la Haute-Cour de justice de Bourges; il refusa de répondre devant des juges dont il avait décliné la compétence et fut condamné à la déportation. Il revint à Paris après l'amnistie, mais ne joua plus aucun rôle politique.

Il échoua aux élections du 8 février 1871 et refusa depuis toutes les candidatures qui lui furent offertes à la Chambre ou au Sénat.

CRÉMIEUX (Isaac-Adolphe), avocat et homme politique, naquit à Nîmes, le 30 avril 1796. Les nombreux procès politiques qu'il plaida avec talent dans sa ville natale commencèrent sa réputation.

Il vint se fixer à Paris et acheta la charge d'avocat à la Cour de cassation.

Nommé député de Chinon en 1842, il combattit avec vigueur le ministère Guizot, fut un des organisateurs des banquets *réformistes* et fit partie du Gouvernement provisoire comme ministre de la justice. Peu sympathique au gouvernement du général Cavaignac il soutint la candidature du prince Louis-Napoléon à la présidence de la République; mais il fit bientôt une opposition ardente à la politique de ce dernier, qui travaillait secrètement au rétablissement de l'Empire. Arrêté lors du Coup d'État et enfermé à Mazas, il ne rentra dans la vie politique qu'en 1869, où il fut nommé député de Paris. Après la révolution du 4 septembre 1870, il fit partie du gouvernement de la Défense nationale et fut ministre de la justice. Il fut délégué à Tours, pendant la guerre, et s'associa aux vigoureux efforts de Gambetta pour la défense du pays.

Réélu député en 1871 par le département d'Alger, il fut nommé sénateur inamovible en 1875 et se borna à voter avec la gauche jusqu'à sa mort (10 février 1880).

LA DUCHESSE D'ORLÉANS A LA CHAMBRE DES DÉPUTÉS

La duchesse d'Orléans était sortie aussi des Tuileries par le jardin, avec ses deux jeunes fils et le duc de Nemours qui était resté pour protéger leur retraite. Sur le conseil de M. Dupin, elle prit le parti d'aller à la Chambre.

La duchesse était presque populaire, à force d'être estimée. Elle fut bien accueillie de la foule en traversant la place de la Concorde. Il y avait eu des cris de : « Vive la duchesse d'Orléans ! Vive le comte de Paris ! » Les espérances de la princesse et de ses amis s'étaient ranimées. La duchesse et ses enfants entrèrent dans la salle des séances aux acclamations de la grande majorité de la Chambre.

M. Dupuis avait annoncé à la tribune l'abdication du roi, l'avènement du comte de Paris et la régence de sa mère. A l'extrême-gauche, on avait répondu par le cri : « Un gouvernement provisoire ! »

Odilon Barrot fit appel aux sentiments généreux en faveur d'un enfant et d'une femme et s'efforça de démontrer qu'il fallait maintenir l'établissement de Juillet. Mais, à cette heure, des paroles éloquentes ne pouvaient plus arrêter la révolution. Une foule de gens armés débordaient en ce moment dans la salle, jusqu'au pied de la tribune, en criant : « La déchéance ! Nous voulons la déchéance ! »

Ledru-Rollin protesta contre la régence et conclut en réclamant un gouvernement provisoire et un appel immédiat à une Convention nationale. Lamartine prit à son tour la parole. Il parla de la duchesse avec respect et sympathie, mais engagea l'Assemblée à ne pas se laisser entraîner par l'émotion d'un moment ; il proclama la nécessité de constituer sur-le-champ un gouvernement qui rétablît la paix publique, sans rien préjuger sur le gouvernement définitif que se donnerait le pays.

Lamartine parlait encore, quand eut lieu une nouvelle et violente irruption d'hommes armés. Le président leva la séance et disparut ; la plupart des députés le suivirent. Il ne resta plus qu'une partie de la gauche.

La duchesse d'Orléans, sentant tout perdu, partit alors avec ses enfants.

GIRARD (Philippe de), célèbre ingénieur et inventeur, né à Lourmarin (Vaucluse), 1775-1845. — Émigré après l'insurrection du Midi, il alla à Livourne, à Nice, à Marseille déployer les ressources de son génie inventif, puis vint s'établir à Paris. A l'exposition de 1806, il fit voir plusieurs de ses découvertes industrielles, entre autres une lampe hydrostatique à niveau constant qui fit alors une révolution dans l'éclairage, et des procédés de perfectionnement des machines à vapeur.

Un décret impérial du 7 mai 1810 promit un million de francs à l'inventeur de la meilleure machine à filer le lin. Le 18 juillet 1810, Philippe de Girard prenait un brevet d'invention et établissait des filatures pour l'application de ses nouvelles machines. La chute de l'Empire l'empêcha de jouir des profits de son invention. Abandonné par le nouveau gouvernement, complètement ruiné, il dut accepter les offres que lui fit l'Autriche. Il alla ensuite en Pologne où il fonda une grande filature de lin, devint ingénieur en chef des mines du royaume et continua ses importantes inventions.

Ce fut seulement à l'Exposition de 1849 qu'on rendit enfin justice, en France, au génie longtemps méconnu de Philippe de Girard.

LAMARTINE (Alphonse de), né à Mâcon le 21 octobre 1790, mort en 1869, entra dans les gardes du corps en 1814. Mais bientôt, fatigué de la vie militaire, il se voua au culte des lettres et publia en 1820 ses *Méditations poétiques*, dans le succès fut immense. En 1823, il fit paraître les *Nouvelles Méditations*, puis les *Harmonies poétiques et religieuses*. Il fut élu membre de l'Académie française en 1829.

Nommé député, il prit place dans l'opposition. Il publia alors *Jocelyn*, la *Chute d'un ange*, les *Recueillements poétiques*. Il se distingua comme orateur et, au 24 février 1848, se déclara hautement pour la République. Son *Histoire des Girondins*, parue en 1847, avait encore accru sa popularité. Membre du Gouvernement provisoire, il devint ministre des affaires étrangères. Dix départements l'élurent député à l'Assemblée constituante, mais il compromit sa popularité en s'alliant à Ledru-Rollin. Renversé du pouvoir aux journées de Juin, il échoua pour la présidence de la République et fut avec peine réélu député. Le 2 Décembre le rendit à la vie privée. Dans ses dernières années, Lamartine vécut dans un état de gêne voisin de la misère, jusqu'au jour où la Chambre des députés lui vota une pension à titre de récompense nationale.

LAMARTINE A L'HÔTEL DE VILLE

Le Gouvernement provisoire, constitué par acclamation, était composé de Lamartine, Arago, Dupont de l'Eure, Ledru-Rollin, Crémieux, Marie, Garnier-Pagès, auxquels furent adjoints quelques instants après Louis Blanc, Flocon, Marrast et l'ouvrier Albert. Les membres désignés partirent à l'instant pour aller prendre possession de l'Hôtel de Ville. Leur premier acte fut de proclamer la République. Le gouvernement décréta ensuite la dissolution de la Chambre des députés et l'établissement du *Suffrage Universel*. Enfin, le 25 février, il s'engagea à garantir du travail à tous les citoyens.

A peine avait-il publié la proclamation sur la question du travail qu'un grand tumulte éclata sur la place de l'Hôtel de Ville. Des bandes débouchaient en tirant des coups de fusil et en criant : « Le drapeau rouge ! le drapeau rouge ! » Elle pénétrèrent dans l'Hôtel, une bannière rouge en tête. L'instant était décisif. Lamartine se fraya un passage jusqu'au grand escalier et entreprit de calmer cette multitude frémissante ; il conjura le peuple de ne pas imposer à son gouvernement un étendard de guerre civile. « Le gouvernement, s'écria-t-il, mourra plutôt que de se déshonorer en vous obéissant... Le drapeau rouge n'a jamais fait que le tour du Champ-de-Mars, traîné dans le sang du peuple en 91 ; le drapeau tricolore a fait le tour du monde, avec le nom, la gloire et la liberté de la Patrie ! » Ces hommes passionnés et mobiles éclatèrent en acclamations et ils abattirent leur drapeau.

CARNOT (Lazare-Hippolyte), fils du conventionnel, né à Saint-Ouen en 1801, passa sa première jeunesse en Prusse et en Pologne, où son père s'était retiré après avoir été proscrit par Louis XVIII. Rentré en France en 1823, il prit une part active aux luttes du parti libéral contre le gouvernement de Charles X et fut un des combattants des journées de Juillet.

Député de Paris, il siégea à l'extrême-gauche. Après la révolution du 24 février 1848, il fit partie du Gouvernement provisoire et occupa le ministère de l'instruction publique, où son court passage fut marqué par de nombreuses et démocratiques réformes. Il donna sa démission le 5 juillet et revint prendre sa place à l'Assemblée. Il lutta avec énergie contre la coalition monarchique et contre la politique de Louis-Napoléon.

Après le 2 Décembre, il quitta volontairement la France, fut nommé député de Paris pendant son absence, mais, jusqu'en 1863, refusa de prêter serment.

Lorsque la République eut été proclamée le 4 septembre 1870, il devint maire du VIIIe arrondissement, fut élu à l'Assemblée nationale et, en 1875, fut nommé sénateur inamovible. Il mourut en 1888, après avoir eu la joie de voir son fils nommé président de la République.

CONSIDÉRANT (Victor-Prosper), économiste, né à Salins (Jura), le 12 octobre 1808, fut élève de l'École polytechnique et devint capitaine du génie.

Démissionnaire en 1831, il se mit à propager les doctrines de Fourier et prêcha surtout l'établissement du *phalanstère*, immense édifice où les individus se réunissent d'après l'analogie des penchants et concourent au bien-être de tous par l'association libre du travail, du talent et du capital.. Des essais de son système furent tentés en France et à l'étranger, mais sans succès.

Après la révolution de Février, Victor Considérant fut nommé à l'Assemblée constituante et à l'Assemblée législative; mais il n'y joua aucun rôle politique. Ami du général Cavaignac, son ancien camarade, il combattit sa candidature à la présidence de la République, se montra l'adversaire vigoureux de la politique du prince Louis-Napoléon et prit part, avec Ledru-Rollin, au mouvement du 13 juin 1849. Il put se dérober aux poursuites et se retira au Texas, où il établit une commune sociétaire de colonisation, *La Réunion*. Après avoir vécu quelques années dans une situation assez précaire, il revint, avec sa famille, se fixer à Paris en 1869. Son nom était à peu près oublié, lorsqu'il mourut en 1894.

LA RÉPUBLIQUE PROCLAMÉE PAR L'ASSEMBLÉE CONSTITUANTE

Le Gouvernement provisoire avait arrêté la Convocation des électeurs pour le 9 avril et la réunion de l'Assemblée nationale constituante pour le 20. Il fut entendu que l'Assemblée se composerait de 900 représentants du peuple, élus par les départements proportionnellement au chiffre de leur population, que le vote serait direct, que tous les Français âgés de vingt et un ans seraient électeurs, que le scrutin serait secret.

Les élections, retardées jusqu'au 23 avril, s'opérèrent, en général, aussi paisiblement dans les départements qu'à Paris. La majorité, sans être à beaucoup près aussi démocratique et aussi progressiste qu'elle l'eût été avec des élections plus promptes, était cependant républicaine.

La seconde Constituante s'inaugura, le 4 mai,

dans le palais de l'ancienne Chambre des députés, par un immense cri de : « Vive la République! » Le Gouvernement provisoire déposa ses pouvoirs entre les mains de l'Assemblée, qui renouvela, par des acclamations dix fois répétées, la proclamation de la République. L'Assemblée réitéra cette proclamation, sous le péristyle du palais, devant le peuple, la garde nationale et l'armée. Ceux qui ont été témoins de cette grande scène ne l'ont jamais oubliée.

Le surlendemain, Lamartine lut le compte rendu des actes du Gouvernement provisoire, les ministres lurent leurs rapports spéciaux et l'Assemblée, à la presque unanimité, décréta que le Gouvernement provisoire avait bien mérité de la patrie.

LEDRU-ROLLIN (Alexandre-Auguste Ledru, dit), né à Paris en 1807, fut d'abord avocat. Élu député du Mans en 1841, il prit place à l'extrême-gauche et se montra dès le début orateur véhément. Adversaire déclaré de la monarchie constitutionnelle, il l'attaqua sans cesse à la Chambre et dans son journal *La Réforme*. Dans la campagne des banquets réformistes, il réclama ardemment le suffrage universel et combattit avec Louis Blanc ceux qui voulaient pousser à l'insurrection. En février 1848, il fut proclamé membre du Gouvernement provisoire; il eut le ministère de l'intérieur. Ledru-Rollin, qui avait les qualités d'un tribun plutôt que d'un homme d'État, subit l'influence des hommes passionnés qui l'entouraient et compromit sa popularité; il fut élu avec assez de peine député à l'Assemblée constituante et membre de la Commission exécutive.

Le 10 décembre 1848, il échoua pour la présidence de la République. Envoyé à l'Assemblée législative par cinq départements, il devint le chef de l'extrême-gauche. Forcé de s'expatrier, après avoir tenté le 13 juin 1849 de diriger un mouvement insurrectionnel qui échoua, il ne put rentrer en France qu'en 1870. Élu député le 1er mars 1874, il mourut le 31 décembre de la même année.

NÉGRIER (François-Marie-Casimir), général, né au Mans le 27 avril 1788, fit comme volontaire les premières campagnes de l'Empire. Il fut décoré à Friedland (1807) pour sa belle conduite sur le champ de bataille, prit part aux guerres d'Espagne, combattit glorieusement pendant les campagnes de France et fut dangereusement blessé à Waterloo. Malgré sa bravoure, il avança lentement; il n'était que colonel en 1830. Envoyé en Algérie, en 1836, avec le titre de maréchal de camp, il se distingua à Constantine sous le général Valée, devint lieutenant général en 1841 et revint en France, l'année suivante, pour exercer un commandement à Rennes, puis à Lille.

Le département du Nord l'envoya à l'Assemblée constituante en 1848. Il était questeur de l'Assemblée lorsque eut lieu, le 15 mai, le mouvement insurrectionnel dirigé par Blanqui. Par suite de son imprévoyance, la salle de l'Assemblée fut envahie par une multitude armée qui tenta d'établir un nouveau gouvernement provisoire. Le 25 juin 1848, le général Négrier fut tué sur la place de la Bastille, comme il s'avançait, presque seul, jusqu'au pied de la colonne de Juillet, pour reconnaître la position des insurgés.

FÊTE DE LA PROCLAMATION DE LA CONSTITUTION

L'Assemblée constituante, après avoir triomphé du coup de main du 15 mai dirigé contre elle par le parti socialiste et vaincu la terrible insurrection ouvrière des 23, 24, 25 et 26 juin, prépara la Constitution de la République, qui fut votée le 4 novembre 1848.

La Constitution maintenait les principales mesures décrétées par le Gouvernement provisoire, l'abolition de l'esclavage, l'abolition de la peine de mort en matière politique, le suffrage universel dans son intégralité. Le pouvoir législatif était confié à une Assemblée unique, indissoluble; un Conseil d'État, élu par cette assemblée, préparait les lois. Le pouvoir exécutif appartenait à un président élu pour quatre ans par le suffrage universel, et rééligible après un intervalle de quatre années. Les principes du droit de réunion, de la liberté de la presse, de la liberté de l'enseignement étaient proclamés.

Une fête fut célébrée, le 12 novembre, pour la promulgation de la Constitution. Sur la place de la Concorde, Armand Marrast, président de l'Assemblée nationale, ayant à sa droite le général Cavaignac, chef du pouvoir exécutif, à sa gauche le garde des sceaux Marie, donna lecture de la Constitution au peuple; puis l'archevêque Sibour célébra, sur un autel de vingt mètres de haut, une messe suivie d'un *Te Deum*.

GARNIER-PAGÈS (Louis-Antoine), né à Marseille le 16 février 1803, était employé de commerce à Paris, lorsque éclata la révolution de juillet 1830. Il y prit une part active.

Élu député à la mort de son frère (1841), il alla siéger sur les bancs de l'extrême-gauche et se consacra spécialement aux questions de finances. Il organisa, en 1847, la campagne réformiste des banquets et fut un des promoteurs de la révolution de Février. Proclamé maire de Paris et membre du Gouvernement provisoire, le 24 février, il devint ministre des finances et, par ses mesures financières, sauva peut-être la France de la banqueroute. Membre de l'Assemblée constituante et de la Commission exécutive, il fut renversé par l'insurrection de Juin, resta éloigné de la scène politique jusqu'en 1857 et consacra ses loisirs à la publication de son livre, *Épisodes de la Révolution de 1848*, sorte de plaidoyer en faveur de sa gestion financière.

Élu député de Paris en 1864, il lutta énergiquement contre le gouvernement impérial et, au 4 septembre 1870, fit partie du gouvernement de la Défense nationale. Après avoir échoué aux élections du 8 février 1871, il renonça à la politique. Sa santé était depuis longtemps compromise. Il mourut à Paris, le 31 octobre 1878.

DUPONT DE L'EURE (Jacques-Charles), homme politique, né au Neubourg (Eure) le 27 février 1767, était avocat au parlement de Normandie lorsque éclata la Révolution. Après avoir rempli diverses fonctions administratives et judiciaires, il devint membre du Conseil des Cinq-Cents (1798) et fut nommé, en 1811, président de la Cour impériale de Rouen. Il conserva ces fonctions jusqu'à la Restauration.

Il fit partie du Corps législatif de 1813, qui devint la Chambre des députés de 1814, et siégea à la Chambre des Cent-Jours, où il se fit remarquer par son patriotisme, son amour de la liberté et une loyauté qui ont fait sa popularité.

De 1817 à 1848, il fut membre de la Chambre des députés, fit partie, en 1830, du ministère constitué le 1er août, puis, comme garde des sceaux, du ministère du 11 août. En qualité de garde des sceaux, il reçut le serment prêté par Louis-Philippe. Il donna sa démission le 17 octobre et revint à la Chambre prendre sa place. Il passa alors à l'opposition.

A la révolution de 1848, il fut nommé membre, puis président du Gouvernement provisoire. Non réélu à l'Assemblée législative de 1849, il vécut dans la retraite jusqu'à sa mort (3 mars 1855).

SIÈGE DE ROME. PRISE D'UN BASTION

L'agitation qui s'était manifestée en Italie depuis la révolution de Juillet redoubla quand on apprit la chute de Louis-Philippe. A Rome, le pape Pie IX, cédant aux événements, promulgua une constitution, mais il quitta ses États en secret et se retira à Gaëte. La Chambre lui envoya une députation pour le conjurer de revenir. Il refusa de traiter. Une junte, nommée par la Chambre des députés, déclara le Parlement dissous et convoqua une Constituante, qui proclama la République (9 février 1848).

Les puissances catholiques se concertèrent pour rétablir le pape dans son pouvoir temporel. Après la victoire de l'Autriche sur les Piémontais à Novare (23 mars 1849), Louis-Napoléon, qui ne voulait pas laisser l'Autriche exercer seule son influence en Italie, résolut d'intervenir et, malgré l'opposition du parti républicain, il envoya une armée française sous les ordres du général Oudinot.

Débarqué à Civita-Vecchia, Oudinot publia une proclamation où il protestait de la sympathie de la République française pour la nation romaine. L'Assemblée constituante protesta contre cette invasion inattendue et proclama sa ferme résolution de résister. Oudinot marcha sur Rome, avec moins de 6,000 hommes, sans artillerie et sans moyens d'escalade. Le peuple se leva contre lui. Le 27 avril, Garibaldi était entré dans Rome avec une légion de volontaires des États romains. Lorsque l'armée française déboucha devant l'enceinte du Vatican, elle fut reçue à coups de canon. Oudinot répondit au feu de la place et tenta d'attaquer deux des portes. Il ne réussit pas et dut se retirer à quatre lieues de la ville, après avoir perdu quelques centaines d'hommes (30 avril).

Des renforts importants ayant été envoyés de France, le siège de Rome fut repris le 3 juin et poursuivi activement. Dans la nuit du 21, un assaut fut donné et deux bastions tombèrent en notre pouvoir. La défense ne faiblit pas. Garibaldi animait de sa flamme héroïque tout ce qui l'entourait. Le 28 juin, cependant, un troisième bastion fut emporté. La résistance ne pouvait plus se prolonger. Le 2 juillet, Garibaldi quitta la ville avec 4,000 de ses volontaires et le lendemain l'armée française entra dans Rome.

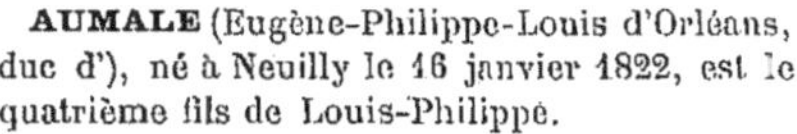

AUMALE (Eugène-Philippe-Louis d'Orléans, duc d'), né à Neuilly le 16 janvier 1822, est le quatrième fils de Louis-Philippe.

Après de brillantes études au collège Henri IV, il entra dans l'armée, accompagna en Afrique son frère le duc d'Orléans, se distingua par sa bravoure, conquit régulièrement tous ses grades et s'illustra en 1843 par la prise de la smala d'Abd el-Kader. Il était gouverneur général de l'Algérie lorsque éclata la révolution de Février. Résignant aussitôt ses pouvoirs, il se retira en Angleterre et, pendant son long exil, s'occupa exclusivement de travaux littéraires et d'études militaires.

Élu représentant à l'Assemblée nationale en 1871, il entra la même année à l'Académie française. Rappelé à l'activité, il présida le conseil de guerre chargé de juger le maréchal Bazaine (1873), devint inspecteur de corps d'armée, fut mis en retrait d'emploi en 1883, puis rayé des cadres de l'armée en 1886. Exilé quelques jours après, il se retira à Bruxelles. C'est de là qu'il fit don à l'Institut de son magnifique domaine de Chantilly. Le décret d'expulsion ayant été rapporté en 1889, le duc put rentrer en France. Il est mort à Palerme en 1897.

OUDINOT (Nicolas-Charles-Victor), marquis, puis duc de Reggio, né à Bar-le-Duc en 1791, fils du maréchal de France, entra dans les page de Napoléon Ier et fit ensuite avec distinction les dernières campagnes de l'Empire. Rallié aux Bourbons dès la première restauration il leur resta fidèle pendant les Cent-Jours. Colonel, puis maréchal de camp en 1822, il fut placé, en 1835, à la tête d'un corps expéditionnaire en Algérie. Promu lieutenant général, puis inspecteur général de cavalerie, il fut élu député en 1842. Ce fut lui qui, en 1849, commanda en chef le corps expéditionnaire chargé de soutenir le pape contre la République romaine.

Représentant de Maine-et-Loire à l'Assemblé législative, il soutint, avec la majorité, la politique du prince Louis-Napoléon, mais protesta contre le coup d'État. Désigné comme commandant des forces militaires par les représentants réunis à la mairie du Xe arrondissement il fut arrêté avec ses collègues et détenu à Vincennes jusqu'au 16 décembre 1851. Bien qu maintenu dans l'activité comme ayant commandé en chef devant l'ennemi, il vécut ses dernières années dans la retraite et mourut 7 juillet 1863.

PRISE DE ZAATCHA

En 1848, le retentissement de la révolution survenue à Paris et la réduction des effectifs militaires en Algérie n'avaient pas tardé à provoquer parmi les populations indigènes un courant d'hostilité. L'empereur du Maroc prit une attitude menaçante et des affidés de sectes religieuses se répandirent dans toute l'Algérie, prêchant la guerre sainte et annonçant l'expulsion des Français. Le principal foyer de fermentation était à Zaatcha, oasis située au milieu des sables, à huit kilomètres de Biskra, et soumise à l'influence d'un cheik nommé Bou-Zian.

Deux tentatives pour s'emparer par surprise de Bou-Zian n'ayant pas eu de résultat, une colonne de 1100 hommes est lancée sur Zaatcha, au mois de juillet. Le 16, malgré une chaleur accablante de 59°, l'attaque commence. Les jardins qui entourent la ville sont bientôt pris; mais derrière, l'enceinte est formée de fossés pleins d'eau bourbeuse et de vieux murs romains garnis de défenseurs et d'où part un feu meurtrier. A la nuit, on compte de notre côté 31 tués et 117 blessés et on reconnaît l'impossibilité de l'escalade. La colonne reste quatre jours devant la place et le 20 rentre à Biskra. L'entreprise avait échoué et les grandes chaleurs obligeaient de la remettre à l'automne. Le 7 octobre commence un siège en règle. Une brèche étant faite, le 20 octobre, à 6 heures du matin, l'assaut est ordonné. Mais l'attaque échoue encore.

Les jours suivants sont employés à repousser les attaques du dehors. Pendant ce temps on abat des quantités de palmiers, on creuse des sapes blindées, des cheminements, on élève des parapets. Enfin, le 26 novembre, à 7 h. 1/2 du matin, les trois colonnes Canrobert, de Barral et de Lourmel s'élancent à l'assaut, tandis que Bourbaki fait face aux ennemis du dehors. Les zouaves enlèvent rapidement une des plus hautes terrasses et y plantent le drapeau français; le combat se continue par les terrasses, qui sont toutes prises en moins d'une heure. Il faut alors faire d'en haut le siège de chaque maison. Bou-Zian tient le dernier dans la maison la plus solide. Quand elle s'écroule à son tour, il lutte encore dans les décombres, laissant plus de 50 zouaves frappés autour de lui, et tombe mort en combattant.

BARBÈS (Armand), né à la Guadeloupe, en 1809, fit ses études au collège de Sorèze, puis vint étudier le droit à Paris. Jouissant d'une assez belle fortune, il prit rang parmi les hommes d'action du parti républicain et s'associa aux principales insurrections contre Louis-Philippe.

En 1837, il organisa, avec Blanqui et Martin Bernard, la Société des Saisons, qui alla, dans ses doctrines, jusqu'aux extrémités du socialisme. Après la chute du ministère Molé, lorsque le roi, impuissant à constituer un cabinet, imagina un ministère intérimaire pour expédier les affaires, Barbès et Blanqui, profitant du désarroi qui envahissait de plus en plus le gouvernement, tentèrent une insurrection (12 mai). Le coup échoua et Barbès, couvert de blessures, fut arrêté le soir même. Accusé du meurtre de l'officier qui commandait le poste du Palais de Justice, Barbès, malgré ses énergiques dénégations, fut condamné à mort. Sa peine fut commuée en celle de la déportation. La révolution de Février lui rendit la liberté.

Nommé député à l'Assemblée constituante, il prit une grande part à la journée du 15 mai 1848, fut condamné à la déportation et interné à Belle-Isle. Mis en liberté en 1854, il s'exila volontairement et mourut en 1870.

PROUDHON (Pierre Joseph), célèbre publiciste, né à Besançon, le 15 juillet 1809, était fils d'un tonnelier. Il entra, à 18 ans, dans un atelier d'imprimerie, s'occupant d'économie politique au milieu de ses travaux typographiques. Il put en 1838, au moyen d'une pension que lui accorda l'Académie de Besançon, venir à Paris et y publia son célèbre mémoire : *Qu'est-ce que la propriété?* où, à la question posée, il répondait par ces mots : « La propriété, c'est le vol ».

Il dirigea ensuite, à Lyon, une entreprise de transports sur la Saône et le Rhône (1842-1848). Il publia, dans l'intervalle, divers écrits qui appelèrent sur lui l'attention.

Après la révolution de Février, il devint rédacteur en chef du *Représentant du peuple*. Élu représentant de la Seine (juin 1848), il développa à la tribune ses théories socialistes. Son journal, supprimé trois fois, reparut trois fois sous des titres différents : le *Peuple;* la *Voix du Peuple;* le *Peuple de 1850*. Il créa une Banque du peuple pour essayer d'arriver à la gratuité du crédit. Condamné à trois ans de prison pour son livre : *De la Justice dans la Révolution et dans l'Église*, il se retira en Belgique, fut gracié en 1860 et rentra en France. Il mourut à Paris, le 19 janvier 1865.

LE GÉNÉRAL CHANGARNIER CHARGEANT LA MANIFESTATION DES BOULEVARDS

L'expédition française contre Rome provoqua à Paris une insurrection. Les Amis de la Constitution, importante association républicaine, publièrent une déclaration qui dénonçait en termes énergiques la violation des principes de la Constitution de 48 et de la Révolution française. De leur côté, les montagnards et les démocrates socialistes en appelèrent au peuple, à la garde nationale et à l'armée. La Société des Amis de la Constitution, qui ne voulait pas de bataille dans Paris, fit appel à une manifestation pacifique. Les gardes nationaux furent convoqués sans armes sur la place du Château-d'Eau. Le 13 juin, vers midi, la manifestation se mit en mouvement : une vingtaine de mille hommes, gardes nationaux et autres; en tête marchaient des officiers supérieurs de la garde nationale et un certain nombre de personnages politiques. Cette masse défila le long du boulevard aux cris de : « Vive la République! Vive la Constitution! Vive la République romaine! » Le général Changarnier, qui occupait militairement les points principaux de la capitale, attendait au coin de la rue de la Paix. Il lança trois colonnes,

qui débouchèrent brusquement sur le boulevard, coupèrent en deux la manifestation et chargèrent à droite et à gauche. La troupe ne tira pas, mais elle renversa et refoula au loin ce qu'elle avait devant elle. La manifestation fut dissipée presque sans effusion de sang. Une partie des manifestants se répandirent dans les rues en criant aux armes; on commença de piller quelques armuriers et d'élever des barricades.

Ledru-Rollin, avec vingt-cinq ou trente de ses collègues et deux cents artilleurs de la garde nationale, se dirigea sur le Conservatoire des Arts et Métiers. Les représentants de la Montagne essayèrent de délibérer et rédigèrent une proclamation où ils déclaraient la Montagne en permanence et appelaient le peuple, la garde nationale et l'armée à défendre la Constitution. Le Conservatoire fut attaqué; quelques coups de feu furent échangés, puis un détachement d'infanterie de ligne pénétra dans l'intérieur du Conservatoire qui fut promptement évacué.

Paris fut mis en état de siège et les mesures d'exception commencèrent aussitôt.

DUVERGIER DE HAURANNE (Prosper), publiciste et homme politique, né à Rouen, le 3 août 1798, mort à Flerry (Cher), le 19 mai 1887. Ses débuts dans la vie politique datent de 1824, époque à laquelle il collabora au journal *le Globe*. Professant des opinions très libérales, il fit partie de la Société *Aide-toi! le ciel t'aidera!* et applaudit à la révolution de 1830.

Député de Sancerre en 1831, il soutint jusqu'au bout la politique si ferme et si libérale inaugurée par Casimir Perier. A la mort de ce grand ministre, il se rapprocha de Thiers, dont il devint l'ami fidèle et dévoué. Il fit une rude opposition à Guizot et fut un des chefs de la campagne des banquets dits *réformistes*. Après la révolution, il revint aux idées conservatrices et à la Législative, où il entra en 1850, il vota avec la majorité de l'Assemblée, qui travaillait au renversement de la République au profit d'une restauration monarchique.

Arrêté dans la nuit du 2 Décembre, après le coup d'État, et exilé, il put rentrer en France en 1852 et vécut en dehors de la politique, exclusivement occupé à écrire sa grande *Histoire du gouvernement parlementaire en France* (10 volumes), qui lui ouvrit les portes de l'Académie française (1870).

BEDEAU (Marie-Alphonse), général, naquit à Vertou, près de Nantes, le 10 avril 1804. Il était fils d'un officier de marine. Sorti de l'École de Saint-Cyr, il fit ses premières armes en Belgique et se signala par sa bravoure au siège d'Anvers (1832).

De 1836 à 1846, il se distingua dans les guerres d'Algérie, fut nommé lieutenant-colonel après le siège de Constantine (1837), colonel en 1839 et général de brigade en 1841. Il organisa la province de Tlemcen, prit une part glorieuse à la bataille d'Isly, fut chargé d'administrer la province de Constantine et remplit même les fonctions de gouverneur d'Alger. Ses brillants états de service lui valurent en 1846 le grade de général de division. Il avait un commandement à Paris, lorsque éclata la révolution de 1848. Sa conduite ambiguë lui valut une assez vive accusation du général Bugeaud.

Le département de la Loire-Inférieure l'envoya à l'Assemblée constituante dont il devint vice-président. Il fut blessé en réprimant l'insurrection de juin 1848. Il fut réélu à la Législative par le département de la Seine. Arrêté au Coup d'État, conduit à Mazas, puis exilé, il se retira en Belgique.

Il mourut à Nantes, le 30 novembre 1863.

LOUIS BONAPARTE PASSANT LA REVUE DES TROUPES AU CAMP DE SATORY

De profonds dissentiments n'avaient pas tardé à éclater entre Louis-Napoléon et l'Assemblée. Celle-ci travaillait ouvertement à une restauration monarchique; le Président préparait en secret le rétablissement de l'Empire. Ses pouvoirs expirant en 1852, il se préparait à deux fins : obtenir la revision-légale de l'article de la Constitution qui interdisait la réélection du président ou suppléer à la revision légale par un coup d'État.

Il fit travailler les conseils généraux par les préfets, afin de leur faire émettre des vœux pour la revision de la Constitution. Il se mit en campagne pour agir personnellement sur l'opinion des départements : il parcourut d'abord l'est de la France, visita ensuite la Normandie, prononçant des discours dans lesquels il protestait contre les bruits de coup d'État et se posant avant tout comme « l'homme du devoir ».

De retour à Paris, il agit sur l'armée pour la disposer au Coup d'État. Il s'adressa directement aux masses militaires par des revues et des banquets. Il passa en revue, à Saint-Maur, une partie de l'armée de Paris et fit distribuer du vin de Champagne aux soldats. Puis, le 10 octobre 1849, les incidents de Saint-Maur se renouvelèrent à Satory.

Infanterie, artilerie, génie défilèrent devant le Président en conservant le silence réglementaire; mais la plus grande partie de la nombreuse cavalerie qui avait été appelée à la revue cria : « Vive Napoléon ! » et un certain nombre : « Vive l'empereur ! » On remarqua que les soldats ne criaient qu'à l'exemple et à l'incitation de leurs chefs.

La lutte entre le président et l'Assemblée continua, tantôt sourde, tantôt ouverte, durant toute l'année 1851. Louis-Napoléon procédait par des alternatives d'agressions et de reculades, également calculées. La question de la revision de la Constitution fut posée devant l'Assemblée; la revision fut rejetée. Dans son message du 4 novembre, Louis-Napoléon proposa la révocation de la loi électorale du 31 mai et le rétablissement du suffrage universel. Le projet du gouvernement fut repoussé. Le Président prépara alors le Coup d'État. Il fut accompli dans la nuit du 1er au 2 décembre 1851.

CAVAIGNAC (Louis-Eugène), général, né à Paris, le 15 octobre 1802. Sorti de l'École polytechnique, il fit comme lieutenant du génie la campagne de Morée (1828).

Envoyé en Afrique (1832), il s'y acquit bientôt une brillante réputation. Il était gouverneur de la province d'Oran lorsque éclata la révolution de Février. Il fut alors nommé général de division et gouverneur général de l'Algérie.

Élu député à l'Assemblée constituante, il fut chargé du ministère de la guerre. Il eut à réprimer la terrible insurrection de Juin, pendant laquelle le gouvernement lui délégua tout le pouvoir exécutif. Le 29 juin, il déposa entre les mains de l'Assemblée ses pouvoirs extraordinaires. Celle-ci déclara qu'il avait bien mérité de la patrie et lui conféra de nouveau son mandat, en attendant l'achèvement de la Constitution qu'elle élaborait. Le 20 décembre, le général descendit du pouvoir avec autant de dignité qu'il en avait mis à l'exercer.

Réélu à la Législative, il fut, dans la nuit du 2 décembre 1851, arrêté et enfermé quelques jours à Ham. Élu député de Paris en 1852, il fut déclaré démissionnaire pour refus de serment. Réélu en 1857, il mourut quelques semaines après (28 octobre).

LAMORICIÈRE (Christophe-Louis-Léon-Juchault de), général, né à Nantes, le 5 février 1806, fut d'abord officier du génie. Il fit partie de l'expédition d'Alger (1830) et s'y distingua de la manière la plus éclatante. Colonel des zouaves après la prise de Constantine (1837), maréchal de camp (1840), lieutenant général (1843), il combattit à Isly (1844), fut gouverneur de l'Algérie par intérim et organisa l'expédition de 1847 qui amena la soumission d'Abd el-Kader.

Élu député en 1846, il tenta vainement, au moment de la révolution de février 1848, de faire proclamer la régence de la duchesse d'Orléans. Représentant de la Sarthe à l'Assemblée constituante, il seconda Cavaignac dans la répression de l'insurrection de juin 1848 et fut ministre de la guerre du 28 juin au 20 décembre. Réélu à l'Assemblée législative, il défendit la Constitution républicaine, fut chargé d'une mission en Russie et fut plusieurs fois vice-président de la Chambre. Arrêté le 2 décembre 1851, il fut exilé et ne rentra en France qu'en 1857. En 1860, il alla prendre le commandement des troupes pontificales. Battu par les Piémontais à Castelfidardo, assiégé dans Ancône et forcé de capituler, il rentra en France et mourut en 1866.

ARRESTATION DU GÉNÉRAL CAVAIGNAC

Le premier décembre au soir, il y avait réception officielle à l'Élysée, et rien n'indiquait qu'il se préparât quelque chose d'extraordinaire. La foule des invités s'écoula. Louis-Napoléon resta seul avec Morny, Saint-Arnaud, Maupas et Mocquart. Le prince leur remit ses dernières instructions et les manuscrits des décrets et des proclamations qui annonçaient le coup d'État. Le commandant Fleury fut chargé d'assurer l'impression des documents. Les ouvriers de l'Imprimerie nationale, qui avaient été retenus cette nuit sous prétexte d'un travail urgent, travaillèrent chacun sous la surveillance de deux agents de police.

Persigny eut mission de veiller à l'exécution du coup de main préparé contre le palais de l'Assemblée. Dès le matin, l'invasion du palais s'accomplissait; le colonel Espinasse entrait avec son régiment, arrêtait les deux questeurs, le général Le Flô et M. Baze, et occupait militairement le Palais-Bourbon.

Dans le même temps, des commissaires de police arrêtaient à domicile les généraux et officiers membres de l'Assemblée, Cavaignac, Changarnier, Lamoricière, Bedeau, Charras, Valentin, et aussi Thiers, Roger du Nord, etc.; en tout, 16 représentants. Un certain nombre de républicains supposés les plus capables d'agir efficacement sur le peuple avaient été pris en même temps que les représentants.

BLANC (Jean-Joseph-Louis), historien et homme politique, né à Madrid, le 29 octobre 1811, vint à Paris en 1830, fut d'abord clerc d'avoué, puis maître d'études. De 1832 à 1834, il fut précepteur à Arras et débuta dans le journalisme au *Progrès du Pas-de-Calais*.

De retour à Paris, il écrivit dans les journaux de l'opposition et fonda la *Revue du progrès politique, social et littéraire* (1839), dans laquelle il donna sa fameuse théorie de l'*Organisation du travail*, attaquant l'individualisme et préconisant la solidarité. Son *Histoire de dix ans* (1830 à 1840) consacra sa réputation comme historien.

En 1848, il fit partie du Gouvernement provisoire et fut élu député à la Constituante. Accusé sans preuves d'avoir participé au mouvement du 15 Mai, il se déroba aux poursuites qui furent intentées contre lui après les événements de Juin, et se réfugia en Angleterre. Condamné par contumace à la déportation, il passa 22 ans dans ce pays, consacrant le temps de son exil à écrire divers ouvrages historiques et surtout à terminer son *Histoire de la Révolution*.

Il rentra en France après le 4 septembre 1870. Élu député de la Seine en 1871, il siégea constamment à l'extrême-gauche. Épuisé, malade, il alla mourir à Cannes en décembre 1882.

BIXIO (Jacques-Alexandre), homme politique, né le 20 novembre 1808 à Chiavari (pays de Gênes), fit ses études à Paris, fut reçu docteur en médecine, mais n'exerça pas; il s'occupa de questions agricoles et fonda le *Journal d'agriculture pratique*.

Après la révolution de février 1848, il fut chef du cabinet du Gouvernement provisoire, puis ambassadeur à Turin et député du Doubs à la Constituante. Lors de l'insurrection de Juin, il fut grièvement blessé, avec le général Bedeau, dans le quartier de la Cité.

A l'avénement de Louis-Napoléon à la présidence de la République, il fut ministre de l'agriculture pendant huit jours (20-29 décembre). Réélu à la Législative, il fit, avec la majorité de l'Assemblée, une vive opposition à la politique suspecte du prince, protesta contre le coup d'État et se joignit aux représentants qui se réunirent, le 2 décembre, à la mairie du Xe arrondissement pour prononcer la déchéance du Président. Arrêté avec un grand nombre de ses collègues, il fut retenu à Mazas pendant un mois. Après son élargissement, il abandonna la politique et se consacra exclusivement à des entreprises industrielles. Il est mort à Paris, le 16 décembre 1865.

ARRESTATION DES DÉPUTÉS A LA MAIRIE DU Xe ARRONDISSEMENT

Paris, à son réveil, vit affichés sur les murs un décret et deux proclamations. Par le décret, le président de la République déclarait l'Assemblée nationale dissoute, le suffrage universel rétabli et la loi du 31 mai abrogée. L'une des proclamations s'adressait à l'armée ; elle réclamait des soldats, « qui sont l'élite de la nation », l'obéissance passive. Dans l'autre, le Président soumettait au suffrage populaire les bases d'une Constitution nouvelle.

Les premières impressions de Paris furent confuses.

Beaucoup crurent que l'entreprise avorterait comme à Strasbourg et à Boulogne. Durant la matinée, divers groupes de représentants essayèrent de s'entendre pour résister. Trente ou quarante députés de droite et de gauche parvinrent à pénétrer dans le palais législatif ; ils se hâtèrent de rédiger un décret de déchéance ; un détachement de gendarmerie mobile vint les arracher de leurs bancs et les traîner hors de la salle.

Quelques représentants furent arrêtés sur la place de Bourgogne, tandis qu'ils essayaient de haranguer les soldats.

Un autre groupe se transporta à la mairie la plus proche, celle du Xe arrondissement, rue de Grenelle. Près de trois cents représentants se trouvèrent là rassemblés vers onze heures. Ils tinrent séance dans la salle de la mairie, sous la présidence d'un des vice-présidents de l'Assemblée, Benoist d'Azy. Berryer proposa et fit voter à l'unanimité un décret de déchéance contre le président de la République.

Un détachement d'infanterie parut à l'entrée de la salle. Deux commissaires de police sommèrent l'Assemblée de se disperser. Sur leur refus d'obéir, les représentants furent conduits provisoirement, entre deux haies de soldats, à la caserne du quai d'Orsay. Il y eut, sur le passage de cet étrange cortège, des cris de : « Vive la Constitution ! Vive l'Assemblée ! » mais sans qu'on essayât de passer à l'action. Les représentants arrivèrent deux cent dix-huit au quai d'Orsay ; une vingtaine de leurs collègues vinrent volontairement les y rejoindre.

NAPOLÉON III (Charles-Louis-Napoléon-Bonaparte), empereur, fils de Louis Bonaparte, roi de Hollande, et d'Hortense de Beauharnais, né à Paris, le 20 avril 1808, mort à Chislehurst (Angleterre), le 9 janvier 1873, passa les quarante premières années de sa vie en exil. Il s'était fait connaître par divers écrits politiques et militaires, lorsque en 1836, il crut pouvoir renverser le gouvernement de Louis-Philippe. Il échoua dans son entreprise à Strasbourg. Une nouvelle tentative à Boulogne, en 1840, n'eut pas plus de succès; il fut enfermé au fort de Ham, d'où il s'échappa en 1846.

Élu député par 5 départements, en septembre 1848, il fut, le 10 décembre, appelé à la présidence de la République. Il n'hésita pas, pour conserver le pouvoir, à recourir à un coup d'État (2 décembre 1851). Le 7 novembre 1852, le Sénat le proclama *empereur des Français*, sous le nom de Napoléon III. Le nouveau gouvernement fut personnel et autoritaire. Pendant les premières années (1852-1860), la France vit son prestige renaître au dehors. Mais, avec la guerre d'Italie, commencèrent les fautes de la politique impériale. Inauguré par un attentat, le règne de Napoléon III sombre, à Sedan, dans la défaite et dans la ruine.

BAROCHE (Pierre Jules), avocat et homme politique, né à la Rochelle, le 18 novembre 1802, mort à Londres, le 29 octobre 1870.

Député de Rochefort en 1847, il siégea sur les bancs de l'opposition et se montra l'adversaire déclaré du ministère Guizot. A la chute de Louis-Philippe, Baroche se rallia à la République et fut élu député à la Constituante, puis à l'Assemblée législative, où il devint en peu de temps l'un des chefs les plus influents de la droite. Il soutint avec dévouement la politique du prince-président, qui le nomma procureur général près la Cour d'appel de Paris.

Le 15 mars 1850, il occupa le ministère de l'intérieur, fit voter la suspension du droit de réunion, la loi sur la déportation des condamnés politiques, et proposa la loi de restriction du suffrage universel, dite *du 31 mai*. Ministre des affaires étrangères du 10 avril au 14 octobre 1851, vice-président de la Commission consultative après le 2 Décembre, président du Conseil d'État, de nouveau ministre des affaires étrangères en 1860, il devint membre du Conseil privé, ministre de la justice et des cultes (1863), sénateur (1864) et se montra, jusqu'au dernier moment, l'un des soutiens les plus dévoués du gouvernement impérial.

MORT DE BAUDIN

La majeure partie de la gauche n'était pas allée à la mairie du X°. Elle se rassembla sur divers points par groupes qui tâchèrent de se concerter. Un énergique appel au peuple fut rédigé par Victor Hugo, et le soir le Comité de résistance fut formé. On décida que, le lendemain matin, les représentants se transporteraient dans les quartiers les plus populeux et commenceraient les barricades.

Fidèles aux résolutions de la veille, une quinzaine de représentants, parmi lesquel Victor Hugo, Madier de Montjau, Hippolyte Carnot, Schœlcher, Jules Favre, Baudin, se réunirent, le 3 décembre, vers huit heures du matin, dans le faubourg Saint-Antoine et, passant leurs écharpes, parcoururent les rues en criant : « Aux armes! Aux barricades! Vive la Constitution! » Une centaine de braves gens du faubourg les suivirent; mais la masse ne bougeait pas encore. La population affluait dans les rues, préoccupée, morne, mais non pas avec l'attitude militante des grandes journées. Lorsque les représentants, sur leur passage, pressaient les ouvriers d'agir : « Nous n'avons pas d'armes, répondaient-ils; on nous a désarmés après Juin 48! » D'autres disaient : « On nous rend le suffrage universel! »

Comme le représentant Baudin faisait appel à un groupe d'ouvriers, l'un d'eux répondit : « Est-ce que vous croyez que nous voulons nous faire tuer pour vous conserver vos 25 francs par jour?»

« Vous allez voir, répliqua Baudin, comment on meurt pour 25 francs ! »

Les représentants et leurs auxiliaires avaient désarmé sans combat deux petits postes et dressé une faible barricade en travers du faubourg. Une colonne d'infanterie arriva de la place de la Bastille. Schœlcher recommanda aux défenseurs de la barricade de ne pas faire feu les premiers et alla au-devant des soldats avec six autres de ses collègues. Baudin resta debout sur la barricade. Tandis que Schœlcher haranguait la troupe, un coup de feu partit de la barricade; les soldats ripostèrent par une décharge. Baudin tomba raide mort.

Une inscription commémorative marque aujourd'hui la place où ce député républicain est mort pour la République.

MONTALEMBERT (Charles Forbes de Tryon comte de), publiciste, homme politique et orateur, fils de Marc-René-Anne-Marie, né à Londres, le 26 mai 1810, mort à Paris, le 16 mars 1870.

Rédacteur de l'*Avenir* avec Lamennais, il se fit remarquer par ses articles en faveur de la Pologne, réclama vigoureusement la liberté de l'enseignement et se consacra avec ardeur à la défense de la liberté religieuse.

A la mort de son père, en 1831, il entra à la Chambre des pairs où, dès le début, il prit une place éminente à la tête du parti catholique, combattit l'Université et défendit vigoureusement les nationalités opprimées.

En 1848, envoyé par le Doubs à l'Assemblée constituante, il siégea à l'extrème-droite et, réélu à l'Assemblée législative, il joua un rôle considérable dans les discussions les plus importantes, déployant un grand talent oratoire surtout dans ses luttes avec Victor-Hugo. Il soutint la cause du prince Louis-Napoléon et prit une part active aux mesures qui amenèrent le coup d'État. Nommé membre de la Commission consultative, député au Corps législatif, il ne tarda pas à faire une vive opposition à l'Empire. Il ne fut plus réélu à partir de 1857. Il faisait partie de l'Académie française depuis 1852.

FAUCHER (Léon), économiste, publiciste e homme d'État, né à Limoges, le 8 septembre 1803, mort à Marseille, le 14 décembre 1854.

Rédacteur au journal le *Temps*, fondateur et directeur du *Bien public*, qui n'eut que peu de durée, directeur du *Constitutionnel* (1833-1834), il devint, en 1839, rédacteur en chef du *Courrier français*. A partir de 1842, il se consacra presque exclusivement à l'économie politique et publia de nombreux articles dans la *Revue des Deux Mondes*.

Élu député en 1848, il siégea sur les bancs de la gauche et signa la proposition de mise en accusation des ministres.

Représentant du département de la Marne à l'Assemblée constituante (1848), il fut un des chefs de la réaction et combattit avec énergie les doctrines socialistes. Ministre des travaux publics et, quelques jours après, ministre de l'intérieur, il dirigea les élections à l'Assemblée législative et s'attira un vote de blâme qui l'obligea à donner sa démission. Il défendit la loi du 31 mai 1850, qui restreignait le suffrage universel, rentra au ministère de l'intérieur au mois d'avril 1851 et, quand le Président voulut modifier cette loi, il donna sa démission.

Après le coup d'État, il se livra uniquement à ses travaux économiques.

LES LANCIERS CHARGEANT LA FOULE SUR LES BOULEVARDS

La nouvelle de la mort héroïque de Baudin produisit plus d'effet dans le centre de Paris que dans les faubourgs. De petites bandes armées commençaient à se montrer entre la rue du Temple, la rue Saint-Denis et les quais; des barricades s'élevaient dans ces quartiers.

Vers trois heures furent affichées des proclamations de Maupas et de Saint-Arnaud, déclarant que tout rassemblement serait immédiatement dissipé par la force et que tout individu pris les armes à la main serait fusillé. Dans les quartiers du centre, on répondit aux proclamations par des coups de fusil.

La fermentation croissait. La colère de la population était surexcitée par un fait qui venait de se passer près du Château-d'Eau. Le colonel de lanciers Rochefort avait répondu aux cris de : « Vive l'Assemblée nationale! à bas les traîtres! » en chargeant à coups de lance et de sabre des groupes désarmés.

Le 4 décembre, vers deux heures, les troupes, surexcitées de toute manière, furent lancées contre les barricades. Dans la partie occidentale des boulevards, il y eut des scènes effroyables. Le colonel de lanciers Rochefort renouvela son exploit de la veille. A la hauteur de la rue Taitbout, un groupe qui occupait le trottoir criait : « Vive la République! A bas le dictateur! » Rochefort s'élança sur le trottoir suivi de ses lanciers, piquant et sabrant à droite et à gauche. Une trentaine d'hommes restèrent morts sur la place, sans compter les blessés. Presque dans le même moment, une terrible fusillade éclatait sur le boulevard Poissonnière. Les soldats tiraient sur la foule qui couvrait les trottoirs, sur les gens qui étaient aux fenêtres, partout. Les canonniers suivirent l'exemple des fantassins; ils tirèrent leurs pièces contre le grand magasin de tapis, l'hôtel Sallandrouze. Cela dura un quart d'heure, sans qu'il eût été riposté. Des marchands furent tués ou blessés dans leurs boutiques; d'autres habitants furent abattus jusque dans le fond de leurs appartements. Les trottoirs, sur divers points, furent encombrés de cadavres. Il y eut des combats acharnés au faubourg Saint-Martin, rue du Temple, rue Rambuteau, rue Montorgueil. Les barricades ne furent enlevées qu'après une lutte sanglante.

FALLOUX (Frédéric-Albert-Pierre, comte de), homme politique, né à Angers, en 1811, était le fils de notables commerçants annoblis par Charles X. Venu jeune à Paris, il se fit bientôt connaître, par ses écrits et par ses paroles, comme l'un des futurs défenseurs des idées religieuses. Nommé député en 1846, il défendit à la Chambre la cause de la liberté de l'enseignement. A l'Assemblée constituante de 1848, nommé rapporteur du Comité de finances, il réclama la dissolution immédiate des ateliers nationaux, qui fut le signal des fatales journées de juin.

Ministre de l'Instruction publique dans le premier cabinet formé par le prince Louis-Napoléon, M. de Falloux élabora un projet de loi organique qui restreignait les privilèges de l'Université. Cette loi, à laquelle son nom resta attaché, ne fut votée que sous son successeur M. de Parieu, le 15 mars 1850. Arrêté et détenu pendant deux jours au 2 décembre, il se retira dans son domaine de l'Anjou, se consacrant presque exclusivement à l'Agriculture. Il entra à l'Académie française en 1856. Après avoir échoué aux élections de 1870, il s'associa en 1872 aux tentatives de restauration monarchique faites en faveur du comte de Chambord.

M. de Falloux est mort en janvier 1886.

PARIEU (Marie-Louis-Pierre-Félix Esquirou de), homme politique, né à Aurillac, le 13 avril 1815, mort à Paris, en 1893 était avocat à Riom, où il s'était déjà acquis une réputation méritée, lorsqu'éclata la révolution de 1848. Élu représentant à l'Assemblée constituante par le département du Cantal, il fit partie de la fraction la plus modérée de la majorité républicaine. Réélu à l'Assemblée législative, il entra dans le cabinet du 31 octobre 1849 avec le portefeuille de l'Instruction publique, qu'il garda jusqu'au 13 février 1851. C'est sous son ministère que fut votée la loi du 15 mars 1850 qui, sous prétexte d'établir la liberté de l'enseignement, détruisit l'Université comme corporation, autorisa les congrégations religieuses à ouvrir des établissements d'enseignement secondaire et soumit les écoles primaires à l'influence locale du clergé.

Après le coup d'État, M. de Parieu fut nommé président de la section des finances au Conseil d'État, puis en 1855, vice-président de ce corps et, en 1870, lors de la formation du cabinet parlementaire Émile Ollivier, président du Conseil d'État avec rang de Ministre. Élu sénateur en 1876, il échoua aux élections de 1885 et de 1886 et vécut dès lors loin des affaires publiques.

LES MONTAGNARDS.

La crise, étouffée à Paris, se prolongea dans les départements. Dans le Nord et dans l'Ouest, encore sous l'impression napoléonienne du 10 décembre 1848, les républicains ne purent faire que de faibles manifestations dans quelques villes. Dans le Centre, quelques tentatives de résistance légale se produisirent; elles furent nécessairement impuissantes. Quelques mouvements armés eurent lieu toutefois dans la Nièvre, et notamment dans l'arrondissement de Clamecy. La répression fut atroce.

Dans les départements du Sud-Ouest, les mouvements furent nombreux; mais les deux grandes villes, Bordeaux et Toulouse, ne se levant pas, ils ne pouvaient avoir d'efficacité. Le parti démocratique était plus puissant dans le Sud-Est. Les anciennes provinces de Languedoc, de Provence et de Dauphiné étaient partout couvertes des affiliations de la société des Montagnards.

La société des « Montagnards » n'était pas centralisée; chaque département faisait corps à part. Des sociétés de secours mutuels servaient, en bien des localités, de prétexte pour affilier les paysans. Les initiations se pratiquaient avec un cérémonial plus ou moins emprunté aux francs-maçons et aux *carbonari* et propre à frapper les imaginations. Le néophyte, les yeux bandés, prêtait serment sur une épée et jurait d'armer son bras contre toutes les tyrannies politiques et religieuses.

Si les sociétés montagnardes avaient eu l'ordre et la direction comme elles avaient l'ardeur et le nombre, elles eussent été irrésistibles; mais les départements ne surent pas se concerter. Les populations des Pyrénées-Orientales s'agitèrent vivement, mais sans aller jusqu'à l'insurrection. Dans l'Hérault, le mouvement fut malheureusement fort mal dirigé. Il fut considérable dans le Gard, mais s'arrêta, sans résistance sérieuse. C'était la Provence qui devait lutter le plus énergiquement contre le 2 Décembre. Les départements du Var et des Basses-Alpes se levèrent avec une grande vigueur; dans l'Ardèche et dans la Drôme, le mouvement fut plus intense encore; mais, faute d'entente et de direction, l'insurrection ne put se concentrer et avorta finalement.

La lutte fut partout terminée vers le milieu de décembre.

MICHELET (Jules), né à Paris (1798-1874), fut d'abord professeur d'histoire au collège Rollin. Il devint maître de conférences à l'École normale et suppléant de Guizot à la Sorbonne.

Il révéla son génie par une *Histoire de la République romaine* et par les premiers volumes d'une *Histoire de France*, créations sans précédents et absolument hors ligne.

Professeur au Collège de France en 1838, lorsqu'il vit se renouveler la guerre ultramontaine contre tout ce qui procédait de 89, il marcha résolument au combat et lança son livre *Du Prêtre, de la Femme et de la Famille*, puis il s'unit avec Quinet pour publier *les Jésuites et l'Ultramontanisme*. Il donna en 1846 son admirable petit livre *Du Peuple*, où il a mis toute son âme et, on peut le dire, l'âme même de la France.

Son cours fut fermé en 1851. Vivant dès lors dans la retraite, il consacra le reste de sa vie à écrire une foule de livres très variés, où se retrouvent toujours les brillantes et solides qualités de l'écrivain et du penseur : *l'Oiseau*, *l'Insecte*, *l'Amour*, la *Femme*, la *Mer*, la *Sorcière*, les *Femmes de la Révolution*, la *Prise de la Bastille*, *Précis de l'Histoire moderne*, *Précis de l'Histoire de France jusqu'à la Révolution*, *Histoire de la Révolution française*, la *Bible de l'humanité*, etc., etc.

QUINET (Edgar), né à Bourg en 1803, fut, avec Michelet, un des hommes de premier ordre qui se placèrent aux avant-postes pour défendre l'enseignement laïque et l'esprit moderne tout entier contre les attaques passionnées du clergé et l'esprit de domination des Jésuites. Nommé professeur de littérature étrangère à la Faculté des lettres de Lyon (1839), puis au Collège de France (1842), c'est alors qu'il publia son beau livre du *Génie des religions*, où il étudie les caractères divers des religions de l'antiquité. Il acquit promptement dans la jeunesse française une immense popularité. Mais ses doctrines philosophiques, ses œuvres de polémique religieuse et politique, les tendances de son enseignement, émurent le gouvernement, qui l'obligea à quitter le Collège de France.

Élu aux Assemblées constituante et législative, il fut proscrit en 1852 et ne rentra en France qu'après la chute de l'Empire. Il fut rétabli dans sa chaire du Collège de France et nommé député à l'Assemblée nationale. Travailleur infatigable, Quinet a laissé de nombreux ouvrages, dont les principaux sont *le Christianisme et la Révolution française*, *l'Enseignement du Peuple*, *Philosophie de l'Histoire de France*, *la Révolution*, etc...

COLONNE DE PROSCRITS PARTANT POUR L'EXIL.

Dès le lendemain du Coup d'État, les exécuteurs du complot avaient traité bien différemment les représentants prisonniers, selon qu'ils étaient conservateurs ou républicains. Le 3 décembre, de grand matin, les républicains, entassés dans les voitures cellulaires où l'on fait voyager les malfaiteurs, furent conduits du quai d'Orsay à Mazas, où on les mit dans les cellules et au régime des voleurs. On venait de faire partir les généraux prisonniers de Mazas pour Ham. Le gros des représentants de la droite fut mené à Vincennes, où on leur témoigna toutes sortes d'égards. Le lendemain, on remit en liberté presque tous les prisonniers de Vincennes. Le 8 janvier, les généraux détenus à Ham furent conduits en Belgique. Le lendemain parut une série de décrets de proscription. Les individus « convaincus d'avoir pris part aux insurrections récentes » devaient être déportés, les uns en Guyane, les autres en Algérie. Un décret désignait pour la déportation 5 représentants de la Montagne. La déportation fut ensuite commuée en exil pour 3 d'entre eux.

Un second décret expulsait de France, d'Algérie et des colonies, « pour cause de sûreté géné-rale », 66 représentants de la gauche, parmi lesquels Victor Hugo et plusieurs autres auxquels il était réservé de concourir à fonder la troisième République.

L'article 2 de ce décret statuait que, si l'un des « individus » désignés à l'article Ier rentrait sur les territoires interdits, il pourrait être déporté.

Un troisième décret éloignait momentanément de France et d'Algérie 18 autres représentants. Parmi eux figuraient les généraux, avec Thiers, de Rémusat, quelques membres de la gauche, dont Edgar Quinet et Émile de Girardin.

Ce même jour, 9 janvier, un premier convoi de 420 détenus fut dirigé du fort de Bicêtre sur le Havre; on les entassa à fond de cale d'une frégate. Les convois se succédèrent incessamment dans la direction de nos ports, où des milliers de malheureux attendirent, parmi toutes les angoisses morales et physiques, le départ des navires qui devaient les emporter loin de la patrie. Cayenne et Lambessa se sont partagé les victimes.

Tandis que l'homme du 2 Décembre s'installait dans le palais des rois, les principaux représentants de la République étaient jetés en exil !

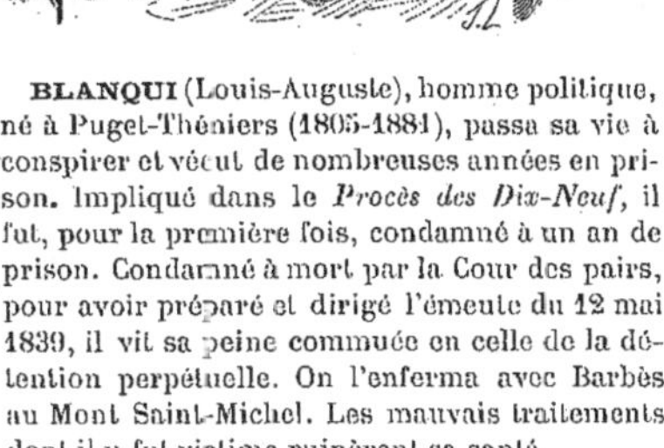

BLANQUI (Louis-Auguste), homme politique, né à Puget-Théniers (1805-1881), passa sa vie à conspirer et vécut de nombreuses années en prison. Impliqué dans le *Procès des Dix-Neuf*, il fut, pour la première fois, condamné à un an de prison. Condamné à mort par la Cour des pairs, pour avoir préparé et dirigé l'émeute du 12 mai 1839, il vit sa peine commuée en celle de la détention perpétuelle. On l'enferma avec Barbès au Mont Saint-Michel. Les mauvais traitements dont il y fut victime ruinèrent sa santé.

Lorsque éclata la révolution de 1848, il accourut à Paris et prit part à toutes les agitations populaires. Après l'attentat du 15 mai, il fut condamné à dix ans de prison par la Haute-Cour de Bourges. Pendant le siège de Paris, il fut un des promoteurs de l'insurrection du 31 octobre, fit partie du Comité de salut public et devint membre de la Commune. Arrêté en mai 1872, il fut condamné à la déportation dans une enceinte fortifiée; mais l'état de sa santé ne permettant pas son transport, il subit sa peine à la maison centrale de Clairvaux. Nommé député en 1879, quoique inéligible, son élection fut annulée par la Chambre. Le gouvernement le gracia quelques jours après, lui refusant ainsi les bénéfices de l'amnistie.

RASPAIL (François-Vincent), né à Carpentras en 1794, vint à Paris sous la Restauration, se livra à l'étude des sciences et se mêla à la politique contre le gouvernement. Il prit part aux journées de Juillet et fut blessé.

Au 24 février 1848, il se rendit un des premiers à l'Hôtel de Ville pour proclamer la République; mais il refusa de faire partie du gouvernement. Il fonda un journal *l'Ami du peuple*, dans lequel il attaqua le Gouvernement provisoire, et prit part aux divers mouvements populaires. Condamné à cinq ans de prison, il avait été, pendant l'instruction de son procès, nommé représentant de la Seine.

Élu député par le département du Rhône en 1869, il fut réélu deux fois dans les Bouches-du-Rhône et siégea sur les bancs les plus avancés de l'extrême gauche.

Il mourut à Paris en 1878, et ses funérailles furent l'objet d'une grande manifestation.

Raspail, qui s'était rendu populaire par ses articles passionnés et par les condamnations fréquentes qu'ils lui valurent, acquit aussi une grande renommée par ses travaux scientifiques.

Il érigea le camphre en panacée universelle et en fit la base d'une médecine hygiénique et curative.

LES DÉPORTÉS EN ALGÉRIE.

La lutte avait pris fin ; la terreur la remplaçait. Trente-deux départements étaient en état de siège. Près de 100,000 citoyens étaient captifs dans les prisons ou dans les forteresses. Des juges d'instruction vinrent procéder à des interrogatoires sommaires, à la suite desquels les détenus étaient envoyés devant les commissions militaires. Celles-ci, d'après les dossiers de la police, classaient les détenus dans l'une de ces trois catégories : 1° individus pris les armes à la main et contre lesquels il existe des charges graves ; 2° individus contre lesquels il existe des charges moins graves ; 3° individus dangereux. La première catégorie devait être jugée sommairement par les conseils de guerre ; la seconde envoyée devant divers tribunaux ; la troisième déportée sans jugement.

Cependant le nouveau gouvernement était embarrassé de la multitude de ses captifs.

Il autorisa ses préfets à mettre en liberté tous ceux des détenus qu'ils ne jugeraient pas dangereux ; puis, afin de statuer le plus promptement possible sur le sort de ceux des prisonniers qu'on ne relâchait pas, il imagina les fameuses « commissions mixtes ».

Dans chaque département était institué une sorte de tribunal composé du préfet, du commandant militaire et du chef du parquet. A ces commissions était conféré le pouvoir de prononcer : le renvoi devant le conseil de guerre ; la transportation à Cayenne ou en Algérie ; l'expulsion de France ; l'éloignement momentané du territoire ; l'internement ; le renvoi en police correctionnelle ; la mise sous la surveillance du ministère de la police générale ; la mise en liberté.

Les commissions devaient avoir égard non seulement au degré de culpabilité, mais aux antécédents politiques et privés. Des magistrats du parquet ne craignirent pas d'accepter cette étrange mission ; c'était le renversement de toute loi et de tout droit : quelque chose de pire que les tribunaux révolutionnaires de 93 et que les cours prévôtales de la Restauration.

Les commissions mixtes, décidant sans procédure, sans audition de témoins, sans jugement public, ont laissé le souvenir ineffaçable d'un des faits les plus monstrueux de l'histoire.

RÉMUSAT (Charles-François-Marie, comte de), homme politique et publiciste, né à Paris le 14 mars 1797, mort le 6 janvier 1875, fut d'abord avocat. Il collabora à plusieurs journaux libéraux et signa la protestation des journalistes contre les *Ordonnances* de juillet 1830. Député de Toulouse au mois d'octobre 1830, sous-secrétaire d'État au ministère de l'intérieur en 1836, il soutint la politique de M. Thiers et fit partie du ministère du 1er mars 1840 comme ministre de l'intérieur.

A l'Assemblée constituante et à l'Assemblée législative, il vota constamment avec la droite et soutint la politique de l'Élysée, jusqu'au jour où apparut nettement la politique personnelle du prince Louis-Napoléon. Arrêté au coup d'État, il fut exilé pendant quelque temps et rentra ensuite dans la vie privée.

Après la guerre de 1870, il refusa l'ambassade de Vienne que lui offrit M. Thiers et devint ministre des affaires étrangères en 1871. Candidat malheureux aux élections législatives en 1873, à Paris, il fut plus tard élu député de la Haute-Garonne.

Orateur et écrivain distingué, M. de Rémusat fut membre de l'Académie des sciences morales et politiques et de l'Académie française.

DELACROIX (Fernand-Victor-Eugène), peintre, né à Charenton-Saint-Maurice (Seine) le 26 avril 1798 mort à Paris le 13 août 1863, débuta par quelques articles de critique. Il se fit remarquer, en 1822, par son beau tableau *Dante et Virgile aux Enfers*. A la mort de Géricault (1824) il devint le chef de l'école romantique et donna, l'année suivante, le *Massacre de Chio*, qui fut comme le triomphe de l'école nouvelle contre les théories classiques.

Delacroix, qui a traité tous les genres, est de tous les peintres du XIXe siècle celui qui a produit le plus grand nombre d'œuvres importantes. Il a donné, avant la révolution de 1830, le *Christ au Jardin des oliviers*; *Milton aveugle dictant le Paradis perdu*; *Sardanapale mourant*; *la Liberté guidant le Peuple sur les barricades*; *l'Entrée des Croisés à Constantinople*; *le Cardinal de Richelieu*; *le Combat du Giaour et du Pacha*, etc. Après un voyage au Maroc, d'où il rapporta de nouveaux effets de lumière, il donna les *Femmes d'Alger*, l'un de ses meilleurs ouvrages.

Chef de l'école coloriste, opposée à l'école idéaliste de Ingres, Delacroix, s'il a sacrifié le dessin à l'effet, émeut par la hardiesse de son pinceau, par la puissance dramatique, par l'énergie et la chaleur de sa peinture.

RÉCEPTION DE NAPOLÉON APRÈS SON VOYAGE DANS LES DÉPARTEMENTS.

Le bruit avait couru que Louis-Napoléon serait proclamé empereur le 10 mai, après la distribution des aigles à l'armée. Mais le dictateur ne voulait pas se faire empereur sous cette forme. Il entendait se faire imposer par le pays l'accomplissement de ses vœux.

Il entreprit une nouvelle tournée dans les départements. On cria beaucoup : « Vive l'empereur! » sur son passage; des démonstrations impérialistes eurent lieu dans plusieurs villes.

Il rentra à Paris le 16 octobre. On lui fit une réception solennelle à la gare d'Orléans. Les grands corps de l'État l'y accueillirent aux cris de : « Vive l'empereur! » Le cortège suivit les boulevards, en passant sous une longue ligne d'arcs de triomphe.

Le lendemain parut dans le *Moniteur* la note suivante : « La manifestation éclatante qui se produit dans toute la France en faveur du rétablissement de l'empire impose le devoir au président de consulter à ce sujet le Sénat. » Le 4 novembre, le Sénat reçut du prince-président un message qui l'invitait à modifier la Constitution dans le sens indiqué par la volonté du pays. Le Sénat vota un sénatus-consulte qui soumettait à l'acceptation du peuple le rétablissement de l'empire héréditaire. Le peuple, appelé à voter, donna 7,824,189 voix à l'empire.

SAINT-ARNAUD (Jacques-Leroy de), maréchal de France, né à Paris (1801-1854) était dans les gardes-du-corps, lorsque éclata l'insurrection de la Grèce. Il alla combattre avec les insurgés, passa plusieurs années à visiter les pays d'Orient et ne revint en France qu'en 1831.

Rentré dans l'armée, il devint officier d'ordonnance du général Bugeaud, le suivit en Algérie, se distingua à la prise de Constantine et fut promu capitaine (1837).

Colonel en 1844, il combattit avec distinction contre Abd-el-Kader, accompagna le général Bugeaud contre les troupes de l'empereur du Maroc et, en 1847, força le shérif Bou-Maza à faire sa soumission. Appelé en 1849 au commandement de la subdivision d'Alger, il fit, en 1850 et en 1851, deux expéditions brillantes dans la Kabylie et fut nommé général de division.

Ministre de la guerre au moment du coup d'État du 2 décembre, il fut l'un des principaux complices du prince Louis-Napoléon, qui, devenu empereur, le nomma maréchal. Commandant en chef de l'armée d'Orient, en 1854, il débarqua en Crimée, remporta sur les Russes la belle victoire de l'Alma, le 20 septembre, mais mourut quelques jours après du choléra.

CANROBERT (François-Certain), maréchal de France, né à Saint-Céré (Lot), 1809-1895, entra à l'École militaire de Saint-Cyr en 1825, alla combattre en Afrique, devint capitaine en 1837 et prit une part glorieuse, à l'assaut de Constantine, où il reçut sa première blessure. De 1841 à 1847, il se distingua par sa bravoure dans diverses expéditions et fut promu colonel, Sa brillante conduite devant Zaatcha lui valut la croix de commandeur de la Légion d'honneur (1849).

Envoyé en Crimée et appelé au commandement en chef après la mort du maréchal Saint-Arnaud, il vint mettre le siège devant Sébastopol. Devant le refus des Anglais de coopérer à son plan d'attaque, Canrobert, par un rare sentiment d'abnégation, remit le commandement au général Pélissier et reprit sa place à la tête du 1er corps. Nommé maréchal de France en 1856, il fit partie de l'expédition d'Italie à la tête du 3e corps et se signala à Magenta et à Solférino. Pendant la guerre de 1870, il fut nommé chef du 6e corps d'armée, prit part aux batailles livrées sous Metz et, après la capitulation, fut emmené prisonnier en Allemagne. Élu sénateur dans le Lot, puis dans la Charente, il resta attaché à l'Empire et siégea dans le groupe de l'Appel au peuple.

BATAILLE DE L'ALMA.

L'empereur de Russie ayant réclamé le protectorat de tous les chrétiens de la Turquie, privilège qui appartenait à la France depuis des siècles, Napoléon III s'allia à l'Angleterre et à la Turquie, et, le 4 avril 1854, la guerre fut déclarée à la Russie.

Une expédition fut envoyée dans la mer Noire; le 14 septembre, l'armée des alliés, forte de 70,000 hommes, débarqua sur les côtes de Crimée. Le 19, on se mit en marche vers Sébastopol, les Français côtoyant la mer, les Anglais tenant la gauche, vers l'intérieur des terres. Vers midi, on aperçut dans le lointain, couronnant une chaîne de hauteurs, les bivouacs de l'armée russe. Ces hauteurs étaient celles qui bordent la petite rivière de l'Alma.

La position des Russes était très avantageuse, mais leur général Menchikof n'en tira pas le parti qu'il aurait pu. Le général Bosquet fit franchir la rivière par les deux brigades de sa division, qui réussirent ensuite à escalader la falaise voisine de la mer, l'une par un sentier de chèvres, l'autre sans chemin; la première sans son canon, la seconde en hissant son canon jusqu'à la crête. L'ascension du 3e de zouaves, grâce à nos peintres de batailles, est restée fameuse. Il n'y avait de ce côté qu'un bataillon russe qui dut bien vite se replier. Menchikof, frappé d'étonnement, fut obligé d'engager tout de suite sa réserve. Bosquet la repoussa et se maintint sur le plateau.

La lutte, pendant ce temps, s'était engagée avec vigueur entre les Anglais et les Russes. Les Anglais faisaient des efforts prodigieux pour enlever les batteries et les épaulements établis par les Russes au-dessus l'Alma. Ils furent plusieurs fois rejetés et les ouvrages pris et repris. Mais lorsque les divisions Canrobert et Bosquet entrèrent en ligne, la résistance des Russes ne put se prolonger et Menchikof dut ordonner la retraite.

Si l'on eût pu poursuivre l'ennemi, la défaite fût devenue pour les Russes un complet désastre, car ils avaient tant souffert et ils étaient tellement désorganisés que leur retraite se changea d'elle-même en déroute; mais nos soldats avaient laissé leurs sacs en arrière pour escalader les hauteurs et ne purent pousser plus loin.

BARAGUAY D'HILLIERS (Achille, comte), maréchal de France (1795-1878), était lieutenant en 1812. Il se distingua dans la campagne de Saxe et fut grièvement blessé à Leipzig.

Après la seconde restauration, il se déclara pour les Bourbons. Il prit part à l'expédition d'Alger, devint colonel, puis commandant de l'École militaire de Saint-Cyr.

Il fit, en qualité de maréchal de camp, la campagne de 1840 en Afrique, fut promu lieutenant général en 1843 et reçut le commandement de la province de Constantine.

Député du Doubs à l'Assemblée constituante et à l'Assemblée législative, il siégea sur les bancs de la droite, combattit le gouvernement du général Cavaignac et soutint la politique de Louis-Napoléon.

Lors de la rupture avec la Russie en 1854, il dirigea les opérations dans la mer Baltique et s'empara de Bomarsund, ce qui lui valut le bâton de maréchal de France. Dans la guerre d'Italie, il se distingua à Marignan et à Solférino. Lorsque éclata la guerre avec la Prusse, il commandait la place de Paris ; bientôt relevé de ses fonctions, il fut, en 1872, nommé président de la Commission d'enquête instituée pour juger les capitulations. Ce fut la fin de sa carrière.

BOSQUET (Pierre-François-Joseph), maréchal de France, né à Mont-de-Marsan en 1810, fut élève de l'École polytechnique et de l'École d'application de Metz, d'où il sortit en 1833 avec le grade de lieutenant d'artillerie. Envoyé en Afrique, il s'illustra dans toutes les campagnes de l'Algérie, devint capitaine et chef de bataillon des tirailleurs indigènes d'Oran, fut promu au grade de général de brigade le 17 août 1847 et, après les expéditions dans la Kabylie, fut nommé général de division (1853).

Il se distingua particulièrement en Crimée. A l'Alma, il opéra à la tête des zouaves un mouvement tournant qui jeta la confusion dans les rangs ennemis. A Inkermann, grâce à l'impétuosité de ses bataillons, il put dégager les Anglais, assaillis par une armée de 40,000 hommes, et contribua à la défaite des Russes. Le Parlement anglais lui adressa des remerciements officiels. Il prit part à toutes les opérations du siège de Sébastopol et fut blessé grièvement à l'attaque de la tour de Malakoff.

Nommé sénateur en 1856, puis maréchal de France, il fut appelé au commandement de la subdivision de Toulouse. L'état précaire de sa santé ne lui permit pas de prendre part à la guerre d'Italie. Il mourut à Pau en 1861.

BATAILLE D'INKERMANN.

Après la brillante victoire de l'Alma, les alliés commencèrent le siège de Sébastopol. La ville avait environ 30,000 défenseurs; la direction des travaux de défense avait été confiée à un lieutenant-colonel du génie, Totleben, dont le nom allait devenir illustre.

Le terrain de Sébastopol et de son faubourg n'offre que ravins, escarpements, bras de mer. Totleben profita avec génie et des positions dominantes et des ravinements profonds que lui offrait ce terrain tourmenté. En quelques jours il eut créé une ligne de défense formidable. Français et Anglais, de leur côté, ne perdaient pas leur temps. La tranchée fut ouverte du 9 au 10 octobre. Le 19, un bombardement général eut lieu par terre et par mer; il fut continué pendant plusieurs jours sans grands résultats.

Les Russes, cependant, se renforçaient de jour en jour. Menchikof était revenu, avec son armée, s'établir sur les hauteurs, au nord de Sébastopol, et avait réussi à faire passer dans la ville jusqu'à trente bataillons. Le 25 octobre, il fit avancer un corps d'armée de vingt et quelques mille hommes et le lança contre les positions que

les Anglais occupaient entre la Tchernaïa et Balaklava; l'intervention d'un de nos régiments de chasseurs d'Afrique arrêta l'effort des Russes. Le 5 novembre, Menchikof renouvela son attaque. Quatre colonnes russes se mirent en mouvement, avant le jour, pour assaillir les positions des alliés. Tandis que des diversions étaient opérées, l'une du côté de Balaklava, l'autre contre les postes français, l'attaque véritable se fit contre le camp des Anglais établi sur le plateau d'Inkermann. Après de longues alternatives de succès et de revers, les Anglais, écrasés par des forces bien supérieures, se trouvèrent dans un extrême péril. Lord Raglan appela les Français à son secours.

Le général Bosquet, qui commandait le corps le plus voisin des Anglais, lança les deux premiers bataillons qu'il avait sous la main. Les Russes, un moment refoulés, reprirent cependant l'offensive et repoussèrent une seconde attaque. Nos bataillons arrivaient successivement au pas de course : l'ennemi plia sous une troisième; il opéra péniblement et lentement sa retraite sous le feu écrasant de notre artillerie.

PÉLISSIER (Amable-Jean-Jacques), duc de Malakoff, maréchal de France, né à Maromme (Seine-Inférieure) le 6 novembre 1794, entra à l'École militaire de Saint-Cyr, prit part à la guerre d'Espagne (1823), accompagna le général Maison en Morée (1828) et fit partie de l'expédition dirigée contre le dey d'Alger en 1830. Envoyé de nouveau en Algérie en 1839, s'illustra sur la terre d'Afrique et y conquit le grade de colonel. Il fut, en 1846, promu maréchal de camp et, quatre ans après, général de division.

Dans la guerre de Crimée, il commanda le 1er corps d'armée et se distingua devant Sébastopol. Lorsque le général Canrobert, épuisé, malade, abandonna le commandement, Pélissier lui succéda dans la conduite du siège qu'il poussa avec une activité extraordinaire. Il s'empara du Mamelon-Vert, infligea aux Russes une sanglante défaite à Traktir et prit enfin Sébastopol. L'empereur le récompensa en le faisant maréchal de France et duc de Malakoff.

Ambassadeur à Londres de 1858 à 1859, il revint, pendant la guerre d'Italie, prendre le commandement du corps d'observation sur le Rhin, fut grand-chancelier de la Légion d'honneur et gouverneur général de l'Algérie. Il mourut à Alger le 22 mai 1864.

NIEL (Adolphe), maréchal de France, né à Muret (Haute-Garonne) le 4 octobre 1802, entra à l'École polytechnique et à l'École d'application de Metz, d'où il sortit en 1827 avec le grade de lieutenant du génie. Il se distingua en Afrique, notamment à la prise de Constantine. Colonel en 1846, il prit part à l'expédition de Rome, en 1849, comme chef d'état-major du génie et fut promu, la même année, général de brigade.

Général de division le 30 avril 1853, il alla en Crimée diriger les travaux de siège de Sébastopol, commanda le 4e corps pendant la guerre d'Italie, prit une part glorieuse à la victoire de Solférino (24 juin 1859) et, le lendemain, fut nommé maréchal de France.

Ministre de la guerre en 1867, il s'attacha à reconstituer l'armée sur des bases nouvelles. Le projet de loi qu'il présenta avait pour effet de mettre la France en mesure de faire face à la puissance militaire de la Prusse. Le projet, vivement combattu au Corps législatif et fortement amendé, aboutit au décret du 1er février 1868 qui créa seulement la garde nationale mobile et les réserves. Ce décret d'ailleurs ne fut qu'imparfaitement exécuté, et le maréchal Niel mourut le 13 août 1869, à la veille de la grande crise qu'il avait prévue.

PRISE DE MALAKOFF.

Les alliés, victorieux à Inkermann, mais éprouvés par une telle victoire, ajournèrent l'assaut de Sébastopol et décidèrent de garder la défensive jusqu'à l'arrivée de nouvelles forces.

En attendant, l'hiver était affreux sur l'âpre plateau de la Chersonèse; les débris des régiments anglais continuaient à se fondre; les Français eux-mêmes éprouvaient les plus cruelles souffrances.

Des renforts importants furent envoyés de France et le général Pélissier remplaça Canrobert dans le commandement en chef. Pélissier agit vite et puissamment. Il enleva plusieurs ouvrages russes et les retourna contre la place; puis, croyant le moment décisif arrivé, il résolut d'attaquer, le 18 juin, les deux principaux ouvrages qui protégeaient Karabelnaïa : c'était le Grand Redan, que les Anglais devaient assaillir, et Malakoff, réservé aux Français. Les Russes résistèrent avec un courage désespéré; l'assaut de Malakoff, malgré les efforts héroïques de nos soldats, fut repoussé. Les Anglais échouèrent également au Grand Redan.

Les Russes, au nombre de 70,000, attaquèrent alors les alliés aux bords de la Tchernaïa, mais ils furent défaits au pont de Traktir par les Français et les Piémontais, qui comptaient à peine 27,000 hommes.

Les travaux de tranchées, poussés très activement, touchaient de très près les ouvrages ennemis. Nous n'étions plus qu'à 25 mètres de Malakoff. Un dernier bombardement eut lieu les 5, 6 et 7 septembre. L'assaut général fut donné le 8, par une matinée de tempête. Les Russes ne s'y attendaient pas. Le 1er régiment de zouaves, de la division Mac-Mahon entra d'emblée dans Malakoff. Les Anglais s'étaient jetés sur le Grand-Redan. Ils le prirent et le reperdirent jusqu'à trois fois. Les Russes en restèrent maîtres. Le bastion central, assailli par les Français, fut pris, puis reperdu. On avait échoué partout, sauf à Malakoff, d'où Mac-Mahon avait fini par chasser les Russes. C'était le point décisif. Les Russes firent des efforts désespérés pour tâcher de reconquérir ce poste duquel tout dépendait. Leur élan vint se briser contre les bataillons de Mac-Mahon. Dans la soirée et dans la nuit, les Russes évacuèrent Sébastopol.

HAUSSMANN (Georges-Eugène, baron), né à Paris, le 27 mars 1809, se fit recevoir avocat et, après la révolution de 1830, entra dans l'administration départementale, devint sous-préfet, puis préfet. Il était préfet de la Gironde en 1848 et favorisa l'élection du prince Louis-Napoléon. Celui-ci, ayant apprécié ses qualités administratives et son dévouement, le nomma préfet de la Seine en 1853. M. Haussmann occupa ce poste jusqu'en 1869 et consacra son activité, durant sa longue administration, à l'exécution d'immenses travaux destinés à embellir et à assainir Paris. Mais ces travaux, exécutés au moyen d'emprunts considérables et parfois grâce à des opérations de crédit sans contrôle, ne furent pas sans troubler l'équilibre des finances municipales. La gestion de M. Haussmann fut vivement attaquée dans les dernières années de l'Empire ; relevé de ses fonctions le 5 janvier 1870, il se retira à Nice. Député de la Corse, de 1877 à 1881, il siégea sur les bancs du groupe de l'Appel au peuple. Il mourut subitement à Paris, le 11 janvier 1891.

Le baron Haussmann avait été promu grand-croix de la Légion d'honneur en 1862 et élu membre de l'Académie des Beaux-Arts le 7 décembre 1867.

LESSEPS (Ferdinand de), né à Versailles en 1805, entra de bonne heure dans la diplomatie. Élève consul, vice-consul, puis consul, il se signala par sa belle conduite pendant la peste d'Alexandrie (1835) et le bombardement de Barcelone (1842). Consul général, puis ministre de France à Madrid, il fut envoyé en mission à Rome en 1849.

En 1854, pendant un voyage en Égypte, il conçut le projet du percement de l'isthme de Suez. Malgré la vive opposition de l'Angleterre, malgré les difficultés financières, F. de Lesseps put mener à bien son entreprise, et le canal, commencé en 1859, fut inauguré le 20 novembre 1869. Sa popularité, à dater de ce jour, fut immense. Les honneurs publics et les dignités s'accumulèrent sur lui. On l'appela le *Grand Français*.

Encouragé par le succès, F. de Lesseps conçut une nouvelle opération : le percement de l'isthme de Panama. Une compagnie fut constituée en 1879. Mais des obstacles naturels et une mauvaise gestion financière amenèrent la ruine de la société.

M. de Lesseps est mort en 1894 après avoir vu son nom et sa considération sombrer dans un procès de corruption dans lequel il fut impliqué avec plusieurs membres du Parlement et quelques-uns de ses collaborateurs.

VUE GÉNÉRALE DE L'EXPOSITION UNIVERSELLE DE 1855.

Napoléon III, tout en rêvant les grandes entreprises au dehors, pensait aussi consolider son trône en favorisant le développement de la prospérité matérielle du pays. L'agriculture fut encouragée par la création de nombreux chemins vicinaux, de routes et de chemins de fer, par de grands travaux de défrichement et de reboisement, par l'institution de concours agricoles. L'établissement du *libre échange* (traité de commerce du 22 janvier 1860 avec l'Angleterre) donna au commerce une impulsion considérable. En dix ans, le commerce de la France s'éleva de 3 à 8 milliards. Une première *Exposition universelle* en 1855, qui réunit déjà plus de 20,000 exposants, montra toute la supériorité de l'industrie française.

Paris surtout, sous l'administration du préfet de la Seine Haussman, fut entièrement transformé et devint la ville la plus belle de l'Europe.

Mais on dépassa toutes les bornes; on voulut faire et l'on fit en dix ans l'ouvrage de tout un siècle. Il n'en résulta point seulement d'énormes charges financières, mais aussi de très fâcheuses conséquences morales et sociales.

Dans les constructions luxueuses il n'y eut plus de place pour le pauvre auprès du riche; l'ouvrier dut émigrer pour aller chercher asile dans les faubourgs lointains. Les ouvriers du bâtiment furent attirés par masses du fond des départements; leurs mœurs n'y gagnèrent pas, ni les vrais intérêts de la société française.

Hors de France, mais dans un sentiment vraiment français et dans un intérêt à la fois national et universel, un simple particulier avait conçu et commencé à pousser, à travers mille obstacles, une entreprise grandiose. Il s'agissait de rouvrir au commerce du monde ses anciennes voies et d'abréger de 3,000 et quelques cents lieues la distance qui séparait l'Europe de l'Inde, de la Chine et de l'Australie. Ce que d'autres avaient rêvé, M. Ferdinand de Lesseps avait résolu de l'accomplir. Les obstacles vinrent de la nation à laquelle le canal de Suez devait être matériellement le plus profitable; l'Angleterre, en effet, avait plus d'intérêt qu'aucun peuple à se rapprocher de l'Inde. L'héroïque résistance de M. de Lesseps finit par triompher de toutes les difficultés.

FOULD (Achille), financier et homme politique, né à Paris (1800-1867) était le fils d'un riche banquier israélite. De bonne heure, il fut initié à la pratique des affaires dans les bureaux de son père et montra vite une aptitude remarquable pour les opérations financières. Élu député par le département des Hautes-Pyrénées en 1842, il soutint la politique obstinément conservatrice de Guizot, et acquit auprès de ses collègues de la Chambre la plus grande autorité en matière de finances et d'économie politique.

Il fit partie des Assemblées constituante et législative, devint un des plus dévoués serviteurs du prince Louis-Napoléon et fut sous sa présidence plusieurs fois ministre des finances. Il réorganisa les divers services financiers et, par de sages mesures, réussit à rétablir le crédit. Il donna sa démission, le 23 janvier 1852, pour ne pas s'associer aux décrets qui déclaraient illégale la dotation de biens faite par Louis-Philippe à ses enfants et ordonnaient la vente de ces biens.

Après le rétablissement de l'Empire, il fut nommé sénateur, puis ministre d'État et dirigea les travaux de l'Exposition universelle de 1855.

L'Académie des Beaux-Arts le reçut comme membre libre en 1857. De 1861 à 1867, il fut encore ministre des finances.

MAGNAN (Bernard - Pierre), maréchal de France, né à Paris le 7 décembre 1791, mort le 29 mai 1865, s'engagea à dix-huit ans. Il prit part à l'expédition d'Espagne, se distingua dans la campagne de France et fit preuve du plus grand courage à Waterloo. Chef de bataillon en 1817, il était lieutenant-colonel lorsque Louis XVIII intervint dans les affaires d'Espagne (1823), fit la campagne sous les ordres du duc d'Angoulème, fut promu colonel, fit partie de l'expédition d'Alger et se signala à la bataille de Staouëli (1830). Mis en disponibilité pour avoir ouvert des pourparlers avec les insurgés de Lyon, lors de l'insurrection du 21 novembre 1831, il alla mettre son épée au service du nouveau roi des Belges, Léopold; il rentra en France en 1839 avec le grade de maréchal de camp et fut nommé lieutenant général en 1845.

Élu député à l'Assemblée législative, il fut appelé, en 1851, au commandement de l'armée de Paris, soutint la politique du prince-président et prêta son concours au coup d'État. L'empereur le récompensa de ses services en le nommant maréchal de France. Il devint successivement sénateur, grand-veneur, commandant de l'armée de Paris et grand-maître du Grand-Orient de France.

LE CONGRÈS DE PARIS.

La prise de Sébastopol avait porté à la Russie un coup décisif. L'entrée de la Suède dans la quadruple alliance (France, Angleterre, Turquie et Piémont) et l'attitude de l'Autriche décidèrent la Russie à rechercher la paix. Si la lutte se prolongeait, la campagne de 1856 ne promettait aux Russes que de nouveaux et plus grands désastres. Aussi le nouveau tsar, Alexandre II, bien qu'il lui en coûtât de consentir à la cession de la partie de la Bessarabie comprise entre le Danube et le Pruth imposée par l'Autriche, finit-il par céder, sous la pression amicale du roi de Prusse. Il fut convenu qu'un Congrès se tiendrait à Paris.

Les séances s'ouvrirent le 25 février 1856, sous la présidence du comte Walewski, ministre des affaires étrangères de France. La Russie restitua Kars à la Turquie; on rendit à la Russie tout ce qu'on lui avait pris. Sur la cession de territoire en Bessarabie, les débats furent des plus vifs; mais l'Autriche se montra sur ce point plus ardente que les puissances qui avaient fait la guerre. La Russie dut céder. Le ministre russe Orlof dit, à ce sujet, une parole qu'un ave-

nir prochain devait justifier : « Ceci coûtera bien des larmes et du sang à l'Autriche. »

La Porte ottomane fut admise dans le concert européen; les puissances contractantes s'engageaient à respecter l'indépendance et l'intégrité de l'empire ottoman, et garantissaient en commun la stricte observation de cet engagement.

Le traité fut signé le 30 mars.

Dans les séances qui suivirent, diverses questions furent abordées. De vives discussions s'élevèrent entre le ministre de Piémont et les plénipotentiaires autrichiens à propos du séjour prolongé des forces autrichiennes dans les provinces romaines, au nord des Apennins. Le débat n'eut pas de résultat matériel, mais la question italienne était posée.

Avant de se séparer, le Congrès adopta la déclaration suivante : 1° la course est abolie; 2° le pavillon neutre couvre la marchandise ennemie, à l'exception de la contrebande de guerre; 3° la marchandise neutre, excepté la contrebande de guerre, n'est pas saisissable, même sous le pavillon ennemi; 4° les blocus, pour être obligatoires, doivent être effectifs.

PERSIGNY (Jean-Gilbert-Victor-Fialin, comte puis duc de), homme politique, né à Saint-Germain-Lespinasse (Loire), 1808-1872, s'engagea à dix-sept ans, fut élève de l'École de cavalerie de Saumur et en sortit maréchal des logis.

Après avoir quitté l'armée, il prit le nom de vicomte de Persigny, s'attacha à la fortune du prince Louis-Napoléon, prit part à l'échauffourée de Strasbourg et à la tentative de Boulogne, et fut condamné à vingt ans de détention.

Après la révolution de février 1848, il se fit de nouveau l'agent le plus actif de la propagande bonapartiste, parcourant les départements, organisant des réunions, fondant des sociétés et des journaux, et contribua à l'élection du prince comme président de la République. Élu à l'Assemblée législative, il soutint énergiquement la politique de l'Élysée et fut un des principaux auteurs de l'acte du 2 décembre 1851.

Membre de la commission consultative, puis ministre de l'intérieur, en 1852, il donna sa démission pour raison de santé en 1854, fut ambassadeur à Londres et reprit de nouveau la direction du ministère de l'intérieur de 1860 à 1863. Nommé duc, il resta l'un des conseillers intimes de l'empereur, sans jouer désormais aucun rôle actif.

NAPOLÉON (Joseph-Charles-Paul Bonaparte, prince), né à Trieste le 9 septembre 1822, était le second fils de l'ex-roi de Westphalie.

Rentré en France en 1847, il fut élu, comme candidat républicain, à la Constituante et à la Législative. Il ne prit aucune part au coup d'État et se tint même à l'écart après le 2 décembre. Mais il accepta de l'Empire restauré le titre de prince et un siège du Sénat. Il reçut également le grade de général de division.

En Crimée, il commanda une division à l'Alma et à Inkermann, mais revint précipitamment en France à la suite d'une petite atteinte de choléra. Placé à la tête du nouveau ministère de l'Algérie et des colonies (1858), il donna peu après sa démission en raison de la tournure que prenaient les affaires italiennes. Marié à la princesse Clotilde, fille de Victor-Emmanuel, il se prononça en faveur de l'unité italienne et contre le pouvoir temporel du pape.

Député d'Ajaccio en 1876, il vota avec la gauche. La mort du prince impérial fit de lui le chef du parti impérialiste. Atteint par la loi du 22 juin 1886 contre les prétendants, le prince Napoléon se retira au château de Prangins, en Suisse, et alla mourir à Rome le 18 mars 1891.

ATTENTAT D'ORSINI.

Le 14 janvier 1858, un attentat, qui, par sa forme, rappelait celui de Fieschi sous Louis-Philippe, vint troubler les esprits et modifier gravement la situation.

Au moment où l'empereur et l'impératrice arrivaient à l'Opéra, une détonation formidable retentit dans la rue Le Peletier. Trois bombes avaient été lancées sur la voiture de l'empereur. Des cris de douleur et d'effroi éclatèrent de toutes parts; les éclats des projectiles avaient atteint plus de 150 personnes, dont quelques-unes mortellement. La voiture impériale était brisée et l'un des chevaux tué. L'empereur et l'impératrice avaient échappé sans blessure.

La police arrêta quatre Italiens. On reconnut bientôt que trois d'entre eux étaient des complices subalternes. Le quatrième, Orsini, était le vrai coupable. Il avait un moment espéré que Napoléon III délivrerait l'Italie; mais le voyant de plus en plus uni avec la papauté et la réaction, il avait résolu de le faire disparaître, puisqu'il était un obstacle. Malgré l'horreur d'un crime qui avait fait tant de victimes, Orsini inspira à tous ceux qui l'entendirent durant son procès un intérêt dont on ne pouvait se défendre. Cet homme n'avait agi que sous l'impulsion d'un patriotisme égaré, et l'impression fut profonde dans l'auditoire lorsque son défenseur, Jules Favre, donna lecture, avec la permission de l'empereur, d'une lettre adressée à celui-ci par Orsini. Le coupable ne demandait pas grâce pour lui-même; il demandait la liberté pour sa malheureuse patrie, « l'objet constant de toutes ses affections ».

Orsini et ses complices furent condamnés à mort le 26 février. Dans une seconde lettre adressée à l'empereur, il condamnait formellement l'assassinat politique et désavouait « la fatale aberration d'esprit » qui l'avait entraîné à préparer son attentat. Orsini fut exécuté le 13 mars avec un de ses complices; il mourut sans emphase comme sans faiblesse, en criant : « Vive l'Italie ! Vive la France ! »

Le crime d'Orsini eut des conséquences déplorables pour la France. Le gouvernement demanda et obtint une loi de *sûreté générale* qui l'armait d'un pouvoir discrétionnaire à l'égard des individus condamnés pour délits politiques.

VAILLANT (Jean-Baptiste-Philibert, comte) né à Dijon le 6 décembre 1790, entra à dix-sept ans à l'École polytechnique, en sortit dans le génie et prit une part active aux dernières guerres de l'Empire.

Chef de bataillon en 1826 et attaché à l'expédition d'Alger, il fut, pour sa belle conduite, promu lieutenant-colonel. Il assista, en 1832, au siège d'Anvers, fut nommé colonel, commanda en second l'armée expéditionnaire d'Italie et assura la prise de Rome. Peu de jours après le coup d'État, il fut élevé à la dignité de maréchal de France, devint sénateur de droit et grand-maréchal du palais. Ministre de la guerre de 1854 à 1859, il fit, comme major général de l'armée des Alpes, la campagne d'Italie et commanda le corps d'occupation jusqu'en 1860. Devenu ministre de la maison de l'empereur, il cumula ses fonctions avec le ministère des beaux-arts. On lui doit la réorganisation de l'École des Beaux-Arts, la promulgation de la liberté des théâtres et le décret qui permit de disposer d'objets d'art et de tableaux des musées impériaux en faveur des départements.

Expulsé après le 4 septembre 1870, il se retira en Espagne, put rentrer en France en 1871 et se fixa à Dijon. Il y est mort le 4 juin 1872.

MORNY (Charles-Auguste-Louis-Joseph, comte puis duc de), homme politique, né à Paris le 21 octobre 1811, entra à l'École d'état-major, en sortit en 1832 avec le grade de sous-lieutenant au 1er régiment de lanciers et servit en Algérie, où il se distingua. Sa santé l'obligeant à abandonner la carrière des armes, il se tourna vers l'industrie et alla fonder une fabrique de sucre près de Clermont-Ferrand.

Député du Puy-de-Dôme en 1846, il s'éloigna momentanément de la politique après la révolution de Février. Le département du Puy-de-Dôme l'élut de nouveau, en 1849, représentant à l'Assemblée législative.

Attaché par des liens fraternels au prince Louis-Napoléon, il soutint avec ardeur la politique de l'Élysée et prit une part considérable au coup d'État. Ministre de l'intérieur, ce fut lui qui apposa son nom au bas de la décision qui prononçait la dissolution de la Chambre des représentants.

Élu député au Corps législatif en 1852, il devint, en 1854, président de cette assemblée, occupa le poste d'ambassadeur en Russie de 1856 à 1857, fut successivement réélu député en 1857 et en 1863, et conserva le fauteuil présidentiel jusqu'à sa mort (10 mars 1865).

COMBAT DE MONTEBELLO.

Au printemps de 1859, l'Autriche ayant déclaré la guerre au Piémont, Napoléon III, qu'un traité secret d'alliance unissait à ce pays, passa les Alpes avec une armée de 120,000 hommes.

Les Autrichiens étaient absolument en mesure, dès le 29 avril, d'aller droit à Turin et de jeter une masse énorme entre les deux routes par lesquelles arrivaient les Français, la route de terre par le mont Cenis, la route de mer par Gênes. L'ennemi pouvait, avant tout engagement avec nous, couper notre armée en deux tronçons et rendre extrêmement périlleuse la réunion de ces deux tronçons entre eux et avec les Piémontais. Ce pouvait être une première campagne gagnée en quelques jours par l'Autriche. L'indécision du Hongrois Giulay, commandant en chef de l'armée autrichienne, nous permit d'opérer notre concentration tout à l'aise sous Alexandrie.

L'armée française fut à peu près au complet le 15 mai, au midi du Pô, des deux côtés du Tanaro, le principal affluent méridional du Pô.

Giulay, après nous avoir laissé tout à loisir nous compléter et nous déployer, redoutant une attaque au défilé de Stradella et une marche sur Mantoue, se décida à prendre l'offensive par sa gauche, en avant du défilé de Stradella, passage où se resserre la vallée du Pô entre ce fleuve et les Apennins. Le général autrichien voulait prévenir une attaque des alliés sur Plaisance. Il massa ses forces entre Mortara, Voghera et Pavie, et donna l'ordre à son aile gauche, commandée par le général Stadion, de pousser une forte reconnaissance sur Voghera, occupé par une division française et par un petit corps de cavalerie piémontaise. La rencontre eut lieu entre Voghera et Montebello, nom illustré par la première guerre d'Italie. Le général Forey, très bien secondé par les cavaliers piémontais, repoussa l'attaque des Autrichiens, les chassa de Montebello et des hauteurs voisines et les força à la retraite. Ce fut un très brillant début de la campagne. 6,000 Français et quelques centaines de Piémontais avaient été engagés contre au moins 15,000 Autrichiens.

L'échec subi à Montebello confirma le général autrichien dans la pensée que notre effort principal se porterait sur Plaisance. Le plan de l'empereur Napoléon était tout autre.

LES GRENADIERS AU PONT DE MAGENTA.

Au lieu de marcher sur Plaisance, l'Empereur s'était porté avec toutes ses troupes du sud au nord du Pô, vers le Tessin et la route de Milan. Ce plan, qui comportait une longue marche de flanc à portée de l'armée autrichienne, eût été dangereux devant un ennemi actif et clairvoyant. Il pouvait réussir devant Giulay.

Le roi Victor-Emmanuel protégea le mouvement par une attaque du côté de Mortara, et pendant que nos troupes passaient la Sesia derrière lui, le 30 mai, il enleva aux Autrichiens les positions de Palestro.

Les Autrichiens se retranchèrent derrière le Tessin. Le 3 juin, le 2ᵉ corps, commandé par Mac-Mahon traversa le Tessin et chassa l'ennemi de Turbigo; le lendemain matin, il se mit en mouvement sur deux colonnes, celle de droite ayant pour objectif le village de Buffalora, la seconde Magenta. Les Autrichiens résistèrent vigoureusement à Buffalora. L'empereur cependant, au bruit du canon de Mac-Mahon, avait lancé sur Magenta ce qu'il avait à sa disposition, trois régiments de grenadiers et un régiment de zouaves, 7,000 hommes à peine. Mais l'ennemi occupait une forte position derrière le grand canal et les tranchées du chemin de fer. Les grenadiers et les zouaves de la garde tinrent tête pendant plusieurs heures aux quarante mille Autrichiens de Giulay; mais ils furent refoulés à la fin. Ils se maintinrent toutefois en possession du pont et résistèrent aux violents efforts de l'ennemi. Le sort de la bataille était là. Les grenadiers de Magenta se montrèrent dignes de ceux d'Austerlitz.

Nos régiments décimés allaient être accablés. Enfin parut, vers quatre heures, une brigade du 3ᵉ corps; grenadiers et zouaves reprirent avec ardeur l'offensive. Une heure après, arriva une brigade du 4ᵉ corps, avec le général Niel, et, quelques instants après, le corps d'armée de Mac-Mahon. Celui-ci repoussa vigoureusement l'attaque des Autrichiens, les rejeta sur Magenta et y entra après eux. On se battit longtemps avec fureur dans le village, que l'ennemi défendit pied à pied, maison par maison. Le bourg, vers huit heures du soir, resta au pouvoir de Mac-Mahon. Giulay ordonna la retraite. Le champ de bataille était à nous.

BATAILLE DE SOLFÉRINO.

Les Autrichiens, après s'être repliés d'abord derrière le Mincio, avaient repassé le fleuve et étaient venus s'établir derrière les hauteurs qui dominent Solférino. L'empereur François-Joseph, qui commandait en personne, disposait de 170,000 hommes. Les armées alliées en comptaient à peine 136,000. Le 24 juin, les deux armées se trouvèrent en présence. La grande bataille commença à six heures du matin et se trouva bientôt partout engagée. Pendant que notre droite agissait en plaine, notre centre et notre gauche avançaient à l'attaque des collines, mais à grand'peine et avec des pertes sensibles.

Le point décisif était au centre, à Solférino. La lutte y fut longue, acharnée, sanglante, pleine de péripéties. Là étaient les corps des maréchaux Baraguay-d'Hilliers et Mac-Mahon, avec la garde impériale. Les Autrichiens, retranchés derrière des murs crénelés, défendaient opiniâtrément la tour qui domine la hauteur de Solférino, ainsi que le cimetière et une colline couverte de cyprès. Nous perdions beaucoup de monde. L'élan de nos troupes renversa enfin tous les obstacles; vers une heure et demie, après une charge ad-

mirable des voltigeurs de la garde, toutes les positions de Solférino étaient dans nos mains.

La garde et le 2ᵉ corps (Mac-Mahon) emportèrent ensuite, au delà de Solférino, une autre hauteur, le mont Fontana. Mais l'ennemi redoublait d'efforts sur notre droite; le 4ᵉ corps (Niel) avait à lutter contre de fortes masses et se maintenait avec peine. Entre trois et quatre heures, enfin, comme les Autrichiens faisaient un suprême effort, Canrobert se porta au secours de Niel. Il était temps. L'ennemi fut repoussé. François-Joseph ordonna la retraite. Un orage épouvantable arrêta la lutte et empêcha nos soldats de poursuivre les fuyards.

Les pertes des Autrichiens dépassèrent 22,000 hommes; celles des alliés, 17,000. Napoléon III refusa de poursuivre plus loin les hostilités. Les préliminaires de la paix furent signés à Villafranca le 11 juillet et confirmés, le 10 novembre, par le traité de Zurich. L'Autriche perdit la Lombardie, qui fut réunie au Piémont. La France reçut du Piémont Nice et la Savoie, qui lui furent cédées en mars 1860 par le consentement des populations intéressées.

COUSIN-MONTAUBAN (Charles-Guillaume-Marie-Apollinaire-Antoine), comte de Palikao, général, né à Paris le 14 juin 1796, mort à Paris le 8 janvier 1878, entra dans les gardes-du-corps de Monsieur en 1814. Il n'était que capitaine de chasseurs d'Afrique en 1832. Ses brillants services en Algérie lui valurent, dès lors, un avancement plus rapide, Général de brigade en 1851, il devint général de division et commandait la division de Constantine en 1855. Investi, en 1860, du commandement en chef des troupes de l'expédition de Chine, il s'illustra par la prise des forts de Ta-Kou et la grande victoire de Palikao. En récompense de ses succès, l'empereur le nomma grand-croix de la Légion d'honneur, sénateur, puis comte de Palikao.

En 1870, après nos premiers désastres, le général fut appelé par l'impératrice-régente au ministère de la guerre et à la présidence du Conseil. Il déploya, malgré son grand âge, une activité remarquable et conçut un plan hardi, celui d'aller délivrer Bazaine par le Nord. La tentative échoua et eut pour conséquence la désastreuse marche sur Sedan. Tombé du pouvoir à la révolution du 4 Septembre, il offrit vainement ses services au gouvernement de la Défense nationale et vécut dès lors dans la retraite.

RANDON (Jacques-Louis-César-Alexandre, comte), maréchal de France, ancien ministre, naquit à Grenoble le 17 mars 1795.

Il fit comme engagé volontaire la campagne de Russie et fut blessé à la bataille de Lutzen. Malgré sa bravoure, il conquit ses premiers grades lentement. Capitaine pendant les Cent-Jours, il ne devint chef d'escadrons qu'en 1830.

Promu colonel en 1838, il fut envoyé à l'armée d'Afrique, se signala par ses services et fut nommé lieutenant général.

Il fut ministre de la guerre en 1851 et, après le coup d'État du 2 décembre, fut appelé au gouvernement de l'Algérie, fonctions dans lesquelles il fit preuve de réelles qualités administratives. Nommé sénateur en 1852, il reçut en 1856 le bâton de maréchal et fit, l'année suivante, la conquête de la Kabylie.

Major général de l'armée au moment de la déclaration de guerre à l'Autriche, il remplaça, le 5 mai 1859, le maréchal Vaillant au ministère de la guerre; administrateur laborieux, il fit de son mieux pour parer à l'imprévoyance de Napoléon III, qui avait déclaré la guerre sans que la France fût prête. Il resta ministre jusqu'en 1867 et mourut à Genève le 16 janvier 1871.

BATAILLE DE PALIKAO.

Un traité signé à Nankin, le 29 août 1842, entre la Chine et l'Angleterre, avait ouvert cinq ports chinois au commerce européen. En 1844, un traité de commerce et de navigation fut conclu entre la France et la Chine. Mais ce traité fut mal exécuté. Une contestation avec les autorités anglaises renouvela, d'autre part, les démêlés entre la Chine et l'Angleterre.

L'Angleterre s'entendit avec la France et, dans le courant de l'année 1857, un corps expéditionnaire comprenant 5.000 Anglais et 1.300 ou 1.400 Français fut envoyé contre la Chine. La ville de Canton prise (5 janvier 1858), on s'empara des forts du Peï-Ho. Les escadres remontèrent le fleuve jusqu'à Tien-Tsin, à trois jours de marche de Pékin.

La Chine céda et signa le 27 juin le traité de paix de Tien-Tsin. Des ambassadeurs français et anglais étaient chargés de porter à l'empereur de Chine à Pékin la ratification du traité. Lorsqu'ils se présentèrent à l'embouchure du Peï-Ho pour remonter le fleuve, les Chinois refusèrent l'entrée de la rivière et prétendirent obliger les ambassadeurs à prendre un autre chemin. Ceux-ci tentèrent de s'ouvrir le passage par la force, mais ils furent repoussés. Une nouvelle expédition fut décidée entre la France et l'Angleterre. Napoléon III envoya le général Cousin-Montauban avec un corps de 8.000 hommes; les Anglais mirent sur pied 12.000 soldats. Le 21 août 1860, les forts de Peï-Ho furent pris d'assaut et, dès le 26, les alliés arrivaient par eau à Tien-Tsin. Le gouvernement chinois essaya d'arrêter les vainqueurs par des négociations illusoires, afin de se donner le temps d'organiser la défense de Pékin. L'armée tartare préparait une surprise contre les troupes alliées. Celles-ci, averties à temps, prirent l'offensive, mirent en déroute l'armée ennemie et la poursuivirent dans les positions où elle s'était retirée. Le 21 septembre, au pont de Palikao, solidement fortifié, 30.000 Tartares se jetèrent impétueusement sur le petit corps français et faillirent l'accabler sous le nombre; mais notre artillerie fit parmi eux de sanglantes trouées; secondés par les Anglais, nos soldats triomphèrent de l'ennemi avec un grand courage. L'ennemi avait perdu 3,000 hommes, les alliés pas plus de 50.

UNE DES PORTES DE PÉKIN FUT LIVRÉE A NOS TROUPES.

Les Français et les Anglais, poursuivant leur marche en avant, se dirigèrent sur Pékin avec 8,000 soldats à peine. Le 6 octobre, ils n'étaient plus qu'à six kilomètres de la capitale chinoise. A la nouvelle que l'armée tartare s'était retirée sur la résidence impériale appelée le Palais d'Été, à dix kilomètres de Pékin, on se porta de ce côté. La cour, les Tartares avaient fui; les troupes alliées pénétrèrent sans obstacle dans le Palais.

Ce n'était pas un édifice unique, c'était, pendant quatre lieues, à la suite du palais principal, toute une série de pavillons, de pagodes, de galeries, semés au bord des lacs, au milieu d'admirables jardins. Dans ces constructions de marbre blanc, aux toits de tuiles vernies, étaient amoncelées des richesses incalculables, en métaux précieux, en pierreries, en soieries, en émaux, en bronzes. Les objets qui parurent les plus précieux comme curiosités furent mis à part pour être offerts, les uns à l'impératrice et à l'empereur, les autres à la reine d'Angleterre. Le reste fut livré à un pillage universel.

On devait faire pis encore. Quand on sut que nos parlementaires avaient été l'objet de traite-ments d'une odieuse cruauté, le général anglais ordonna l'incendie et l'entière destruction du Palais d'Été. Le général français refusa de s'associer à cet acte d'inconcevable barbarie. Cet acte, néanmoins, s'accomplit. Les trésors accumulés pendant des siècles par une vieille civilisation furent anéantis en quelques heures par les représentants de la moderne civilisation européenne.

La destruction du Palais d'Été eut pour effet d'amener la Chine à demander la paix. Les Anglais eussent voulu pousser la guerre à outrance et renverser l'empereur de Chine; le plénipotentiaire français voulait la paix et le général Montauban refusa d'entrer de vive force dans Pékin. Le gouvernement chinois avait offert le paiement immédiat d'une forte indemnité aux parlementaires français et anglais survivants et aux familles de ceux qui avaient été mis à mort. Il avait, comme garantie de ses intentions pacifiques, livré à nos troupes une des portes de Pékin. Les ambassadeurs anglais et français allèrent en grande pompe signer les traités avec le frère de l'empereur (24-25 octobre 1860).

COSTUMES D'ANNAMITES.

L'extraordinaire et romanesque expédition de Chine n'a pas eu de grandes conséquences pour la France. Une autre entreprise, commencée vers le même temps, dans une région voisine de cet Empire, devait avoir, avec moins de retentissement, des suites beaucoup plus importantes pour nous. C'était notre établissement en Cochinchine. Là encore, ce furent les missionnaires et leurs plaintes qui attirèrent les armes françaises. Les missionnaires firent valoir, entre leurs griefs, les avantages commerciaux qu'offraient ces contrées si on y pénétrait. Deux missionnaires espagnols ayant été récemment décapités en Cochinchine, l'Espagne s'entendit avec la France contre le gouvernement annamite. Le 30 août 1858, une division navale française, que commandait le vice-amiral Rigault de Genouilly, renforcée par un bâtiment et par quelques soldats espagnols, entra dans la baie de Tourane sur la côte nord de la Cochinchine et occupa, presque sans résistance, les forts de la baie; puis, faisant voile vers le sud, l'amiral alla s'emparer de Saïgon.

La guerre de Chine vint retarder nos progrès en Cochinchine. La guerre une fois terminée notre escadre, sous les ordres du vice-amiral Charner, recommença d'opérer en 1861, avec un corps de débarquement de 3,000 soldats. Nos succès dans la Basse-Cochinchine décidèrent le roi du Cambodge à rejeter la suzeraineté de l'Annam pour se placer sous la nôtre. Il nous arriva de France de nouveaux renforts et nous commençâmes d'organiser des troupes indigènes à notre service. Les citadelles de Bien-Hoa et de Vinh-Long tombèrent ensuite entre nos mains (1861-1862) et la Cochinchine méridionale fut entièrement soumise. L'empereur d'Annam, menacé jusque dans sa capitale Hué, se décida à traiter. Il céda à la France trois des quatre provinces qu'elle avait conquises (Bien-Hoa, Giading et Mytho), ouvrit au commerce français les trois ports de Tourane, de Balat et de Quangan et nous accorda la libre navigation sur tout le parcours du Mé-Kong.

Les trois provinces de Vinh-Long, de Chaudoc et de Hatien nous furent cédées en 1867. Ainsi se trouva formée notre première colonie de l'Indo-Chine.

PRISE DE PUEBLA.

Napoléon III songeait depuis longtemps à intervenir dans le Nouveau-Monde et à établir une monarchie au Mexique afin d'arrêter l'accroissement des États-Unis. Le président de la République mexicaine, Juarez, fournit un prétexte à l'hostilité de notre gouvernement impérial. Les finances se trouvant, en 1861, dans une situation très précaire, Juarez suspendit pour deux ans l'exécution des conventions par lesquelles le Mexique avait affecté le revenu de ses douanes au paiement de ses créanciers étrangers. La France, l'Angleterre et l'Espagne rompirent avec le Mexique et convinrent d'exiger de la République mexicaine « une protection plus efficace pour les personnes et les propriétés de leurs sujets, ainsi que l'exécution des obligations contractées envers elles ». Les trois puissances s'engageaient d'ailleurs « à n'exercer, dans les affaires du Mexique, aucune influence de nature à porter atteinte au droit de la nation mexicaine de choisir librement la forme de son gouvernement ».

Une escadre espagnole, portant près de 6.000 soldats, partit de Cuba, arriva devant Vera-Cruz (8 décembre 1861) et occupa la ville. Un mois après débarquèrent 2.400 Français et un millier d'Anglais.

Les trois puissances s'entendirent aussi longtemps qu'il s'agit d'exiger du Mexique de justes réparations. Mais Napoléon III ayant montré qu'il voulait non traiter, mais renverser à tout prix le gouvernement mexicain pour y substituer un empire dont l'archiduc d'Autriche, Maximilien, serait le chef, l'Angleterre et l'Espagne se retirèrent.

La France envoya de nouvelles troupes au Mexique. En septembre 1863, le corps expéditionnaire, placé sous le commandement du général Forey, comptait plus de 38.000 hommes et près de 6.000 chevaux. La forte place de Puebla fut enlevée après un siège terrible de deux mois (17 mai). Comme à Saragosse, il fallut attaquer, les uns après les autres, cinquante églises et couvents aux épaisses murailles transformées en forteresses.

Le 10 juin, les Français entrèrent à Mexico que Juarez avait évacué pour continuer la guerre de guérillas.

EXÉCUTION DE L'EMPEREUR MAXIMILIEN ET DE SES COMPAGNONS.

Le général Foyer institua à Mexico une junte de gouvernement qui s'adjoignit un certain nombre de notables. Cette assemblée décida l'établissement d'une monarchie et désigna pour le trône l'archiduc Maximilien d'Autriche. Une députation vint lui offrir un sceptre d'or. L'archiduc hésita longtemps; mais Napoléon III, qui négociait avec lui depuis deux ans, redoubla d'efforts pour obtenir son acceptation.

Maximilien se décida enfin et s'embarqua le 14 avril 1864. Il fit son entrée à Mexico le 12 juin; il fut assez bien accueilli d'abord, mais il fut tout de suite aux prises avec des difficultés inextricables. Il s'entendit mal avec le général Bazaine, qui venait d'être placé à la tête du corps d'occupation, et ne trouva personne qui le secondât parmi les Mexicains.

La guerre continuait dans les provinces, où Juarez, intrépide, inébranlable, reculait de place en place sans jamais cesser la lutte. A la grande guerre il avait substitué la petite, la guerre de partisans. Une grande partie du Mexique obéissait maintenant, sinon au gouvernement impérial mexicain, du moins à la force étrangère; que cette force vînt à manquer, l'écroulement de cet empire fragile était certain.

L'évacuation pourtant commença. Aux termes de la convention signée en 1864 par Maximilien, les troupes françaises devaient quitter le territoire mexicain à mesure que l'empereur du Mexique aurait organisé les troupes nécessaires pour les remplacer. L'intervention des États-Unis vint précipiter le rappel de nos soldats; le gouvernement américain, qui voyait avec peine le rétablissement d'une monarchie au Mexique, exigea du gouvernement français, dans les premiers jours de 1866, l'évacuation du Mexique dans le délai d'un an. L'armée française évacua Mexico le 5 février 1867. Les Français partis, Maximilien essaya de tenir la campagne avec des troupes sans cohésion. Juarez lui infligea plusieurs échecs successifs. Il fut bientôt refoulé sur Queretaro, clef de la partie centrale du Mexique. Il s'y défendit deux mois, puis fut réduit à rendre son épée. Traduit devant un conseil de guerre, il fut condamné à mort, avec ses compagnons, les généraux Miramon et Mijia. Les trois condamnés tombèrent sous les balles le 19 juin.

RUDE (François), célèbre statuaire, naquit à Dijon le 4 janvier 1784.

Fils d'un poêlier, il apprit d'abord le métier de son père; mais entraîné par un goût très vif et doué de dispositions remarquables, il alla suivre les cours de l'École des beaux-arts de Dijon. Son père l'y avait autorisé à la condition « qu'il ne se ferait pas artiste ».

En 1809 il vint à Paris, où il fut élève de Cartellier et obtint, en 1812, le grand prix de Rome.

A la chute de l'Empire, il se retira à Bruxelles, y reçut les conseils du grand peintre David et exécuta plusieurs travaux importants. De retour à Paris, en 1827, il acquit en peu de temps une réputation méritée qui a grandi jusqu'à sa mort (3 novembre 1855).

Parmi ses œuvres, on cite surtout une *Vierge immaculée* (église Saint-Gervais); *Mercure rattachant ses talonnières ailées* (musée du Luxembourg); *Jeune pêcheur napolitain jouant avec une tortue*; le *Départ des Volontaires*, groupe de l'Arc de triomphe de l'Étoile; le *Baptême du Christ* (église de la Madeleine); *Louis XIII*, statue en argent exécutée pour le duc de Luynes; *Tombeau de Godefroy Cavaignac;* statues de *Lapeyrouse, Monge, Bertrand, Ney*, bustes de *Dupin aîné, David, Poussin, Houdon*, etc., etc.

DAVID D'ANGERS (Pierre-Jean), statuaire, né à Angers, le 12 mars 1789, était le fils d'un sculpteur sur bois. Venu à Paris en 1808, il remporta, en 1813, le grand prix de Rome. La statue du *Grand Condé*, dont il fut chargé en 1816, commença sa réputation.

Membre de l'Institut et professeur à l'École des beaux-arts en 1846, David d'Angers fut élu représentant à l'Assemblée constituante le 23 avril 1848 et siégea à gauche. Adversaire déclaré du prince Louis-Napoléon, il fut éloigné de France à la suite des événements de décembre 1851. Il alla visiter la Grèce et revint mourir à Paris, le 5 janvier 1856.

Il serait trop long d'énumérer les œuvres nombreuses de David.

Les sculptures de l'immense fronton du Panthéon sont une des plus connues.

Voici, d'après un biographe des plus compétents, l'appréciation du talent de David : « ¡Une des principales qualités de David, c'est d'être exact et poétique à la fois. Le costume de notre époque ne le gêne point; il lui donne de l'ampleur, de la noblesse; l'habit ne couvre point son héros: il le revêt, il le pare; on voit le sang généreux glisser sous l'étoffe, on devine le cœur battant fort sous la poitrine. »

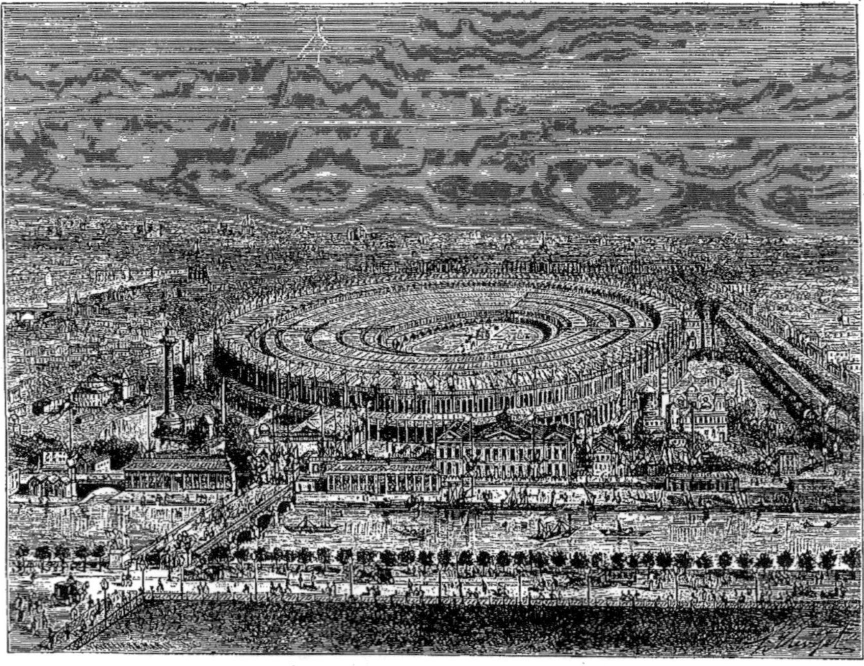

EXPOSITION UNIVERSELLE DE 1867.

Le 1ᵉʳ avril 1867 s'ouvrit la nouvelle Exposition universelle. Celle de 1855 s'était tenue dans le Palais de l'Industrie; cette fois, on avait entrepris de frapper les imaginations et d'éblouir la France et l'Europe par une création entièrement nouvelle. Les produits d'art et d'industrie des cinq parties du monde s'étalaient au Champ de Mars dans une série de cercles concentriques dont le premier était formé par une multitude de cafés, de restaurants, de concerts, où l'on goûtait les mets et où l'on entendait la musique de toutes les nations. Des jardins improvisés entouraient de leurs masses de verdure des palais mauresques, des pavillons égyptiens, chinois, persans, des spécimens des habitations de toutes les contrées de la terre. Le palais du Champ de Mars produisait l'impression d'une conception ingénieuse et grandiose.

En attirant dans Paris une multitude de riches étrangers, l'Exposition fut l'occasion d'un effréné débordement de luxe et de frivolité; mais l'Exposition, en elle-même, n'était pas frivole. Elle était dans tout son éclat en mai; toute l'Europe y affluait, et l'Amérique et l'Orient même. Les rois et les princes des principales cours se succédaient autour de Napoléon III, attirés par la curiosité.

L'Exposition fut fermée le 4 novembre. L'impression qu'emportèrent les étrangers fut non point l'admiration, mais l'envie de notre richesse et l'opinion de notre affaiblissement moral, politique et militaire. La légèreté, l'ignorance, l'esprit superficiel de la cour de Napoléon III avaient singulièrement frappé nos hôtes. Les visiteurs prussiens repartirent encouragés dans leurs ambitions et dans leurs convoitises, et affermis dans la conviction de leur supériorité. Ils se promettaient la facile conquête de cette Babylone perdue de voluptés.

Personne ne soupçonnait, sous le Paris du second Empire, le Paris des quatre mois de siège, ce Paris indomptable à la souffrance, invincible au fer et au feu, et qui ne pouvait succomber que devant la faim.

DUPANLOUP (Félix-Antoine-Philibert), évêque d'Orléans, né à Saint-Félix (Savoie) en 1802,
mort en 1878, fut ordonné prêtre en 1825, devint
aumônier de la dauphine, confesseur du jeune
duc de Bordeaux, supérieur du petit séminaire,
puis vicaire général du diocèse de Paris.

Orateur éloquent et polémiste remarquable,
l'abbé Dupanloup prit une part active à la lutte
engagée entre le parti catholique et l'Université,
et se prononça en faveur de la liberté de l'enseignement. Nommé évêque d'Orléans en 1849, il
s'occupa avec activité de l'éducation de la jeunesse et fut un des promoteurs de la loi scolaire
de 1850. Partisan convaincu de l'antiquité grecque et latine, il refusa de proscrire dans son diocèse l'étude des auteurs païens et eut, à cette
occasion, des démêlés retentissants avec le journal *l'Univers*. Lors du concile du Vatican (1869),
il se prononça contre la doctrine de l'infaillibi-
lité du pape, mais se soumit humblement à la
décision du concile. Membre de l'Académie française depuis 1854, il donna avec éclat sa démission à la suite de l'élection de Littré (1871).

Député à l'Assemblée nationale, sénateur inamovible en 1876, à la tribune comme dans la
presse, il se montra jusqu'au bout l'adversaire
implacable de la politique républicaine.

VEUILLOT (Louis), publiciste, né à Boynes
(Loiret), mort à Paris (1813-1883) était fils d'un
ouvrier tonnelier. Il entra à treize ans dans une
étude d'avoué; mais un goût très vif le poussant
vers la carrière de journaliste, il fit lui-même
son éducation littéraire, entra à la rédaction de
l'Écho de la Seine-Inférieure, puis devint rédacteur en chef du *Mémorial de la Dordogne*. Écrivain sceptique, railleur, polémiste ardent et
caustique, il s'attira de nombreux duels.

Après avoir dirigé la *Paix* à Paris, il fit un
voyage à Rome et en revint transformé (1838).
Catholique croyant et militant, il écrivit des livres pieux, entra à *l'Univers* (1843) et, à partir de
ce moment, déclara une guerre acharnée à l'Université et se voua avec passion à la défense des
intérêts catholiques, attaquant avec le même
acharnement les universitaires, les philosophes,
les républicains, les socialistes, censurant même
les évêques qui n'étaient pas de son opinion.
L'Univers fut plusieurs fois suspendu, comme
provoquant au mépris du gouvernement et
troublant la paix publique. Malgré ses nombreux
procès et de nombreuses condamnations,
Veuillot continua la lutte et, jusqu'à sa dernière
heure, sous tous les régimes, exhala toutes ses
colères de polémiste intransigeant.

ATTENTAT DE BEREZOWSKI.

L'empereur de Russie, Alexandre II, était arrivé à Paris le 1er juin 1867, non sans avoir beaucoup hésité. Il n'ignorait pas en effet les marques de sympathie prodiguées en France au peuple polonais, si durement opprimé par la Russie. Mais la police impériale avait garanti qu'il n'y avait rien à redouter, ni des Parisiens, ni des réfugiés polonais.

Malgré les belles assurances du préfet de police, le cri de : « Vive la Pologne! » retentit maintes fois dans Paris aux oreilles du tsar, et il se produisit bientôt un fait plus grave.

Le 6 juin, une brillante revue de 60,000 hommes fut passée devant l'empereur de Russie, le roi de Prusse et l'empereur Napoléon, sur le champ de courses du Bois de Boulogne. Au retour, près de la Cascade, lors du passage de la première voiture du cortège, un coup de pistolet partit de la foule. Napoléon III, l'empereur de Russie et deux de ses fils occupaient cette première voiture découverte. Aucun d'eux ne fut atteint. L'auteur de l'attentat fut immédiatement arrêté. C'était un jeune Polonais de dix-huit ans, nommé Berezowski. Traduit devant le jury, il bénéficia des circonstances atténuantes, grâce à son âge et à ses bons antécédents.

Alexandre II vit dans cet arrêt une offense; il ne laissa rien paraître de ses impressions et prolongea son séjour; mais ni les protestations des grands corps de l'État, ni le langage très correct de la presse démocratique, ni les nouvelles fêtes qu'on prodigua au tsar n'apaisèrent le ressentiment qu'il garda contre Napoléon III et contre la France.

DURUY (Jean-Victor), historien, né à Paris le 11 septembre 1811. Fils d'un dessinateur des Gobelins, il entra, en 1830, à l'École normale, fut nommé professeur d'histoire au collège de Reims, puis au collège Henri IV à Paris, devint inspecteur de l'académie de Paris, maître de conférences à l'École normale, professeur à l'École polytechnique, inspecteur général de l'enseignement secondaire et, le 23 juin 1863, ministre de l'instruction publique. Il se signala par une remarquable activité et, avec les vues les plus larges et les plus libérales, introduisit dans son département de nombreuses réformes. Il développa la gratuité dans les écoles primaires, organisa les cours d'adultes, créa l'enseignement secondaire spécial, les cours secondaires des jeunes filles, fonda l'école des hautes études et des laboratoires d'enseignement et de recherches.

Il quitta le ministère en 1869 et, nommé sénateur, se consacra exclusivement à ses travaux historiques. Parmi ses nombreux ouvrages, les plus importants sont l'*Histoire des Romains* (1844-1848) et l'*Histoire des Grecs* (1887-1889).

Membre de l'Académie des inscriptions (1873), de l'Académie des sciences morales (1879) et de l'Académie française (1884), V. Duruy est mort à Villeneuve-Saint-Georges en 1894.

ROULAND (Gustave), homme politique, né à Yvetot (Seine-Inférieure) le 1ᵉʳ février 1806, fit son droit à Paris, entra dans la magistrature en 1828 et devint avocat général à la Cour de cassation (mai 1847). Il avait été élu député à Dieppe en 1846. Il donna sa démission de magistrat à la révolution de 1848; réintégré dans ses fonctions le 10 juillet 1849, il fut, en 1853, nommé procureur général près la Cour impériale de Paris.

Le 13 août 1856, à la mort de Fortoul, l'empereur l'appela au ministère de l'instruction publique et des cultes, qu'il occupa jusqu'au 23 juin 1863. Il inaugura l'enseignement professionnel et s'attacha à relever le niveau des études. Comme ministre des cultes, il défendit avec beaucoup de fermeté les droits de l'État contre les prétentions des évêques.

Ministre présidant le Conseil d'État, vice-président du Sénat, membre du conseil supérieur de l'instruction publique, gouverneur de la Banque de France (28 septembre 1864), il conserva sa place après la chute de l'Empire. Aux élections de 1876, le département de la Seine-Inférieure l'élut sénateur. Il siégea à la droite bonapartiste et mourut au cours de la législature, le 12 décembre 1878.

GAMBETTA AU PROCÈS BAUDIN.

L'Exposition universelle, malgré tout son éclat, ne calma pas les inquiétudes de la nation. L'opposition se faisait de plus en plus violente. Le 1er mai 1868 parut le premier numéro du journal hebdomadaire *La Lanterne*, dans lequel M. Henri de Rochefort attaquait, avec une verve insultante et une raillerie impitoyable, non seulement les actes et les hommes de l'Empire, mais la personne même de l'empereur.

Le 2 novembre, le jour des Morts, une manifestation eut lieu devant la tombe du représentant Baudin, mort le 3 décembre 1851 pour la défense des lois et de la République. On y parla très violemment contre le pouvoir qui avait « assassiné Baudin » et qui était « encore debout ». On cria : « Vive la République! » et, les jours suivants, plusieurs journaux ouvrirent une souscription pour élever un monument à Baudin. Ils furent traduits en justice.

Les débats s'ouvrirent le 13 novembre par une plaidoirie de M. Crémieux; le lendemain Emmanuel Arago, succédant à Crémieux, termina son plaidoyer en rappelant les honneurs funèbres qu'on avait rendus à Morny. « Que le second Empire, s'écria-t-il, dresse des statues à ses complices, mais qu'il nous laisse une tombe pour Baudin... ce nom signifie la loi assassinée! »

D'Emmanuel Arago la parole passa à un jeune avocat de 29 ans, jusqu'alors ignoré du grand public. Il se nommait Léon Gambetta. Au lieu de discuter la cause de son client, il fit le procès de l'Empire et, dans un langage éclatant, flétrit les hommes du 2 Décembre, « sans talent, sans honneur, perdus de dettes et de crimes ».

« Le procès du coup d'État, clama-t-il de sa voix puissante, a été jugé hier; il le sera demain, toujours, jusqu'à ce que la conscience universelle ait reçu satisfaction. Depuis dix-sept ans, vous qui êtes les maîtres de la France, vous n'avez jamais osé célébrer le 2 décembre comme un anniversaire national; eh bien! cet anniversaire, c'est nous qui le prenons! »

Il alla ainsi jusqu'au bout. Un tonnerre d'applaudissements se prolongeait de la salle d'audience jusque dans la foule qui attendait au dehors. Les accusés furent condamnés; mais l'Empire resta frappé d'un coup irréparable et l'opposition reconnut en Gambetta un de ses chefs.

ROUHER (Eugène), homme d'État, naquit à Riom le 30 novembre 1814. Inscrit au barreau de cette ville, il acquit de bonne heure de la réputation comme avocat d'affaires. Député à la Constituante et à la Législative, il fut ministre de la justice dans les cabinets des 30 octobre 1849, 1er avril et 2 décembre 1851. Nommé vice-président du Conseil d'État en 1853, il devint, en 1855, ministre du commerce, de l'agriculture et des travaux publics et prépara le fameux traité de commerce du 23 janvier 1860 avec l'Angleterre. Président du Conseil d'État, puis ministre d'État et président du Sénat, il prit souvent la parole pour défendre la politique impériale et mérita jusqu'à l'avènement du ministère Ollivier, par l'influence très marquée qu'il exerça sur la marche des affaires, la qualification de vice-empereur.

Après la révolution du 4 Septembre, il suivit l'impératrice en Angleterre, d'où il organisa une tentative de restauration de l'Empire qui échoua. Arrêté à Boulogne et transféré à Arras, il s'échappa et s'enfuit en Belgique.

Nommé député de la Corse en 1871, il organisa une active propagande en faveur d'une restauration impériale, et forma un comité de l'Appel au peuple. La mort du prince impérial mit fin à son rôle politique ; il mourut le 3 février 1884.

OLLIVIER (Olivier-Émile), né à Marseille le 2 juillet 1825, se fit recevoir avocat à Paris en 1847. Nommé, en février 1848, commissaire général de la République dans les Bouches-du-Rhône, puis préfet, il quitta l'administration, en 1849, pour rentrer au barreau.

Élu député de la Seine en 1857, comme candidat de l'opposition, il prit place parmi les membres de ce petit groupe qu'on appelait « les Cinq ». Réélu en 1863, il se sépara peu à peu de la gauche et, à dater de 1867, se rallia pleinement au gouvernement. Le 27 décembre de cette même année, il reçut la mission de former le premier cabinet parlementaire. Il ne fit rien pour éviter une rupture avec la Prusse. La guerre déclarée, il n'hésita pas à dire qu'il en acceptait les conséquences « d'un cœur léger ».

Tombé du pouvoir après nos premières défaites, il se retira en Italie, d'où il revint en 1873 pour prendre sa place à l'Académie française qui l'avait élu membre le 7 avril 1870. Candidat malheureux aux élections législatives de 1876 et de 1877, M. E. Ollivier attira encore pendant quelque temps l'attention sur sa personnalité par des conférences et des communications à divers journaux, puis se résigna à vivre dans la retraite et dans l'oubli.

M. THIERS A LA TRIBUNE.

Les agrandissements de la Prusse, depuis Sadowa, avaient éveillé l'attention de Napoléon III, qui ne voyait pas sans crainte un empire redoutable se constituer sur nos frontières. D'autre part, les progrès de l'opposition républicaine au Corps législatif inquiétaient l'empereur. Il fallait une guerre pour relever le prestige de l'Empire. Cette guerre n'était pas moins nécessaire au comte de Bismarck pour achever l'unité allemande. Le ministre prussien nous tendit un piège et obligea la France à déclarer la guerre à la Prusse.

Lorsque, le 15 juillet 1870, M. Émile Ollivier annonça à la Chambre la rupture des négociations avec la Prusse en demandant d'urgence un crédit de 50 millions, Thiers prit la parole pour s'opposer de toutes ses forces à une guerre pour laquelle il nous savait peu préparés. Sa voix fut couverte par les interruptions, les cris, les injures de la droite. Cinquante énergumènes lui montraient le poing, l'injuriaient, disant qu'il souillait ses cheveux blancs. Il alla jusqu'au bout; brisé de fatigue, les larmes dans les yeux, il adjura la Chambre de ne pas engager si légèrement la fortune de la France. Mais le maréchal Lebœuf déclara que nous avions huit ou dix jours d'avance sur l'ennemi et jeta ce mot devenu tristement fameux : « Nous sommes prêts, jusqu'au dernier bouton de guêtre. »

Les crédits furent votés par 245 voix contre 10 opposants et 5 abstentions.

MORT DU GÉNÉRAL ABEL DOUAY.

Le premier corps de notre armée, sous le maréchal de Mac-Mahon, était entre Strasbourg et la frontière. Le 3 août, Mac-Mahon porta en avant, de Haguenau sur Wissembourg, l'une de ses divisions, celle du général Abel Douay.

La position assignée à la division était hasardeuse; elle était lancée trop loin du reste du corps d'armée. Le général Abel Douay avait à peine sous la main 5,000 fantassins avec 18 pièces de canon et quelques escadrons de cavalerie. Il fit occuper Wissembourg par un bataillon et disposa le reste de ses troupes entre les lignes de Wissembourg et le sommet du Geisberg.

Le maréchal de Mac-Mahon, bien qu'averti qu'il serait attaqué le lendemain matin, ne prit point à temps les mesures nécessaires pour soutenir la division Douay. L'ennemi arriva par les hauteurs boisées qui dominent la ville et l'on ne connut son approche que lorsque ses obus commencèrent à pleuvoir dans Wissembourg. Il n'y avait d'abord qu'une division bavaroise; elle fut vigoureusement reçue et, quoique supérieure en nombre, n'obtint jusqu'à onze heures aucun avantage. Mais de onze heures à midi

elle commença d'être puissamment renforcée. Cependant soldats et habitants défendaient la ville avec obstination et Douay tenait toujours intrépidement sur le Geisberg. Une bombe fit sauter près de lui le caisson d'une batterie de mitrailleuses : un éclat le renversa mourant.

Le général de brigade Pellé prit le commandement et continua la défense. L'ennemi, grossissant toujours, pénétra dans Wissembourg; le brave bataillon, qui défendait la ville, cerné, accablé, fut enfin obligé de capituler. Les masses ennemies se lancèrent alors à l'assaut du Geisberg. Le général Pellé, accablé par le nombre, parvint à opérer sa retraite à la faveur de terrains accidentés et boisés. L'ennemi perdit quinze ou seize cents hommes; moins de six mille hommes avaient résisté héroïquement à vingt-cinq mille, qu'appuyaient d'autres masses toujours croissantes.

Tel fut le début de la fatale guerre, très honorable pour nos troupes, très alarmant au point d vue de la conduite des opérations et de la capacit' de nos chefs, qui n'avaient rien su prévoir, e qui ne surent point réparer leur imprévoyance

CHARGE DES CUIRASSIERS A REISCHOFFEN.

Le maréchal Mac-Mahon, à la tête de 40,000 hommes, hésitait s'il demeurerait à Fræschwiller, où il s'était posté pour défendre la vallée du Rhin, ou s'il se replierait sur les Vosges, lorsque, le 6 août au matin, le canon tonna; des engagements partiels commencèrent, entamant une action qui alla grandissant. Sur notre droite, nos positions étaient bonnes; malheureusement l'artillerie ennemie s'établit avec 72 pièces sur la colline de Gunstett, que le maréchal avait évacuée, et porta le ravage dans nos rangs. Nos troupes tentèrent vainement de reprendre le Gunstett. Du côté de Woërth qu'ils occupaient, les Prussiens et les Bavarois ne pouvaient déboucher sur la rive droite de la Sauër, en face de notre centre et de notre gauche. Leurs attaques, soutenues par plus de cent pièces de canon, furent repoussées. L'ennemi hésitait à continuer la bataille, lorsque recevant de formidables renforts, il reprit l'offensive. La lutte devint générale et terrible entre midi et deux heures; les Prussiens parvinrent enfin à franchir la vallée et à tourner notre droite, en enlevant le village de Morsbronn.

C'est alors qu'eut lieu, pour reprendre ce village, la première de ces fameuses charges de cuirassiers qui ont gardé une tragique renommée. Deux régiments de cuirassiers, suivis de quelques lanciers, pris entre deux feux, furent à peu près anéantis. Grâce au dévouement de nos cavaliers, l'infanterie de deux de nos divisions peut se replier sur Niederwald et sur Elsashausen; l'ennemi s'en empare. Mac-Mahon, ressaisissant l'offensive avec une énergie désespérée, combat pour les reprendre et culbute les premiers régiments prussiens jusqu'au Niederwald, mais là une formidable artillerie brise l'élan de nos soldats. D'Elsashausen, les colonnes ennemies marchent sur Fræschwiller. Pour les arrêter, on lance pour la seconde fois les héroïques cuirassiers, toute la division Bonnemain, quatre régiments de cuirassiers. Les conditions étaient pires encore qu'à Morsbronn. Le terrain inégal, accidenté, coupé de fossés, rendait impossible le déploiement de la cavalerie. Nos quatre régiments de cuirassiers furent démontés, décimés, sans même avoir pu atteindre l'ennemi.

MAC-MAHON (Marie-Edme-Patrice-Maurice de) duc de Magenta, maréchal de France, président de la République, né à Sully (Saône-et-Loire), le 15 juillet 1808, descendait d'une ancienne famille irlandaise. Élève de Saint-Cyr, il entra dans le corps d'état-major et fit ses premières armes en Algérie, où il se signala par plusieurs actions d'éclat, notamment au col de Mouzaïa et à l'assaut de Constantine. Colonel en 1845, général de brigade en 1848, général de division en 1852, il prit part à l'expédition de Crimée et, par la prise de la tour de Malakoff, décida la chute de Sébastopol. Pendant la campagne d'Italie, il remporta la victoire de Magenta et fut fait duc et maréchal de France.

Nommé gouverneur de l'Algérie en 1864, il fut appelé en 1870 au commandement du 1er corps d'armée, perdit la bataille de Freschwiller, fut blessé à Sedan et emmené prisonnier en Allemagne. Rentré en France après la signature de la paix, il fut mis à la tête de l'armée reconstituée autour de Versailles et reprit Paris sur la Commune. Le 24 mai 1873, il fut élu président de la République, en remplacement de Thiers. Démissionnaire le 30 janvier 1879, il rentra dans la vie privée et mourut le 19 octobre 1893 dans son château de la Forest (Loiret).

BAZAINE (François-Achille), maréchal de France, né à Versailles le 13 février 1811. Engagé volontaire en 1836, il alla servir en Afrique. Colonel en 1850, il commanda en Crimée une brigade d'infanterie, se signala au siège de Sébastopol et fut promu général de division en 1855.

L'expédition du Mexique acheva de le mettre en relief. Placé d'abord à la tête de la 1re division, il devint, un an après, général en chef, fit aux guérillas une guerre à outrance et conquit dans le pays une influence considérable, dont il essaya de se servir à son profit exclusif. Bazaine, qui avait été élevé à la dignité de maréchal en 1864, rêvait de déposséder Maximilien et de devenir vice-roi du Mexique. Le retrait des troupes françaises imposé par les États-Unis vint contrecarrer ses projets ambitieux.

Nommé, le 9 août 1870, au commandement de l'armée du Rhin, il se laissa bloquer dans Metz, immobilisa son armée dont il croyait avoir besoin pour la réalisation de ses hautes visées politiques et capitula honteusement le 27 octobre. Traduit en 1873 devant un conseil de guerre et condamné à mort à l'unanimité, Bazaine vit sa peine commuée en vingt années de détention. Enfermé dans l'île Sainte-Marguerite, il s'évada et alla mourir en Espagne.

BATAILLE DE REZONVILLE.

Après la retraite de l'armée de Mac-Mahon sur Châlons, l'empereur avait remis le commandement en chef de l'armée du Rhin entre les mains du maréchal Bazaine, avec mission de marcher sur Châlons. Les troupes ne se mirent en mouvement que le 14 vers midi. L'armée, commença de passer sur la rive gauche de la Moselle. Vers quatre heures, le troisième corps, qui n'avait pas encore passé, fut attaqué brusquement par l'avant-garde de la première armée ennemie. Notre quatrième corps fut attaqué à son tour. Après une lutte de plusieurs heures, les Prussiens furent repoussés sur toute la ligne. Cette journée, qu'on a nommé la bataille de Borny, était honorable pour nos armes ; mais l'ennemi avait arrêté notre mouvement, il nous avait fait perdre un jour et l'avait gagné pour sa concentration.

L'armée française se remit en marche le 15. Le lendemain, Bazaine, quand les moments étaient si précieux, donna l'ordre de faire halte pour ne se remettre en route que dans l'après-midi.

Vers neuf heures, le feu éclata tout à coup sur notre gauche ; une pluie d'obus tomba sur nos campements à Vionville.

Après plusieurs attaques repoussées, le dixième corps prussien, appuyé par le feu écrasant de vingt batteries, parvint à refouler notre deuxième corps vers Rezonville ; mais une division d'infanterie de la garde rétablit bientôt le combat. A notre droite, notre sixième corps avait pris et gardé l'avantage.

Nos troisième et quatrième corps entraient en ligne à leur tour. La division Cissey culbuta et rejeta sur Tronville, avec de grandes pertes, l'infanterie de la gauche ennemie. Les deux régiments de dragons de la garde prussienne s'élancèrent sur notre infanterie ; ils eurent à peu près le sort de nos cuirassiers de Reischoffen. Il y eut ensuite un grand choc de cavalerie contre cavalerie. Après une mêlée furieuse, les cavaliers ennemis se replièrent, couvrant la retraite de leur infanterie.

La nuit tombait. Bazaine arrêta l'action. Le résultat était le même que celui de l'avant-veille ; les attaques allemandes avaient échoué ; nous avions le dessus le plus souvent, mais l'ennemi avait réussi à nous retarder.

INCENDIE DE BAZEILLES.

Une seconde armée s'était formée au camp de Châlons, sous le commandement du maréchal de Mac-Mahon. L'empereur, qui avait quitté Metz le 14 août, arriva le 16. Il ne devait être qu'un embarras à Châlons comme à Metz.

Après un conseil de guerre tenu à Reims, le 21 au soir, il fut décidé qu'on irait au secours de l'armée de Metz. Le lendemain, l'armée se mit en marche sur Montmédy. L'opération pouvait réussir à condition qu'elle fût conduite avec une extrême célérité. L'armée, au contraire, n'avança qu'avec une lenteur désespérante.

Les Allemands cependant avançaient sur Châlons à marches forcées. Le 25, ils connurent notre marche sur Metz. Les III° et IV° armées eurent ordre de converger vers Mac-Mahon. Une première escarmouche eut lieu le 27, à Buzancy. Mac-Mahon, comprenant qu'il ne pouvait plus rien pour Bazaine, résolut de se rabattre sur l'Ouest; mais, sur des ordres pressants venus du ministère de la guerre, il reprit sa marche vers l'Est. Le 30 août, tandis que son aile gauche franchissait la Meuse, son aile droite fut attaquée à Beaumont par l'armée du prince de Saxe.

Mise en déroute après une belle résistance, elle parvint à passer sur la rive droite de la Meuse, mais dans une confusion et un pêle-mêle affreux.

Mac-Mahon, s'exagérant l'importance de l'échec subi, ordonna la retraite sur Sedan. La ville est dans un fond, une sorte d'entonnoir traversé par la Meuse. Le maréchal eût dû, au lieu de s'arrêter là, faire filer nos corps sur Mézières, sans laisser à l'ennemi le temps nécessaire pour resserrer le cercle dont il cherchait à envelopper notre armée.

Il fallut accepter la bataille contre des forces plus que doubles. L'action s'engagea le 1er septembre, dès le point du jour, par une attaque des Bavarois contre Bazeilles. Le général Lebrun et les excellents régiments de marine du douzième corps défendirent vigoureusement le village. Ce fut rue par rue, maison par maison qu'il fallut enlever Bazeilles. Une fois maîtres du village, les Bavarois, exaspérés par la résistance de nos soldats et des habitants, mirent le feu aux maisons et se livrèrent à des actes de sauvagerie; une centaine d'habitants, des femmes, des enfants, des vieillards, furent massacrés.

BOMBARDEMENT DE STRASBOURG.

Le 31 août, le député alsacien Keller apporta à la tribune du Corps législatif de lamentables nouvelles.

« Strasbourg, dit-il, ne sera plus bientôt qu'un monceau de ruines ; les faubourgs sont détruits ; le quart de la ville est brûlée ; la bibliothèque, la cathédrale, le Temple-Neuf, l'hôpital sont à peu près réduits en cendres. Les femmes et les enfants se réfugient dans les égouts, seul abri contre les bombes. C'est par la terreur, par l'incendie, par la ruine, c'est en tuant les femmes et les enfants, c'est en détruisant les maisons et les monuments, que l'armée assiégeante veut forcer Strasbourg à capituler. Ce n'est pas tout : les paysans français sont contraints, contre toutes les lois de la guerre, à construire les batteries et les tranchées ennemies, de sorte que les assiégés se trouvent dans l'obligation ou de laisser ces travaux s'accomplir ou de diriger leurs balles contre des poitrines françaises. »

En effet, la magnifique cathédrale était mutilée ; le Temple-Neuf était anéanti ; la bibliothèque, qui comptait quatre-vingt mille volumes et douze mille manuscrits des plus précieux, et le musée si riche en monuments de l'antiquité gauloise étaient la proie des flammes.

Le *Journal Officiel* avait annoncé, le matin, que la volonté de résister était générale à Strasbourg. La Chambre déclara par acclamation « que Strasbourg avait bien mérité de la patrie et que cette noble et chère cité ne cesserait jamais d'être française ».

Les Allemands, n'arrivant à rien par le bombardement que Strasboug endurait avec une magnifique constance, furent obligés d'entreprendre un siège en règle. Le général Uhrich, brave et honnête soldat, qui commandait la place, n'avait pas même dans les mains la garnison normale d'un temps de paix. Une vigoureuse sortie, le 2 septembre, ne réussit pas. Les souffrances allaient croissant. Le 14 septembre, un nouveau préfet, envoyé par le gouvernement républicain, Edmond Valentin, pénétra dans Strasbourg en franchissant à la nage la rivière d'Ill sous une pluie de balles. Mais il était trop tard ; ce vaillant homme ne pouvait plus que s'associer au malheur de Strasbourg.

L'héroïque cité capitula le 28 septembre.

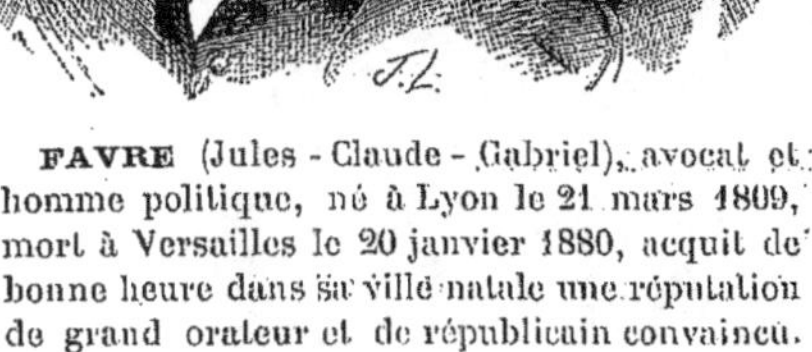

FAVRE (Jules - Claude - Gabriel), avocat et homme politique, né à Lyon le 21 mars 1809, mort à Versailles le 20 janvier 1880, acquit de bonne heure dans sa ville natale une réputation de grand orateur et de républicain convaincu.

Représentant de la Loire à la Constituante, député du Rhône à la Législative, il devint l'un des chefs du parti démocratique.

Après le coup d'État, il se tint éloigné de la politique et plaida plusieurs causes célèbres. Nommé député en 1858, réélu en 1863, il fit partie du fameux groupe des « Cinq » et fut, par son éloquence passionnée, l'adversaire le plus redoutable de l'Empire.

Membre du gouvernement de la Défense nationale et ministre des affaires étrangères, au 4 septembre 1870, il adressa aussitôt à nos agents diplomatiques une circulaire dans laquelle se trouvaient ces mots qu'on lui a souvent reprochés : « Nous ne céderons ni un pouce de notre territoire, ni une pierre de nos forteresses. » Le 24 janvier 1871, il dut se résigner à aller à Versailles discuter avec Bismarck les conditions de la capitulation de Paris.

Jules Favre, qui avait été reçu en 1867, membre de l'Académie française, fut élu sénateur du Rhône lors des élections du 30 janvier 1876.

ARAGO (François-Victor-Emmanuel), avocat et homme politique, né à Paris le 6 août 1812 suivit d'abord la carrière des lettres, puis se fit avocat. Il prit part aux événements de 1848 et fut nommé commissaire général de la République près du département du Rhône.

Député des Pyrénées-Orientales à l'Assemblée constituante, réélu à la Législative, il donna sa démission après le coup d'État du 2 décembre et reprit sa profession d'avocat. Élu député de Paris, en 1869, Emmanuel Arago alla siéger à gauche. Proclamé membre du gouvernement de la Défense nationale et chargé par intérim du ministère de la justice, il fut, après l'armistice, envoyé à Bordeaux pour faire exécuter le décret du gouvernement sur les élections, et devint ministre de l'intérieur.

Élu représentant des Pyrénées-Orientales aux élections du 8 février 1871, M. Emm. Arago se fit incrire au groupe de la Gauche républicaine, soutint la politique de Thiers et se montra l'adversaire résolu de la coalition monarchiste. Sénateur en 1876 et constamment réélu, Emmanuel Arago a été nommé, par décret du 11 juin 1880, ambassadeur à Berne, où il n'a cessé de représenter la France jusqu'à sa mort (26 novembre 1896).

JULES FAVRE AU BALCON DE L'HOTEL DE VILLE.

A la nouvelle du désastre de Sedan, Jules Favre déposa à la Chambre une proposition aux termes de laquelle Louis-Napoléon Bonaparte et sa dynastie étaient déclarés déchus des pouvoirs que leur avait conférés la Constitution.

La proposition fut renvoyée à l'examen d'une commission. Comme la Chambre ne se hâtait pas de sortir de ses bureaux, les hommes qui encombraient les tribunes perdirent patience, descendirent sur l'escalier extérieur et appelèrent la foule en criant : « Vive la République! » Le peuple répondait sur le quai. Un bataillon de garde nationale, venant de la place de la Concorde, franchit le pont; derrière lui la masse populaire se précipite, franchit les grilles et envahit la salle des séances, accueillant le retour des députés aux cris

mille fois répétés de : « Vive la République! »

Gambetta monte à la tribune pour déclarer, au nom de la Chambre, que : « Louis-Napoléon et sa dynastie ont à jamais cessé de régner sur la France. » La foule applaudit, mais réclame la proclamation de la République. — « Oui, vive la République! répond Gambetta. Allons la proclamer à l'Hôtel de Ville! »

Un gouvernement de la Défense nationale fut aussitôt constitué; il fut composé de Gambetta, Jules Favre, Emmanuel Arago, Crémieux, Jules Ferry, Garnier-Pagès, Eugène Pelletan, Jules Simon, Rochefort, Glais-Bizoin, Ernest Picard, sous la présidence du général Trochu, gouverneur de Paris.

Jules Favre lut, du haut du balcon de l'Hôtel de Ville, la liste qui fut acclamée par la foule.

LES MANIFESTATIONS PATRIOTIQUES DEVANT LA STATUE DE STRASBOURG.

Aussitôt après la bataille de Sedan, les Allemands s'étaient hâtés de marcher sur Paris, dont la résistance ne leur paraissait pas pouvoir être de longue durée.

Paris se mit vaillamment en mesure de soutenir le siège. Le sentiment national était puissamment réveillé. La première des nécessités était d'assurer la subsistance des habitants. De grands approvisionnements avaient été faits déjà, durant les trois dernières semaines de l'Empire. On poursuivit activement les achats, quoiqu'on ne crût pas du tout que le siège durât quarante-cinq jours.

On avait des multitudes d'hommes; on n'avait pas ou presque pas de vrais soldats; trop peu d'armes et peu de bonnes armes. On avait fait venir de nos ports plus de 200 pièces de marine avec une élite d'hommes de mer rendus disponibles par le désarmement de notre flotte; il y avait là près de 14,000 vaillants marins, commandés par une demi-douzaine de contre-amiraux et de vice-amiraux. Ce fut l'élément le plus solide de la défense.

On avait en même temps mandé les gardes mobiles d'une vingtaine de départements; il en était arrivé plus de 100,000 au 13 septembre. Le 9, était entré dans Paris le 13° corps, ramené en toute hâte de Mézières par le général Vinoy après le désastre de Sedan. Il n'y avait ni armes, ni munitions en quantité suffisante. Armes, munitions, canons, furent fabriqués; l'industrie parisienne pourvut à tout.

Le 18 septembre, lorsque les Prussiens arrivèrent sur les forts de Paris, nous avions 60,000 soldats de ligne, 110,000 mobiles, 360,000 gardes nationaux; mais le plus grand nombre de ces derniers n'étaient ni habillés, ni armés. On réussit finalement à en armer 250,000.

Paris avait foi en lui-même; mais il était bien anxieux du dehors. Il ne lui arrivait que des bruits vagues sur Metz; on s'obstinait à espérer en Bazaine. Mais les angoisses croissaient pour Strasbourg, dont on avait su, avant Sedan, l'affreux bombardement et la désolation. Chaque jour, les pèlerinages patriotiques de mobiles et de gardes nationaux allaient saluer, sur la place de la Concorde, la statue de la noble cité voilée de crêpe et de drapeaux :

CHATEAU DE FERRIÈRES.

Tandis que la direction militaire préparait la défense de Paris, Jules Favre s'efforçait de trouver au dehors quelque appui à la France. Il tenta d'obtenir que l'Angleterre, l'Autriche et l'Italie interposassent ensemble leur médiation. L'Autriche et l'Italie s'y montrèrent disposées, mais l'Angleterre répondit qu'elle ne pouvait offrir de médiation avant que le principe en eût été accepté par les deux parties.

Cependant, à la demande de Jules Favre, le ministre des affaires étrangères d'Angleterre avait posé à Bismarck la question de savoir s'il voulait une conférence pour traiter d'un armistice et examiner les conditions de paix. Bismarck ayant répondu qu'il était prêt à entrer en négociation pour la paix, mais non pour l'armistice, Jules Favre prit la résolution d'aller trouver Bismarck. S'il y avait une chance, si faible qu'elle fût, d'épargner à des millions d'hommes les calamités prévues, il voulait la tenter. Jules Favre sortit de Paris le 18 septembre et rencontra Bismarck le lendemain au château de la Haute-Maison, près de Montry. Bismarck énonça exactement les prétentions territoriales qu'il a imposées

six mois plus tard. Il n'admettait d'armistice à aucun prix. Jules Favre offrit : « Tout l'argent que nous avons, mais pas de territoire. »

Dans une seconde entrevue, le soir, au château de Ferrières, où était descendu le roi de Prusse, Bismarck se montra moins absolu quant à l'armistice, mais y mit comme condition : l'occupation de Strasbourg, avec la garnison prisonnière, l'occupation de Toul et des places des Vosges, et, quant à Paris, l'occupation du Mont-Valérien ; les hostilités continueraient autour de Metz ; au lieu du Mont-Valérien, le roi pourrait accepter la continuation du *statu quo* pour Paris, c'est-à-dire pas de ravitaillement pendant l'armistice. Jules Favre se retira. Il n'avait pu retenir ses larmes, devant ces impitoyables exigences. Le dur Allemand se railla fort de cette douloureuse émotion, le lendemain, avec ses familiers.

Au retour de Jules Favre à l'Hôtel de Ville, le conseil, à l'unanimité, déclara la négociation impossible en pareils termes. Le gouvernement de la Défense nationale résolut de continuer la lutte.

DÉFENSE DE CHATEAUDUN.

Parmi les faits d'armes qui ont, dans la guerre de 1870, sauvé l'honneur du nom français, il en est peu qui aient soulevé un élan aussi unanime d'admiration que la défense de Châteaudun.

Le 18 octobre 1870, un corps de 5,000 Prussiens se présentait devant Châteaudun, ville ouverte qu'on n'avait pu songer à mettre en état de défense. Quelques gardes nationaux, un corps de francs-tireurs de Paris, une poignée de volontaires, à peine douze cents hommes au total, occupaient la ville.

Lorsque les uhlans de l'avant-garde ennemie se présentèrent, des ouvriers de chemin de fer se jetèrent sur eux, n'ayant pour armes que leurs outils. Puis la ville se couvrit de barricades. Tout ce qu'il y avait d'habitants en état de combattre s'arma; à défaut d'armes de guerre, on prit des fusils de chasse, des pistolets et l'on se prépara à une résistance opiniâtre.

De midi à neuf heures du soir, trente pièces de canon firent tomber sur la ville une pluie d'obus et de boulets. Les murs s'écroulaient; les toits s'effondraient; l'incendie s'allumait aux quatre coins de la ville; mais les défenseurs de Châteaudun tenaient toujours derrière les barricades, ripostant avec fureur. On vit, au milieu de la mitraille, une jeune fille courir de barricade en barricade, porter des munitions aux combattants. Mme Jarrethout, cantinière des francs-tireurs de Paris, se fit remarquer par son courage et son dévouement.

Quand les Prussiens eurent réussi à pénétrer dans la ville en tournant les barricades, les nôtres se défendirent rue par rue, maison par maison; puis enfin, abordant l'ennemi sur la place, ils se précipitèrent sur lui à la baïonnette. Mais il fallut céder au nombre, et alors, fièrement, les restes de cette troupe héroïque, protégeant la sortie des habitants, abandonnèrent la ville.

Le gouvernement de la Défense nationale, pour rendre hommage à la population et aux héroïques défenseurs de Châteaudun, décréta le 20 octobre que cette ville avait bien mérité de la patrie. Sous la présidence du maréchal de Mac-Mahon, un décret du 3 octobre 1877 conféra la décoration de la Légion d'honneur à la noble cité, en spécifiant que cette décoration figurerait dans ses armoiries.

LA GARDE NATIONALE DE PARIS AUX REMPARTS.

La ferme attitude de la population tout entière à la nouvelle de l'entrevue de Ferrières et des négociations rompues aussitôt qu'entamées, montra une fois de plus que Paris était résolu à subir l'épreuve dernière de la résistance à outrance. La défense s'organisait avec fièvre. Les quinze forts qui entouraient la capitale, pourvus d'une forte artillerie et défendus par nos vaillants marins, défiaient toutes les attaques de l'ennemi; les remparts, garnis de nombreux canons, étaient occupés par la garde nationale qui, pendant toute la durée du siège, fit preuve du zèle le plus actif et du dévouement le plus grand. Le temps était splendide : les privations ne se faisaient pas sentir encore, sauf une seule, mais pénible pour tous : la séparation d'avec le dehors, l'absence ou l'extrême rareté des nouvelles. L'unique moyen de correspondre était les pigeons voyageurs qu'emportaient les ballons et qui rapportaient, de loin en loin, des lettres réduites, par un procédé photographique, à des dimensions microscopiques.

On reconstituait par des efforts prodigieux une immense artillerie. La direction de l'artillerie arriva à former 97 batteries de campagne (582 pièces); avec les souscriptions des citoyens, le Conservatoire des arts et métiers créa les canons de 7, se chargeant par la culasse, qui égalaient en portée les pièces prussiennes.

Les actions militaires se succédaient rapidement. Dès le 22 septembre, un retour offensif fut opéré sur les Hautes-Bruyères et le moulin Saquet, qui furent repris et conservés jusqu'à la fin du siège. Le 30, le général Vinoy essaya de reprendre Choisy et assaillit vigoureusement les villages de Chevilly et de l'Hay; mais les Allemands avaient eu le temps de s'y fortifier. On fut arrêté après un demi-succès. Le 13 octobre Vinoy exécuta une grande reconnaissance sur le plateau de Châtillon. La garde mobile se conduisit brillamment. Le 21, une autre affaire plus retentissante eut lieu à l'ouest. Nos troupes, après des efforts héroïques, enlevèrent la Malmaison de Buzenval. Dans la nuit du 27 au 28, le général de Bellemare se rendit maître du Bourget; mais dépourvu d'artillerie et attaqué le lendemain par des forces supérieures, il dut, après une résistance acharnée, se replier sur Saint-Denis.

PICARD (Louis-Joseph-Ernest), homme politique, né à Paris le 24 décembre 1821, se fit recevoir avocat et acquit de bonne heure, par son talent de parole, une grande notoriété.

En 1851, il protesta contre le coup d'État. Élu député de la Seine en 1858, comme candidat à l'opposition, il fut un de ceux qu'on appelait « les Cinq » et qui firent au gouvernement impérial une guerre acharnée. Membre du gouvernement de la Défense nationale, au 4 septembre 1870, il eut le portefeuille des finances et contribua par sa fermeté à la délivrance et ses collègues lors de l'insurrection du 31 octobre. Élu représentant de Seine-et-Oise et de la Meuse à l'Assemblée nationale, aux élections du 8 février 1871, il opta pour ce dernier département, fut nommé par M. Thiers ministre de l'intérieur; mais, sans cesse en butte aux attaques violentes du parti monarchiste, il démissionna le 31 mai 1871 et refusa le poste de gouverneur de la Banque de France qu'un décret du 5 juin lui conféra.

Ministre de France à Bruxelles de 1871 à 1873, il revint siéger à la Chambre, fut un des membres les plus actifs du centre gauche et prit part à toutes les discussions importantes. Nommé sénateur inamovible en 1875, il ne joua plus qu'un rôle effacé jusqu'à sa mort (13 mai 1877).

TROCHU (Louis-Jules), général, né à Belle-Isle-en-Mer (Morbihan), le 12 mars 1815, sortit de Saint-Cyr et servit sous le maréchal Bugeaud, en Algérie. Colonel en 1853, il fut promu général de brigade en Crimée, devint général de division en 1859 et se distingua dans la guerre d'Italie.

La publication de son livre l'*Armée française*, en 1867, volume inspiré de sentiments orléanistes, lui valut la disgrâce de Napoléon III. Au début de la guerre de 1870, il resta sans emploi. Après les premières défaites, il fut nommé gouverneur de Paris, et au 4 Septembre président du gouvernement de la Défense nationale.

Il s'appliqua à mettre en défense la capitale et à organiser une armée de gardes mobiles et de gardes nationaux formés en compagnies de marche; mais comptant moins sur cette armée que sur le secours de la province, semblant d'ailleurs mettre toute sa confiance dans des moyens surnaturels de salut, il laissa, sans les inquiéter les Allemands investir rigoureusement Paris. Les sorties qu'il ordonna comme malgré lui furent médiocrement conduites.

Élu à l'Assemblée nationale dans huit départements, Trochu siégea au centre droit. Démissionnaire en 1872, il rentra dans la vie privée et mourut en 1896.

LE 31 OCTOBRE A L'HOTEL DE VILLE.

Une triple nouvelle éclata dans Paris, du 30 au 31 octobre : la perte du Bourget, la capitulation de Metz et enfin l'arrivée de Thiers venant négocier un armistice.

On disait partout que c'était la capitulation de Paris après celle de Metz. Paris fermentait; les esprits flottaient de la douleur à la colère. Les hommes de désordre en profitèrent.

Le 31 octobre, la foule, gardes nationaux et hommes sans uniformes, se porta sur l'Hôtel de Ville. On criait : « La Commune! Pas d'armistice! » L'Hôtel de Ville fut envahi et fut, pendant de longues heures, le théâtre de scènes confuses et bizarres. Les meneurs, voyant des bataillons de la garde nationale lever la crosse en l'air sur la place, s'enhardirent et essayèrent d'arracher aux membres du Gouvernement leurs démissions.

Ceux-ci refusant inébranlablement de se démettre, malgré les menaces de mort, on tenta de se passer de leur consentement et l'on proclama un gouvernement nouveau dans la grande salle.

Cependant la garde nationale, revenue de son premier mouvement, arrivait de tous côtés se mettre aux ordres du gouverneur de Paris. Les gardes nationaux et les gardes mobiles reprirent possession de l'Hôtel de Ville; ceux des membres du gouvernement qui étaient restés là, depuis la veille, dans une position si critique, furent délivrés; on laissa les envahisseurs se disperser.

Le gouvernement jugea nécessaire de se soumettre à un plébiscite parisien le 3 novembre. Il obtint 587,000 voix contre 62,638. Il se trouvait ainsi raffermi dans Paris, par le fait même de la sédition qui avait voulu le renverser.

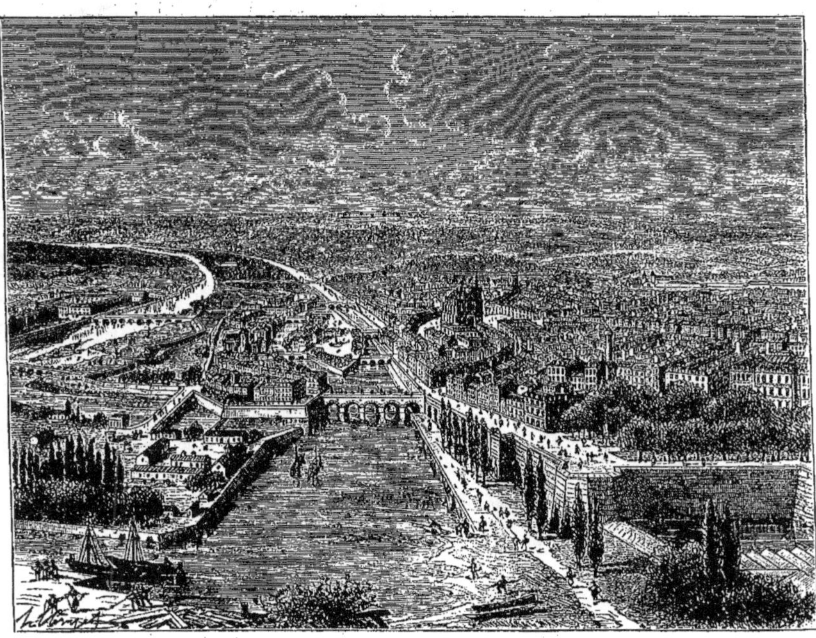

METZ.

Après la bataille de Saint-Privat, Bazaine s'é-
tait replié sous Metz. Croyant la partie perdue
pour la France, il ne songeait plus qu'à se réserver, garder son armée dans sa main, à son
profit personnel, devint sa pensée unique.

Toutes ses opérations militaires témoignèrent
de son intention de ne pas s'engager à fond.
Malgré la qualité de ses vieilles troupes, il n'essaya pas sérieusement de rompre le cercle de
fer tracé autour de lui. Un simulacre de sortie
eut lieu le 26 août. Sur la nouvelle de la marche
de Mac-Mahon, il ordonna, le 29, de se préparer pour le 30; puis il contremanda le mouvement. Il renouvela son ordre pour le 31 août, ne
fit aucun préparatif sérieux; il attaqua à 4 heures du soir, après avoir laissé à l'ennemi tout le
temps de se mettre en défense. Le combat se prolongea jusqu'au lever du jour. L'ennemi, épuisé,
manquant de munitions, allait être forcé dans ses
positions qui nous livraient la route de Thionville, lorsque le maréchal donna l'ordre de rentrer dans les camps. (combat de Noisseville).

Pendant la quinzaine qui suivit, il ne fit rien
contre l'ennemi ni pour les approvisionnements.
Cependant les vivres s'épuisaient; pour fournir
la viande, on commençait d'abattre les chevaux.
Les fourrages manquaient, les chevaux mouraient de faim. En vain les officiers, les soldats,
les habitants mêmes réclamaient une action
décisive. Bazaine ne voulait rien faire. Pour donner le change, il ordonna, le 7 octobre, une nouvelle sortie. Les troupes y montrèrent la même
énergie que par le passé. Comme dans toutes les
actions précédentes, on rentra après une inutile
effusion de sang (combat de Ladonchamps). Ce
fut la dernière apparence d'effort que fit Bazaine.

Lorsque les vivres se firent rares, il négocia.
L'armée pouvait encore tenter un suprême effort,
essayer de se frayer un passage par la force;
beaucoup auraient succombé, mais beaucoup sans
doute seraient passés et l'honneur eût été sauf:
Bazaine, inquiet de ces projets, affecta des préparatifs de sortie et, durant des semaines, leurra
le soldat de cet espoir.

L'ARMÉE DE METZ BRULANT SES DRAPEAUX.

Bazaine signa, le 27 octobre, la honteuse capitulation de Metz; les conditions étaient Metz livrée, l'armée prisonnière de guerre, avec armes, drapeaux, bagages et matériel. L'ennemi accordait du moins à nos troupes les honneurs de la guerre, c'est-à-dire le défilé en armes, tambours battants, enseignes déployées, les assiégeants présentant les armes, comme un hommage au courage malheureux. Ce n'est qu'après ce cérémonial accompli que la troupe qui a capitulé dépose les armes.

Bazaine refusa les honneurs de la guerre; il refusa cette dernière consolation pour ses soldats. Il n'osait défiler à la tête de l'armée qu'il livrait.

Bazaine, en invitant l'armée à éviter les actes d'indiscipline, comme la destruction d'armes et de matériel, n'avait pas osé parler des drapeaux. Il comprit qu'un ordre directement donné ne serait pas obéi; il usa des plus bas subterfuges. Il prescrivit de réunir les drapeaux de tous les corps à l'arsenal, en annonçant qu'ils y seraient brûlés; puis il prescrivit au directeur de l'arsenal de les conserver.

Dans le plus grand nombre des corps, on remit les drapeaux, avec la croyance qu'ils seraient brûlés. D'autres virent plus clair.

Le colonel Péan, du 1er grenadiers de la garde, déchira le drapeau de son régiment et conserve ces glorieux lambeaux. Le colonel Lecointe, du 2e grenadiers, en fit autant.

A la circulaire de Bazaine, le général Jeanningros répondit par la note suivante :

« Les drapeaux de mes deux régiments ont été déchirés par mon ordre et les morceaux distribués aux deux régiments; les drapeaux de ma brigade n'iront pas à Berlin. »

Le général Lapasset écrivit à son chef de corps :

« Ma brigade ne rend ses drapeaux à personne; elle ne se repose sur personne de la triste mission de les brûler. »

Le général de Laveaucoupet fit également brûler les drapeaux de sa division. D'autres chefs encore suivirent cet exemple. C'est ainsi que trente et un de ces nobles insignes furent sauvés de la souillure que leur réservait l'indigne chef de l'armée.

AURELLE DE PALADINES (Louis-Jean-baptiste d'), général, né à Malzieu (Lozère) le 9 janvier 1804, sortit de l'École de Saint-Cyr comme sous-lieutenant, servit en Afrique, de 1841 à 1848, devint colonel en 1849 et général de brigade en 1851. Il fit la campagne de Rome, puis celle de Crimée où il conquit son grade de général de division (17 mars 1855).

Mis dans le cadre de réserve en 1869, il fut rappelé à l'activité après la déclaration de guerre à la Prusse et placé à la tête de la division de Marseille. La révolution du 4 septembre 1870 le déposséda; mais un décret du 14 novembre suivant l'appela au commandement de la 1re armée de la Loire. D'Aurelle de Paladines tint tête au général allemand de Thann et remporta la brillante victoire de Coulmiers (9 novembre); la perte de la bataille de Beaune-la-Rolande l'empêcha de défendre Orléans. Nommé représentant à l'Assemblée nationale, aux élections du 8 février 1871, il fut un des quinze commissaires choisis pour suivre les négociations de paix avec la Prusse. Commandant supérieur de la garde nationale de la Seine, puis placé à la tête de la 14e division militaire à Bordeaux, le général d'Aurelle fut élu sénateur inamovible en 1875. Il est mort à Versailles le 17 décembre 1877.

CHANZY (Antoine-Eugène-Alfred), naquit à Nouart (Ardennes), le 18 mars 1823. A 16 ans, il s'engagea dans la marine. Entré à l'École de Saint-Cyr en 1841, il en sortit sous-lieutenant aux zouaves en 1843. Chef de bataillon en 1856, il se distingua dans la guerre d'Italie et prit part, comme lieutenant-colonel, à l'expédition de Syrie. Colonel le 6 mai 1864, général de brigade le 11 décembre 1868, il commandait la subdivision de Tlemcen lorsque éclata la guerre de 1870. Le gouvernement de la Défense nationale le nomma général de division et lui confia le commandement du 16e corps, à l'armée de la Loire. Il prit, en cette qualité, une part brillante à la victoire de Coulmiers et à la bataille de Patay. Appelé quelque temps après au commandement de la 2e armée de la Loire, Chanzy lutta avec habileté et énergie contre trois armées allemandes et se couvrit de gloire dans cette héroïque retraite du Mans qu'il opéra derrière la Mayenne, après une lutte désespérée.

Élu représentant du département des Ardennes en 1871, il fut nommé gouverneur général de l'Algérie, sénateur, puis ambassadeur en Russie. Il commandait le 6e corps d'armée à Châlons-sur-Marne, lorsqu'il mourut presque subitement, le 5 janvier 1883.

BATAILLE DE COULMIERS.

La délégation du gouvernement de la Défense nationale à Tours, qui avait Gambetta à sa tête, était parvenue à former trois armées : l'armée de la Loire, sous d'Aurelle de Paladines ; l'armée du Nord, sous Faidherbe ; l'armée de l'Est, sous Bourbaki. Elles devaient combiner leurs mouvements de manière à débloquer Paris.

Tandis que Gambetta hâtait fiévreusement l'organisation de ses corps d'armée, Frédéric-Charles, avec ses 200,000 hommes que la capitulation de Metz rendait disponibles, s'était mis en marche et se dirigeait vers la Loire. Il fallait se hâter, battre ce qu'on avait devant soi et reprendre Orléans, tandis qu'il n'y avait encore aux environs que le corps bavarois de Von der Thann.

Sur les instances de Gambetta, l'armée de la Loire se mit en mouvement. Un premier engagement, avantageux pour nos troupes, eut lieu, le 7 novembre, à Saint-Laurent-des-Bois. La marche en avant continua et, le 9, on rencontra l'ennemi à quelque distance en avant d'Orléans. Nos jeunes troupes montrèrent un courage admirable. Après une lutte opiniâtre, le 15e corps, sous les ordres d'Aurelle de Paladines, et le 16e, commandé par Chanzy, enlevèrent successive-

ment toutes les positions ennemies. Coulmiers, centre de l'action, opposait une telle résistance que nos troupes hésitaient. Le général Barry mit pied à terre et s'élança vers le village en criant : « Vive la France ! En avant les mobiles ! » Tous suivirent et tout fut emporté.

L'armée ennemie eût été, non seulement battue, mais détruite, si le commandant de la cavalerie eût secondé les autres généraux ; malheureusement, il avait commis faute sur faute.

Orléans fut repris. En recevant la nouvelle de la victoire de Coulmiers, Paris crut les mauvais jours finis. Il s'imaginait déjà voir l'armée de la Loire devant ses murailles. Marcher sur Paris, c'était l'ardent désir du gouvernement de Tours. En cinq jours, d'Aurelle de Paladines pouvait atteindre les positions des Allemands devant la capitale. Mais d'Aurelle, ennemi d'entreprises étendues, ne bougea pas, préférant attendre à Orléans, dans un camp retranché, l'attaque des Allemands. L'armée du prince Frédéric-Charles, qui arrivait à marches forcées, battit et dispersa l'armée de la Loire à Beaune-la-Rolande, à Artenay, à Patay. Il fallut de nouveau abandonner Orléans, et Chanzy se replia sur le Mans.

DUCROT (Auguste-Alexandre), général, né à Nevers le 24 février 1817, sortit de Saint-Cyr et alla servir en Afrique. Général de brigade en 1858, il fit en 1859 la campagne d'Italie et fut promu général de division le 7 juin 1865.

Au début de la guerre avec la Prusse, il reçut le commandement de la 1re division du 1er corps d'armée, sous Mac-Mahon, se battit à Reischoffen et prit part à la bataille de Sedan. Lors de la capitulation, il refusa d'accepter les conditions faites aux officiers qui s'engageraient à ne pas servir pendant la durée de la guerre. Interné à Pont-à-Mousson, il s'échappa et vint à Paris se mettre à la disposition du gouvernement. Placé à la tête des 13e et 14e corps, il concourut vigoureusement à la défense de Paris et livra aux Allemands plusieurs combats meurtriers, mais qui demeurèrent sans résultat.

Le 8 février 1871, il fut élu député par le département de la Nièvre et prit place sur les bancs de la droite. Il donna sa démission en 1872 pour exercer le commandement du 8e corps d'armée à Bourges. Mais l'hostilité qu'il ne cessa de manifester contre les institutions républicaines lui fit retirer son commandement (10 janvier 1878).

Admis dans le cadre de réserve, il se retira à Versailles, où il mourut le 16 août 1882.

VINOY (Joseph), général, né à Saint-Étienne-de-Geoirs le 10 août 1800, fut d'abord destiné à l'état ecclésiastique. Il quitta le séminaire, en 1823, pour s'engager. Il fit ses premières armes en Afrique, d'où il revint en 1850 avec le grade de colonel.

Général de brigade lors de la guerre de Crimée, il se distingua à l'Alma et à Malakoff et fut promu général de division. En Italie, il se signala à Magenta et à Solferino. Nommé sénateur et placé dans le cadre de réserve en 1865, il fut rappelé à l'activité, après la déclaration de guerre à la Prusse en 1870, et mis à la tête du 13e corps, concentré à Mézières. N'ayant pu prendre part à la bataille de Sedan, il réussit à échapper aux Allemands et, par une retraite savante et habile, sut ramener ses troupes à Paris.

Commandant en chef de la troisième armée, pendant le siège de Paris, il repoussa les Prussiens à Châtillon et à Bagneux, et dans la grande sortie du 19 janvier 1871 enleva Montretout et le château de Buzenval. Le 22 janvier, il reçut le commandement en chef de l'armée de Paris et eut la triste mission de capituler, le 28.

Nommé grand chancelier de la Légion d'honneur en 1872, le général Vinoy est mort le 28 avril 1880.

BATAILLE DE CHAMPIGNY.

Le général Trochu avait tout combiné pour déboucher par les presqu'îles de Genevilliers et d'Argenteuil, franchir l'Oise et se porter en avant de Rouen, par Gisors et Magny. Une dépêche de Gambetta ayant fait connaître, le 18 novembre, que l'armée de la Loire viendrait par le sud-est, Trochu résolut de transférer au-dessus du confluent de la Marne l'opération qui avait été conçue en vue du confluent de l'Oise. L'armée de Ducrot devait passer la Marne, entre Joinville et Bry, tandis que le général Vinoy attaquerait Choisy, en amont de la Seine, et qu'en aval, l'amiral La Roncière assaillirait Épinay.

La construction des ponts volants ayant été retardée par une crue soudaine de la Marne, il fut impossible d'attaquer le lendemain matin et l'on dut ajourner de vingt-quatre heures le grand coup. Les divers chefs de corps furent prévenus, excepté Vinoy. On le laissa attaquer seul, afin d'occuper l'ennemi; idée fâcheuse qui n'aboutit qu'à sacrifier du monde pour rien et à affaiblir Vinoy pour l'action du lendemain.

Le mouvement général put enfin s'opérer le 30, au matin. Notre premier corps chassa de Champigny les troupes saxonnes; le deuxième enleva vigoureusement les premiers postes allemands sur les pentes de Villiers. Parvenus sur le plateau, nos soldats trouvèrent les deux parcs de Cœuilly et de Villiers crénelés et protégés par une puissante artillerie. Nos troupes montrèrent le plus brillant courage, mais, malgré plusieurs attaques héroïques, ne réussirent pas à forcer les deux parcs. Le général Ducrot attendait son troisième corps, qui devait décider l'affaire par un mouvement tournant; ces troupes arrivèrent trop tard. La nuit approchait; il fallut arrêter le combat.

L'armée coucha sur les positions conquises. Mais la nuit fut dure pour notre armée, qui eut à supporter un froid des plus rigoureux. La bataille recommença le 2 décembre. L'ennemi renforcé attaqua sur toute la ligne. Nos bataillons résistèrent héroïquement. L'ennemi dut se replier de toutes parts. Cette victoire malheureusement n'était pas décisive. L'ennemi gardait les positions qu'on n'avait pu lui enlever la veille. Voyant l'état lamentable de ses soldats, Ducrot, dès le 3 décembre, décida de repasser la Marne.

FAIDHERBE (Louis-Léon-César), général et sénateur, né à Lille, le 3 juin 1818, mort à Paris le 28 septembre 1889.

Élève de l'École polytechnique et de l'École de Metz, sous-lieutenant du génie en 1840, il servit en Algérie et prit part à plusieurs expéditions. Envoyé au Sénégal comme sous-directeur du génie en 1852, promu chef de bataillon en 1854 et nommé gouverneur du Sénégal, il passa quatre années en expéditions contre les Maures Trarzas et les peuples du Cayor, du Fouta, du Bondou, soumit leurs territoires à la domination française et organisa le pays.

Promu général de brigade en 1863, l'état de sa santé l'obligea à quitter le Sénégal. De 1867 à 1870, il commanda la subdivision de Bône.

Lors de la déclaration de guerre à la Prusse, il demanda vainement à être employé dans l'armée du Rhin; mais après nos premiers désastres, Gambetta le nomma commandant en chef de l'armée du Nord. Vainqueur des Allemands à Pont-Noyelles et à Bapaume, il fut battu à Saint-Quentin, mais se retira en bon ordre.

Élu plusieurs fois député, puis sénateur, le général Faidherbe fut nommé grand chancelier de la Légion d'honneur et membre de l'Académie des Inscriptions et Belles-Lettres.

DENFERT-ROCHEREAU (Pierre-Marie-Philippe-Aristide), né le 11 janvier 1823, à Saint-Maixent (Deux-Sèvres), sortit le premier de l'École d'application de Metz. Capitaine au moment de la guerre d'Orient, il servit en Crimée et fut grièvement blessé à l'assaut de Malakoff. Envoyé en Algérie en 1860, il y était promu chef de bataillon en 1863.

Il était depuis six ans commandant de Belfort lorsque éclata la guerre avec la Prusse. Nommé lieutenant-colonel, puis colonel et gouverneur de cette place les 7 et 8 octobre 1870, il déploya pour sa défense des qualités militaires et une énergie qui lui ont mérité la reconnaissance de ses compatriotes, l'estime et l'admiration de l'ennemi. Le 18 février 1871, il obtint de sortir avec armes et bagages. L'héroïque défenseur de Belfort fut élu député du Bas-Rhin à l'Assemblée nationale (1871). Démissionnaire après la perte de l'Alsace, il fut réélu par trois départements et opta pour la Charente-Inférieure. Lorsqu'il mourut, le 11 mai 1878, il était député de Paris et questeur de la Chambre.

Une statue lui a été élevée à Montbéliard en 1879 et une autre dans sa ville natale, en 1880. De plus, un décret du 15 mai 1878 a donné le nom du colonel à l'un des forts de la place de Belfort.

LE GÉNÉRAL FAIDHERBE A LA BATAILLE DE BAPAUME.

Le général Faidherbe, placé à la tête de l'armée du Nord, résolut d'opérer une diversion afin de sauver le Havre que menaçaient les Allemands. De Lille, il marcha vers la Haute-Somme et de là vers l'Oise, puis tourna brusquement sur Amiens et s'établit solidement, au nord de la Somme, sur les hauteurs de la rive gauche de la petite rivière d'Hallue. Manteuffel, revenu en toute hâte de la Normandie, vint l'attaquer le 23 décembre. On se battit avec opiniâtreté; les villages situés le long de l'Hallue furent plusieurs fois pris et repris; mais nos troupes restèrent maîtresses des hauteurs.

Cette journée, connue sous le nom de bataille de Pont-Noyelles, avait été extrêmement honorable pour nos troupes. Manteuffel ne renouvela pas son attaque et alla mettre le siège devant Péronne. Faidherbe, après quelques jours de repos donnés à nos soldats, se remit en mouvement le 1er janvier. L'ennemi, pour couvrir le siège de Péronne, avait porté une partie de ses forces jusqu'au delà de Bapaume. Faidherbe vint l'assaillir dans les villages où il s'était cantonné et, après quelques engagements sans grand succès, risqua, le 3 janvier, une attaque générale. La journée s'acheva tout à notre avantage; après une lutte acharnée, la plupart des positions de l'ennemi autour de Bapaume furent emportées.

Faidherbe ne se crut pas assez fort pour poursuivre ses avantages et ramena son armée dans ses cantonnements, au sud d'Arras. Le 10 janvier, nos troupes ravitaillées se remirent en marche; mais, le lendemain, en entrant à Bapaume, elles apprirent que Péronne s'était rendue. Faidherbe résolut alors de se porter sur Saint-Quentin. Après avoir repoussé une attaque des Allemands, il prit position sur les deux rives de la Somme, formant de ses troupes un demi-cercle à l'ouest et au midi de Saint-Quentin. L'ennemi vint nous assaillir avec de grandes forces. Durant de longues heures, les attaques des Allemands échouèrent et leurs colonnes furent refoulées avec des pertes considérables. Ils finirent cependant par nous déborder. Obligé de céder devant les forces supérieures, Faidherbe put néanmoins dégager l'armée de Saint-Quentin, où l'ennemi pénétrait déjà, et regagna Cambrai par une marche de nuit.

SIÈGE DE PARIS : LA QUEUE DEVANT LES CANTINES MUNICIPALES.

La nerveuse énergie de Paris s'exaltait en raison même des souffrances populaires, qui allaient croissant. Le froid persistait; les vivres diminuaient. Par cette rigoureuse température, le bois de chauffage, le charbon s'épuisaient, manquaient.

On avait débuté par rétablir la taxe du pain et de la viande. Puis les maires avaient rationné, à l'exception du pain, la viande et les divers comestibles que le ministre du commerce mettait à leur disposition. Le 16 décembre, on décréta la réquisition des chevaux, dont la viande entrait de plus en plus dans la consommation. Dans la prévision de l'insuffisance prochaine des farines, on commença de mêler au froment le riz et l'avoine.

Les maires avaient pris, dès le mois d'octobre, la résolution hardie de monopoliser le pain et la viande, les bouchers et les boulangers n'était plus que les commis des municipalités. C'était déroger à tous les principes de l'économie domestique, mais une situation si terriblement anormale nécessitait des moyens absolument exceptionnels. Cet expédient prévint bien des abus, bien des désordres, bien des spéculations criminelles, car bien peu de citoyens avaient conservé des réserves de vivres.

Les souffrances n'arrachaient pas une plainte à la population.

On revoyait, devant les cantines municipales, ces queues interminables de femmes, d'enfants, de vieillards qu'on avait vues, devant les portes des boulangers, durant la disette de la première Révolution, et ceci, durant de longues heures, les pieds dans la neige ou dans la boue glacée, La patience, la résignation de cette population infortunée arrachait des larmes à ses magistrats, témoins chaque jour de cette misère supportée sans murmure, avec simplicité, quelquefois même avec des retours de gaieté française.

Le peuple de Paris déployait des qualités inattendues, inouïes. Cette extraordinaire tension morale était notre honneur et notre force, mais devait devenir notre péril. Le peuple faisait bien au delà de ce qu'on avait attendu de lui, mais il exigeait du gouvernement plus que celui-ci n'était capable de faire et il s'irritait de ne pas l'obtenir.

SCÈNE DU BOMBARDEMENT DE PARIS : LA SORTIE DE L'ÉCOLE.

Paris était investi depuis plus de trois mois, lorsque les Prussiens ouvrirent le feu sur nos forts du Nord, le 27 décembre 1870. Quelques jours après commença, sans sommation, le bombardement de la ville, qui alla redoublant de rage de jour en jour.

La tentative de destruction réclamée depuis des mois contre la grande cité par les cris de l'Allemagne se poursuivit avec acharnement. Le bombardement était dirigé, non contre les fortifications, mais contre l'intérieur de la ville, contre la population et non contre l'armée.

Comme à Strasbourg, les Prussiens tiraient de préférence sur les monuments publics de Paris, et, de plus sur les hôpitaux et les ambulances.

Le grand hospice de la Salpêtrière, l'hospice des Jeunes-aveugles, l'hôpital militaire du Val-de-Grâce, les hôpitaux de la Charité et de la Pitié furent criblés d'obus.

Rien ne fut épargné par le feu de nos ennemis : le Panthéon, l'église de la Sorbonne, les Écoles normale, de droit et de médecine, le Muséum, le musée du Luxembourg, les bibliothèques, les prisons, les ambulances, ainsi qu'un grand nombre de maisons particulières.

Dans la nuit du 8 au 9 janvier 1871, la pluie de fer fut particulièrement terrible. En quelques heures, des centaines d'obus tombèrent dans l'espace compris entre la place Saint-Sulpice et le théâtre de l'Odéon.

Les projectiles écrasèrent ou mutilèrent plusieurs malades dans leurs lits, à l'hôpital militaire du Val-de-Grâce. Ce monument était d'ailleurs reconnaissable à une distance de plusieurs lieues par son dôme élevé. Aussi a-t-il été moins ménagé que les autres.

Des enfants ont été mortellement atteints dans les bras de leur mère. Un seul obus tua quatre enfants et en blessa cinq autres à la sortie d'une école communale de la rue de Vaugirard.

L'aspect des quartiers bombardés devint de plus en plus sinistre. On voyait de longues files de petites charrettes, chargées de pauvres mobiliers, traînées par les familles que chassait de leur domicile cette grêle meurtrière. La vaillante population parisienne souffrit en silence de la faim, du froid et de la mitraille sans se laisser jamais arracher une seule plainte.

REGNAULT (Alexandre-Georges-Henri), peintre français, naquit à Paris, le 31 octobre 1843. Sorti du lycée en 1861, il fréquenta quelque temps l'atelier de Flandrin et entra à l'École des Beaux-Arts. Au concours de 1866, il remporta le prix de Rome et, après deux ans de séjour à la villa Médicis, il envoya une œuvre remarquable : *Automédon, le conducteur des chevaux d'Achille.* Ce beau début rappelait les commencements d'Eugène Delacroix.

Au salon de 1868, les portraits de *Madame Duparc* et du *Général Prim* obtinrent un légitime succès. Son œuvre la plus remarquable fut la *Salomé*, peinture originale et audacieuse, qui fit sensation dans le monde des artistes et mit en pleine lumière le beau talent de Henri Regnault. En 1870, Regnault alla d'Espagne à Tanger d'où il envoya à Paris son dernier tableau *l'Exécution sans jugement.*

Lorsque retentirent les bruits de guerre contre l'Allemagne, cet artiste, déjà célèbre, accourut et, bien que dispensé du service militaire comme prix de Rome, s'engagea dans les compagnies de marche du 69ᵉ bataillon de la garde nationale. Il combattit courageusement pendant toute la durée du siège; le 19 janvier 1871, il trouva une mort glorieuse à Buzenval.

MARTIN (Bon-Louis-Henri), né à Saint-Quentin le 10 février 1810, est mort à Paris le 14 décembre 1883. Il débuta, dans la carrière des lettres, par des romans. En 1833, il publia la première édition de son *Histoire de France* en 15 volumes. Il en donna, de 1837 à 1854, une nouvelle édition, remaniée et complétée, en 19 volumes. Son œuvre, de nouveau refondue et améliorée (1855-1860, 16 volumes) lui valut le prix biennal de 20,000 francs à l'Institut et lui ouvrit, en 1878, les portes de l'Académie française.

En 1848, il fut chargé du cours d'histoire moderne à la Sorbonne ; mais la Révolution vint interrompre ses leçons. Maire du XVIᵉ arrondissement de Paris pendant le siège, Henri Martin fut élu député de l'Aisne et de la Seine, en 1871. Le département de l'Aisne le nomma sénateur en 1876.

Il a laissé encore de nombreux écrits : *Jeanne d'Arc* (1856); *Daniel Manin* (1859); *Vercingétorix,* drame héroïque (1865); *la Russie et l'Europe* (1866); une *Histoire de France populaire* illustrée, etc. Henri Martin avait le culte de la patrie. Écrivain remarquable, érudit consciencieux, penseur éminent, patriote incomparable, cet homme de bien a mérité le beau titre d'historien de la France.

BATAILLE DE BUZENVAL.

Sachant que les vivres allaient bientôt manquer et qu'il faudrait capituler, le gouvernement résolut de tenter l'effort suprême, de livrer la bataille du désespoir, qui pouvait encore tout sauver. Une proclamation, le 18 janvier au matin, annonça la bataille qui devait se livrer le lendemain. L'armée était divisée en trois colonnes. Celle de gauche, commandée par le général Vinoy, devait enlever la redoute de Montretout ; celle du centre, général de Bellemare, avait pour objectif la partie est du plateau de la Bergerie ; celle de droite, sous les ordres du général Ducrot, devait opérer sur la partie ouest du parc de Buzenval.

La journée commença bien : nous eûmes d'abord l'avantage à Montretout et à Saint-Cloud, qui furent enlevés par les troupes de Vinoy. Les soldats de Bellemare envahirent le parc de Buzenval et assaillirent avec vigueur les positions fortement retranchées de la Bergerie. La lutte se prolongea plusieurs heures avec acharnement. Vers quatre heures, l'ennemi prit l'offensive, avec une violence extrême, contre notre gauche et notre centre ; par trois fois, il parvint à re-

prendre les hauteurs de Montretout ; par trois fois il fut refoulé. Enfin la ligne des avant-postes allemands demeura en notre pouvoir. Mais la nuit arrivait et l'impossibilité d'amener de l'artillerie sur des terrains défoncés arrêta nos efforts. Les troupes étaient harassées par 12 heures de combat. Trochu ordonna la retraite.

La journée de Buzenval fut honorable dans son ensemble et même glorieuse pour la population parisienne. Les bataillons de marche de la garde nationale, dont on n'avait guère utilisé le courage jusque-là, combattirent avec intrépidité. Les morts furent nombreux. C'est dans le parc de Buzenval, où ces bataillons luttèrent de huit heures du matin à cinq heures du soir, que périrent Henri Regnault, le jeune peintre dont la renommée était déjà grande ; Seveste, de la Comédie-Française ; Gustave Lambert, qui préparait une expédition au Pôle Nord ; Charles-Besnard, premier prix du Conservatoire ; le marquis de Coriolis, volontaire à 67 ans ; le colonel de Rochebrune et tant d'autres, obscurs il est vrai, mais dont le dévouement était aussi grand, aussi patriotique.

LES FORTS DE JOUX ET DE LARMONT, PRÈS PONTARLIER.

La bataille de Buzenval fut le dernier acte de la résistance à Paris. On était arrivé aux dernières limites du rationnement; la ville n'avait plus que pour dix jours de pain. Le gouvernement, averti de l'issue malheureuse de la bataille du Mans, de l'insuccès de l'armée du Nord et du désastre de Bourbaki, entama, le 23 janvier, avec M. de Bismarck des négociations d'armistice. La capitulation fut signée le 28, en même temps qu'une convention d'armistice qui devait être appliquée à Paris immédiatement et, dans les départements, seulement sous trois jours. Exception avait été faite pour Belfort et l'armée de l'Est. Mais par un oubli incompréhensible, la délégation de Bordeaux ne fut avisée de cette exception que quarante-huit heures après.

Le gouvernement de Bordeaux avait télégraphié, le 29, l'ordre de suspendre les hostilités. Le général Clinchant, qui dirigeait, à travers les neiges du Jura, une pénible retraite, était aux prises avec l'armée de Manteuffel. Le feu fut suspendu, mais les Prussiens continuèrent d'avancer et achevèrent de lui couper la retraite. Clinchant n'était pas en état de se frayer un passage de vive force et les vivres allaient lui manquer. Il dut se résigner à jeter son armée en Suisse, pour qu'elle n'eût pas le sort des armées de Sedan et de Metz. Il demanda à ses troupes un suprême effort, afin de n'abandonner à l'ennemi ni un homme ni un canon.

Il avait confié la charge d'assurer la retraite au 18e corps, que commandait le général Billot. Cette arrière-garde honora le malheur de notre armée par un dernier combat où elle défendit avec succès les gorges voisines du fort de Joux. Les attaques de l'ennemi furent repoussées avec perte et le gros de notre armée put franchir la frontière.

Nos soldats déposèrent les armes en entrant en Suisse, conformément à la convention arrêtée entre Clinchant et le commandant des forces militaires helvétiques. Notre malheureuse armée trouva, sur cette terre hospitalière, un accueil fraternel que la France n'oubliera jamais.

Après le passage de l'armée en Suisse, les forts de Joux et du Larmont, gardés par quelques centaines d'hommes, repoussèrent l'ennemi à coups de canon et ne se rendirent pas.

LE GRAND-THÉATRE DE BORDEAUX.

Dès la signature de la convention d'armistice, Jules Favre avait expédié de Versailles un télégramme où il invitait ses collègues de la Délégation de Bordeaux à faire exécuter l'armistice et à convoquer les électeurs au 8 février. L'assemblée, à laquelle était réservé le droit de décider de la paix ou de la guerre, se réunirait à Bordeaux le 12.

En fixant les élections au 8 février, Jules Favres semblait avoir fait décréter l'impossible. On fit des prodiges d'activité, au milieu d'un bouleversement universel. Les élections eurent lieu au jour dit. Le décret électoral avait convoqué les électeurs pour nommer, au scrutin de liste par département, une assemblée de 768 membres, laquelle déciderait si la guerre devait être continuée ou à quelles conditions la paix serait faite. Il y eut peu ou point de discussions politiques. Le courant s'était prononcé dans la majeure partie du pays; il allait aux candidats qui se déclaraient pour la paix. Les républicains soutenaient la guerre à outrance; les légitimistes, les cléricaux, les orléanistes, se prononcèrent en masse pour la paix et ne montrèrent pas

d'autre drapeau. Il en résulta que les républicains n'obtinrent qu'un tiers à peu près des nominations, deux cent cinquante environ.

L'Assemblée s'ouvrit, le 12 février, au Grand-Théâtre de Bordeaux. Le 16, Jules Grévy fut élu président à la presque unanimité, et le 17, Thiers fut nommé chef du pouvoir exécutif de la République française, sous l'autorité de l'Assemblée nationale.

L'armistice de 21 jours devait expirer le 19 février; mais, le 15, il avait été prorogé jusqu'au 24. Thiers arriva le 21 à Versailles avec Jules Favre pour négocier la paix, et le 1er mars, après une douloureuse délibération, l'Assemblée ratifia les lamentables préliminaires de paix que Thiers, malgré ses énergiques protestations, avait dû subir d'un orgueilleux et implacable vainqueur.

La France payait cinq milliards d'indemnité de guerre et abandonnait à l'Allemagne Strasbourg et toute l'Alsace, Metz avec Thionville, presque tout le département de la Moselle et une partie de celui de la Meurthe.

Le traité définitif fut signé à Francfort-sur-le-Mein, le 10 mai 1871.

L'ARTILLERIE DES FÉDÉRÉS A MONTMARTRE.

L'état des esprits, à Paris, depuis l'armistice, était menaçant, plein de présages sinistres. La population parisienne, surexcitée moralement par la passion patriotique et physiquement par les privations qu'elle subissait depuis de longs mois, se retourna contre le gouvernement qui n'avait pas su chasser l'ennemi.

La garde nationale prit la résolution de résister à toutes tentatives de désarmement et forma le projet de s'opposer par la force à l'entrée des Prussiens dans Paris. Le 26 février 1871, le bruit courant que les Prussiens allaient entrer pendant la nuit, des colonnes de gardes nationaux se portèrent aux Champs-Élysées pour les combattre; d'autres bataillons, pendant ce temps, mettaient la main sur les canons parqués à la Muette et au parc Wagram et les traînaient à bras jusqu'au parc Monceau, ne voulaient point laisser leur artillerie dans les mains de l'ennemi.

L'enlèvement des canons continua pendant les journées des 27 et 28 février, sous la direction du Comité de la Fédération, qui concentra toute cette artillerie sur quelques points faciles à défendre, à Montmartre, aux Buttes-Chaumont, à la place des Vosges. Des travaux furent commencés pour protéger les pièces; des détachements de gardes nationaux enlevèrent les munitions dans tous les dépôts.

La résolution prise, le 10 mars, par l'Assemblée de siéger à Versailles irrita tout le monde. Le 12 mars, une affiche rouge sans signature accusa le gouvernement de préparer la guerre civile en faisant entrer des troupes dans Paris et de vouloir ramener la monarchie. La situation devenait de jour en jour plus grave. M. Thiers ne voulut pas laisser les canons aux mains d'une population chaque jour plus agitée et fit adopter par le conseil la résolution de s'emparer de Montmartre et des Buttes-Chaumont dans la nuit du 17 au 18 mars. Les troupes envoyées à Montmartre échouèrent et bientôt la population se leva de toutes parts. La générale battit; des barricades se dressèrent de tous côtés. Le gouvernement, mal protégé, quitta Paris et se retira à Versailles. Le Comité central de la Fédération s'installa à l'Hôtel de Ville et proclama le gouvernement de la Commune.

**L'ARMÉE D'OCCUPATION ALLEMANDE, QUITTE DÉFINITIVEMENT
LE SOL FRANÇAIS.**

Lors de la conclusion des préliminaires de paix, il avait été convenu que les Allemands conserveraient jusqu'à la paix définitive l'administration des départements occupés. Le premier milliard de la rançon devait être acquitté dans l'année courante; les quatre autres sous trois ans. L'évacuation se ferait à mesure des paiements. Thiers, désireux avant tout de précipiter l'issue de cette grande tâche de l'affranchissement du territoire, convint avec Bismarck que 650 millions de l'indemnité de guerre seraient versés en six paiements échelonnés de mois en mois jusqu'en mai 1872. En revanche, les Allemands quitteraient, dans les quinze jours, les six départements de l'Aisne, de la Côte-d'Or, de l'Aube, de la Haute-Saône, du Doubs et du Jura. Pour la première fois, on voyait évacuer avant paiement une portion du territoire, grâce à la confiance que le Président de la République avait su inspirer même à l'ennemi.

Pour commencer le paiement de l'indemnité de guerre, le gouvernement émit un emprunt de deux milliards; les souscripteurs lui en apportèrent cinq et la part des souscriptions étrangères montra combien grand encore était le crédit de la France, malgré ses malheurs.

Travailleur infatigable, M. Thiers, malgré les luttes politiques et les assauts violents qu'il eut à soutenir contre les diverses fractions de la Chambre, employa toute son activité à délivrer avant l'heure marquée les malheureuses populations encore en butte aux exactions et aux insultes de l'ennemi, et, dans la séance du 4 mars 1873, il put dire à la Chambre que des quarante départements envahis, il n'en restait plus que quatre, qui seraient d'ailleurs bientôt délivrés.

De juillet à septembre 1873, l'Allemagne continua à évacuer nos départements : Épinal, Charleville, Nancy, Rethel, Belfort, nous furent rendus. De tous les points délivrés, les adresses les plus sympathiques et les plus chaleureuses arrivaient chez M. Thiers.

Enfin, le 5 septembre, jour du dernier paiement de l'indemnité de guerre, commença l'évacuation de Verdun, dernier point du territoire occupé par l'invasion.

AUBER (Daniel-François-Esprit) compositeur, né à Caen, en 1782, mort à Paris en 1871, fut regardé de son vivant comme un des chefs de l'école française.

Destiné d'abord au commerce et envoyé à Londres pour achever de se former à la pratique des affaires, il écrivit entre temps des quatuors et des concertos, qui lui valurent les encouragements de Cherubini. Devenu l'élève du savant professeur, il acheva ses études musicales et aborda le théâtre; il y remporta d'éclatants succès.

Sa musique, plus spirituelle que savante, légère et frivole en général, mais aussi pleine de finesse et de grâce, lui valut de longs et éclatants succès.

Parmi ses œuvres si nombreuses, on peut citer *Fra Diavolo*; le *Cheval de bronze*; le *Domino noir*; Les *Diamants de la couronne*; *Haydée*; la *Fiancée du roi de Garbe*; le *Premier jour de bonheur*.

En 1828, il avait donné à l'Opéra la *Muette de Portici*, qui eut une vogue européenne. Le fameux duo *Amour sacré de la patrie* fut, à Bruxelles, le signal de la révolution de 1830.

Membre de l'Institut en 1829, Auber succéda en 1842 à Cherubini comme directeur du Conservatoire et conserva ce poste jusqu'à sa mort survenue en 1871.

GOUNOD (Charles-François), compositeur, né à Paris le 17 juin 1818, mort en 1893, était le fils d'un peintre de talent.

Élève de Lesueur et d'Halévy, grand prix de Rome en 1839, il vécut en Italie jusqu'en 1843, se passionna pour la musique sacrée et songea un moment à quitter la villa Médicis à entrer dans les ordres.

A son retour d'Italie, il devint maître de chapelle à l'église des Missions étrangères. Une *Messe solennelle*, chantée à Saint-Eustache en 1849, commença sa réputation. L'année suivante, il débuta à l'Opéra par un drame lyrique en 3 actes, *Sapho*, qui n'obtint aucun succès.

Nommé, en 1852, directeur du cours normal de chant de la ville de Paris, Gounod fut élu membre de l'Académie des Beaux-Arts au mois de mai 1866.

Parmi ses œuvres théâtrales les plus remarquables sont : le *Médecin malgré lui* (1858); *Faust* (1859), dont le succès fut immense et qui est regardé comme son chef-d'œuvre; *Philémon et Baucis* (1861); *Mireille* (1862); la *Reine de Saba* (1862); *Roméo et Juliette* (1867); *Polyeucte* (1879). En dehors du théâtre, il écrivit un nombre considérable de morceaux de musique religieuse, instrumentale, symphonique et vocale et des mélodies dont quelques-unes ont été très appréciées.

L'OPÉRA.

Le 29 septembre 1860, un décret avait déclaré d'utilité publique la construction d'une nouvelle salle d'Opéra. A la suite d'un concours ouvert la même année, 171 projets furent présentés et examinés, et le jury, à l'unanimité, confia à M. Charles Garnier la construction de l'édifice.

Les travaux, commencés en 1861, furent interrompus par les évènements de 1870. Le théâtre devait être ouvert au public le 1er janvier 1876, mais l'incendie de la salle de la rue Le Peletier, un 1873, donna une nouvelle impulsion aux travaux et l'architecte put livrer son œuvre à la fin de l'année 1874.

La façade principale du nouvel Opéra est d'un effet grandiose. Au-dessus des marches du perron s'élève le rez-de-chaussée orné de quatre statues : *le Drame*, *le Chant*, *l'Idylle*, *la Cantate*, et de quatre groupes : *la Musique*, *la Poésie lyrique*, *le Drame lyrique* et *la Danse*. Au-dessus du rez-de-chaussée s'étend la loggia. Plus loin enfin, le grand pignon de la scène terminé aux deux angles par des Pégases aux ailes déployées et surmonté par le groupe de Millet : *Apollon élevant sa lyre*. On a reproché à l'architecte l'abus des ors et des marbres multicolores ; mais ainsi qu'on l'avait prévu, quelques années ont suffi pour adoucir le trop vif éclat des dorures et harmoniser les tons.

Le grand escalier est à lui seul un monument. Par l'ingénieux agencement de toutes ses parties, la richesse des matériaux employés, le bon goût de l'ornementation, M. Garnier a su réaliser un ensemble d'une réelle majesté et d'un aspect imposant. La salle, dont les dimensions sont à peu près égales à celles de la Scala de Milan, est éclairée par une couronne de globes de cristal et par le lustre central composé de 340 lumières. Le grand foyer a 54 mètres de longueur sur 13 de largeur et 18 de hauteur ; il est orné de splendides compositions de Baudry. La scène, un vrai modèle du genre, est la plus vaste des scènes actuelles. Il faut encore mentionner le foyer de la danse, le foyer du chant, les ateliers et magasins, enfin les bâtiments réservés à l'administration et la bibliothèque musicale, qui possède la collection presque complète de toutes les œuvres représentées sur le théâtre de l'Opéra depuis son origine.

DUFAURE (Jules-Armand-Stanislas), célèbre homme d'État, né à Saujon (Charente-Inférieure) le 4 décembre 1798, mort à Rueil le 27 juin 1881.

Après avoir fait son droit à Paris, il se fit inscrire au barreau de Bordeaux, où il conquit de bonne heure la première place. Député de Saintes en 1834, il prit place dans les rangs du parti libéral constitutionnel et se fit bientôt, dans la Chambre, une haute situation.

Conseiller d'État en 1836, ministre des travaux publics en 1839, M. Dufaure se rallia franchement à la République après la révolution de 1848. Ministre de l'intérieur dans le cabinet du 13 octobre, il soutint la candidature du général Cavaignac à la présidence de la République, et donna sa démission après l'élection du prince Louis-Napoléon.

Nommé membre de l'Assemblée nationale le 8 février 1871, il devint ministre de la justice et contribua à la fondation de la République. Il reçut de nouveau le portefeuille de la justice dans le cabinet Buffet, fut élu sénateur inamovible, et vota contre la dissolution de la Chambre, au 16 mai 1877 ; après les élections du 14 octobre, il présida le ministère libéral qui occupa le pouvoir jusqu'à la démission du maréchal de Mac-Mahon (30 janvier 1879).

BROGLIE (Jacques-Victor-Amédée, duc de), né à Paris le 13 juin 1821, entra dans la diplomatie et pour ses débuts fut envoyé à Madrid sous le ministère Guizot. Sous la république de 1848 et pendant presque tout le règne de Napoléon III, il se tint à l'écart, consacrant ses loisirs à des travaux littéraires.

Député de l'Eure en 1869 et membre de l'Assemblée nationale en 1871, il fut nommé ambassadeur à Londres par Thiers, à qui il était uni par des relations déjà anciennes. Mais il ne tarda pas à se séparer de lui, et devint l'âme de toutes les combinaisons parlementaires ourdies pour renverser le président de la République.

Après le 24 mai 1873, il fut chargé par le maréchal de Mac-Mahon de la formation du ministère. Il fit proroger les pouvoirs du maréchal (septennat) et prétendit, puisque l'ordre matériel existait, rétablir *l'ordre moral*.

Nommé sénateur en 1875, le duc de Broglie fut chargé, lors du coup d'État parlementaire du 16 mai 1877, de former un cabinet de résistance. Il fit dissoudre la Chambre ; mais les élections ayant condamné sa politique, il dut se retirer.

Redevenu simple sénateur, il prit part à toutes les manifestations de la droite jusqu'en 1885, époque à partir de laquelle il ne fut plus renommé.

HOTEL DE VILLE DE PARIS.

La corporation des nautes ou bateliers (*compagnie de négociants par eau*), origine de la municipalité de Paris, installa le bureau de ses affaires dans la Cité, entre l'unique pont qui reliait alors l'île à la rive droite et le port Saint-Landry. Ce fut là le premier hôtel de ville de Paris. A l'époque des incursions des Normands, la corporation se transporta de l'autre côté de l'île, à proximité du Petit-Châtelet. De là elle émigra près la place du Grand-Châtelet. On nommait le lieu des séances la *Maison de la marchandise*. On voit ensuite les officiers municipaux tenir leurs réunions près la porte Saint-Michel, dans une vieille tour appelée le *Parloir aux bourgeois*. En 1357, le prévôt des marchands, Étienne Marcel, qui voulait fonder un hôtel de ville comme on en voyait dans les grandes cités flamandes, acheta un hôtel situé sur la place de Grève et nommé *Maison aux piliers*. Cet hôtel servit aux réunions du prévôt des marchands et des échevins jusqu'en 1532. A cette époque, on entreprit de le reconstruire sur un plan plus vaste.

La construction en fut suspendue en 1549. Un architecte italien, Dominique Boccador, dit *de Cortone*, le continua ensuite d'après un plan nouveau. Il fut achevé en 1605.

La façade se composait d'un grand pavillon flanqué de deux pavillons d'avant-corps; sur le milieu s'élevait un campanile avec une horloge exécutée en 1781. L'hôtel de ville fut considérablement augmenté en 1801. Après 1830, on songea encore à l'agrandir. Il fut complété tel qu'on le voyait avant l'incendie du 24 mai 1871.

Le nouvel Hôtel de Ville, reconstruit sur l'emplacement de l'ancien, fut commencé en 1873, sous la direction de MM. Ballu et de Perthes, architectes.

La façade de Boccador a été fidèlement reproduite; elle occupe le milieu de la face principale du monument. Conçu dans le style de la Renaissance, l'Hôtel de Ville est orné de nombreuses statues de personnages s'étant distingués dans la construction de l'ancien hôtel ou dans la défense du pouvoir municipal ou de la ville. Il a été inauguré le 14 juillet 1882.

GAMBETTA (Léon), né à Cahors le 3 avril 1838, se fit recevoir avocat en 1859. Le procès Baudin, dans lequel il plaida pour Delescluze, le fit connaître du grand public.

Élu député en 1869, Gambetta parla contre le plébiscite et fut un de ceux qui s'opposèrent, avec Thiers, à la guerre avec l'Allemagne. Au 4 septembre 1870, il devint membre du gouvernement provisoire, fut chargé du ministère de l'intérieur, et quitta Paris en ballon, le 7 octobre, pour aller organiser la défense au dehors.

Concentrant entre ses mains tous les pouvoirs, se transportant partout où sa présence était nécessaire, répandant dans le pays des proclamations inspirées d'un souffle ardent et patriotique, le jeune dictateur releva les courages, donna aux mesures de défense une énergique impulsion et créa les armées de la Loire et de l'Est, un instant victorieuses.

Député de Paris en 1871, il devint bientôt le chef incontesté du parti républicain et joua un rôle considérable. Il combattit avec énergie les hommes du 16 Mai et consomma leur ruine. Président de la Chambre en 1881, Gambetta devint ministre et président du Conseil en 1885, mais ne resta au pouvoir que trois mois. Il mourut brusquement le 31 décembre 1882.

FREYCINET (Charles-Louis de Saulces de), homme politique, né à Foix le 14 novembre 1828, entra à l'École polytechnique et devint ingénieur. Nommé préfet de Tarn-et-Garonne après le 4 septembre 1870, il fut, le 10 octobre suivant, appelé aux fonctions de chef du cabinet militaire de la délégation de Tours et seconda puissamment Gambetta dans l'organisation de la défense nationale. Élu sénateur de la Seine en 1876, ministre des travaux publics en 1877 et 1879, il déploya une merveilleuse activité et traça un vaste plan de travaux publics, destiné à améliorer nos canaux, à transformer nos ports et à compléter notre réseau de voies ferrées.

Président du Conseil et ministre des affaires étrangères en 1882, il conserva son portefeuille dans le cabinet formé par M. Brisson en 1885, et à la chute de ce dernier, fut de nouveau chargé de constituer le ministère. Il garda le portefeuille des affaires étrangères (janvier à décembre 1886). Il revint au pouvoir, comme ministre de la guerre (3 avril 1888) et occupa ce poste, dans les divers cabinets qui suivirent, jusqu'au 28 novembre 1892.

Nommé membre de l'Académie des sciences en 1882, M. de Freycinet a été élu, le 11 décembre 1890, membre de l'Académie française.

FUNÉRAILLES DE GAMBETTA.

Le 27 novembre 1882, Gambetta, essayant dans sa maison de Ville-d'Avray un pistolet d'un modèle nouveau, s'était blessé assez grièvement à la main. Une pérityphlite occasionnée par des désordres intestinaux se déclara et, le 31 décembre, le célèbre tribun mourait, âgé de quarante-quatre ans.

L'émotion fut immense à Paris et dans la France entière. On lui fit des funérailles nationales. Le corps fut transporté à Paris et exposé, au milieu des lampadaires et des torches, dans une des salles du Palais-Bourbon. Pendant plusieurs jours une foule immense vint défiler devant le cercueil. Les grandioses obsèques du 6 janvier 1883 sont encore présentes à toutes les mémoires. 200,000 hommes accompagnèrent ce jour-là la dépouille mortelle du grand orateur jusqu'au caveau provisoire qui lui avait été préparé au Père-Lachaise. C'étaient des délégations de toutes les villes et de tous les corps sociaux. L'étranger lui-même s'était associé à la douleur de notre pays. Ces funérailles furent à la fois la glorification de celui qui à la chute de l'Empire était devenu le véritable représentant de la République et qui, animé d'un ardent patriotisme, n'avait désespéré ni des ressources ni du courage de la France.

Il lui a été élevé une statue à Cahors, en 1884, et un monument sur la place du Carrousel à Paris (juillet 1888).

SIMON (Jules-François Suisse, dit Jules), écrivain et homme politique, né à Lorient (1814-1896), fut élève, puis maître de conférences à l'École normale et suppléa V. Cousin à la Sorbonne en 1839. Député des Côtes-du-Nord à la Constituante, J. Simon démissionna en 1849 pour entrer au Conseil d'État, et resta quelques années éloigné de la politique. Élu député de la Seine en 1863, réélu en 1869, il devint un des chefs de l'opposition républicaine. Proclamé membre du gouvernement de la Défense nationale, au 4 septembre 1870, et nommé ministre de l'instruction publique, il conserva son portefeuille jusqu'au 16 mai 1873.

Sénateur inamovible et membre de l'Académie française en 1875, il devint, l'année suivante, président du Conseil, avec le portefeuille de l'intérieur. Il donna sa démission le 16 mai 1877, à la suite d'une lettre de blâme que lui adressa le maréchal de Mac-Mahon. Se séparant dès lors de ses amis de la veille, J. Simon resta jusqu'à la fin de sa vie l'un des principaux représentants du parti conservateur.

Orateur et improvisateur de premier ordre, écrivain remarquable par le style et l'élévation de la pensée, J. Simon a laissé de nombreux ouvrages.

HUGO (Victor-Marie), poète lyrique, poète dramatique, romancier, historien, orateur. L'un des plus grands génies littéraires, non seulement de la France et de son temps, mais du monde et de toutes les époques, né à Besançon le 26 février 1802, fut célèbre avant sa vingtième année.

Académicien en 1841, pair de France en 1845, élu député à l'Assemblée constituante (1848), il devint un des chefs de la gauche démocratique à l'Assemblée législative. Proscrit au 2 décembre 1851, il se réfugia en Belgique, puis à Jersey et à Guernesey, et captif volontaire après l'amnistie, ne rentra en France que le 5 septembre 1870. Il fut élu député de Paris en 1871 et sénateur au mois de janvier 1876.

Il mourut le 22 mai 1885. Ses funérailles, qui resteront un fait unique dans l'histoire, furent une véritable apothéose.

Cette notice ne suffirait pas à énumérer toutes ses œuvres; nous citerons, pour ses vers, les *Odes et Ballades*, les *Orientales*, les *Feuilles d'Automne*, les *Châtiments*, les *Contemplations*, *la Légende des Siècles*; pour ses romans, *Notre-Dame de Paris*, les *Misérables*, *Quatre-Vingt-Treize*; pour le drame, *Marion Delorme*, *Hernani*, *le Roi s'amuse*, *Ruy Blas*, les *Burgraves*.

FUNÉRAILLES DE VICTOR HUGO.

Au mois de mai 1885, Victor Hugo tomba malade. A la nouvelle de sa mort, le 22 mai, le deuil fut général. On voulut lui faire des funérailles dignes du pays qu'il avait illustré. Pour lui, un décret du 6 mai rendit le Panthéon à sa destination primitive qui le consacre à la sépulture des grands hommes.

Le corps de Victor Hugo fut déposé dans un catafalque dressé sous l'Arc de Triomphe, que voilait un crêpe immense. Il y passa tout un jour et toute une nuit; une foule immense vint défiler devant le cercueil que gardaient des cavaliers portant des torches.

Le 1er juin, le cortège, solennellement, au milieu des haies de soldats et des drapeaux en deuil, tandis que le canon tonnait, s'achemina vers le Panthéon. Derrière le corbillard des pauvres, que Victor Hugo avait réclamé, on vit se succéder les corps constitués, les administrations, les grandes écoles, les délégations des Universités étrangères, d'innombrables sociétés portant des couronnes venues de toutes les villes de France et même de tous les pays du monde. Plus de 500,000 personnes défilèrent, sans interruption, de midi à huit heures du soir, sous les yeux d'un million de spectateurs.

Les obsèques de Gambetta avaient été un deuil national; celles de Victor Hugo furent une véritable apothéose, la glorification du génie français.

GRÉVY (François-Paul-Jules), né à Mont-sous-Vaudrey (Jura), le 15 août 1807, fut reçu avocat vers 1830, et conquit bientôt une place honorable au barreau de Paris, parmi les défenseurs ordinaires du parti républicain. En 1848, il fut nommé commissaire du Gouvernement provisoire dans le Jura et montra, dans cette délicate situation, une intelligence supérieure. Lors des élections à la Constituante, il réunit la presque unanimité des suffrages de ses concitoyens. Vice-président de l'Assemblée, M. Grévy défendit intrépidement en toute occasion les principes républicains. Il a surtout attaché son nom à un amendement devenu célèbre sur la question de la présidence de la République.

Dans toutes les assemblées législatives dont il a fait partie, on le retrouve sur la brèche chaque fois qu'il s'agit de défendre la liberté et la légalité contre l'arbitraire et le despotisme.

Le 30 janvier 1879, M. Grévy fut élu Président de la République pour sept ans. Réélu, le 28 décembre 1885, pour une nouvelle période de sept ans, il dut se retirer le 1er décembre 1887, à la suite des spéculations qui s'étaient faites autour de lui et sous le couvert de son nom pour le trafic des décorations. Il est mort à Mont-sous-Vaudrey le 9 septembre 1891.

FERRY (Jules-François-Camille), né à Saint-Dié (Vosges) le 5 avril 1832, fut d'abord avocat. Député de Paris en 1869, membre du gouvernement de la Défense nationale au 4 septembre 1870 et maire de Paris pendant le siège, il fut élu représentant des Vosges à l'Assemblée nationale. Ministre de l'intruction publique en 1879 et président du conseil en 1880, Jules Ferry fit voter par la Chambre un projet de loi sur l'enseignement supérieur qui restituait aux Facultés de l'État la collation des grades et excluait de l'enseignement les congrégations religieuses non autorisées; poursuivit avec ardeur, malgré l'opposition du Sénat, l'œuvre de laïcisation des écoles primaires publiques, tout en faisant entrer dans la loi les principes de gratuité et d'obligation (loi du 16 juin 1881) et engagea à l'expédition de Tunisie.

De nouveau ministre de l'instruction publique (1882) et président du conseil (1883), avec le portefeuille des affaires étrangères, il poursuivit la conquête du Tonkin, qui amena sa chute et déchaîna contre lui la plus haineuse et la plus injuste impopularité. Il échoua aux élections législatives de 1889 et fut élu sénateur, le 4 janvier 1891. Il venait d'être nommé président du Sénat lorsqu'il mourut, le 17 mars 1893.

. L'EXPOSITION UNIVERSELLE DE 1889.

Quelles qu'aient été les variations politiques, la République n'en a pas moins travaillé, depuis 1871, au relèvement de la France. Notre pays put montrer, dans l'Exposition Universelle qui fut ouverte le 1er mai 1878, qu'il avait su recouvrer rapidement ses forces et sa richesse. Au Champ de Mars, transformé en un immense palais de fer, on réunit le Trocadéro, sur lequel fut construit le magnifique palais qu'on a conservé. L'exposition compta 53,000 exposants et reçut douze millions de visiteurs.

L'Exposition universelle de 1889, par laquelle la France célébra le centenaire de la Révolution française, fut la manifestation la plus éclatante de la puissance de l'industrie moderne et surpassa par son brillant succès toutes celles qui l'avaient précédée. Elle fut inaugurée le 6 mai par le président Carnot.

Elle embrassait un espace considérable. Au Champ de Mars, désormais trop exigu, on avait relié, par un chemin de fer Decauville, l'esplanade des Invalides. Là se trouvaient le magnifique pavillon de l'Algérie, les riches produits de nos colonies, le théâtre annamite, la pagode d'Angkor, le village javanais, une infinité de constructions à l'aspect riant et renfermant des attractions variées.

Sur le Champ de Mars, la Galerie des Machines, immense palais de fer aux proportions gigantesques, d'un aspect si grandiose qu'on l'a conservée; les galeries des Beaux-Arts avec le dôme central; les fontaines lumineuses au milieu de jardins féeriques; la tour Eiffel de 300 mètres, dominant le pays à vingt lieues à la ronde; l'histoire de l'habitation humaine, intéressante reconstitution du passé; la rue du Caire, avec ses âniers, etc., etc.

Comme en 1878, le Trocadéro avait été réuni au Champ de Mars. De chaque côté du palais, sur les pentes du coteau, s'élevaient çà et là, au milieu des bouquets d'arbres, d'élégantes constructions, parmi lesquelles se faisait remarquer le pittoresque pavillon des Forêts.

Cette grande fête du travail obtint un succès universel. Pendant six mois, on y accourut de tous les points du globe; plus de 25 millions de visiteurs vinrent y admirer les merveilles de notre production nationale.

LITTRÉ (Maximilien-Paul-Émile), philologue et publiciste, né à Paris le 1er février 1801, mort le 2 juin 1881, étudia d'abord la médecine, se fit recevoir interne des hôpitaux, mais abandonna bientôt la médecine pour se livrer à des recherches de philosophie et d'histoire de l'art médical.

Après 1830, il entra au *National*, auquel il collabora pendant plus de vingt ans, et entreprit en 1839 la traduction des *Œuvres d'Hippocrate*. Ce travail remarquable lui ouvrit les portes de l'Académie des inscriptions. Chargé, en 1844, par l'Académie de continuer l'histoire littéraire de la France, il commença ainsi ses études sur l'histoire de la langue française. Vers la même époque, il se lia avec Auguste Comte, qu'il remplaça plus tard comme chef de l'école positiviste. Il fonda, en 1867, la *Revue positiviste*, qu'il a dirigée jusqu'à sa mort. En 1863, il commença son *Dictionnaire de la langue française*, qu'il termina en 1877 et qui est son œuvre capitale. Élu député de la Seine en février 1871, il entra peu après à l'Académie française. En 1875, il fut nommé sénateur inamovible.

Travailleur infatigable jusqu'à la dernière heure de sa vie, Littré a laissé de nombreux travaux d'une haute érudition.

RENAN (Joseph-Ernest), célèbre écrivain, né à Tréguier (Côtes-du-Nord), le 27 janvier 1823, entra au séminaire de Saint-Sulpice, où il se fit remarquer par son érudition précoce. Mais des scrupules de conscience le déterminèrent bientôt à renoncer à la prêtrise. Il fut quelque temps professeur libre.

Entre temps, il publia, sous forme de mémoire, un ouvrage remarquable : *Histoire générale et systèmes comparés des langues sémitiques*, qui lui valut le prix Volney et lui ouvrit les portes de l'Institut en 1856. Chargé d'une mission en Syrie, il fut, à son retour, nommé professeur d'hébreu au Collège de France (1862).

Lorsque parut, en 1863, sa *Vie de Jésus*, le clergé protesta avec une violence telle que M. Renan fut destitué. Il ne fut réintégré dans sa chaire qu'à la fin de 1870. Nommé administrateur du Collège de France en 1873, il fut constamment réélu par les professeurs de cet établissement, où il mourut le 2 octobre 1892. L'Académie Française l'avait reçu dans son sein en 1878.

Savant érudit, esprit critique d'une grande élévation et d'une large tolérance, M. Renan a laissé de nombreux ouvrages d'érudition, d'histoire religieuse, de philosophie.

L'ALLIANCE FRANCO-RUSSE. — CRONSTADT. — TOULON.

La sagesse dont notre pays faisait preuve depuis vingt ans et les inquiétudes que la *Triple-Alliance* ne cessait d'inspirer pour le maintien de la paix déterminèrent la Russie à déclarer ses sympathies pour la France.

Sur la demande du tsar Alexandre III, une flotte française, commandée par le contre-amiral Gervais, se rendit à Cronstadt, au mois d'août 1891. L'enthousiasme de la réception qui fut faite à nos marins à Cronstadt et à Saint-Pétersbourg, l'éclat des fêtes qui leur furent prodiguées, contribuèrent à faire de cette manifestation un événement politique.

Deux ans après, l'empereur Alexandre III envoya une escadre russe à Toulon rendre à la flotte française la visite faite à la flotte à Cronstadt. Le 13 octobre 1893, les cuirassés russes, sous le commandement de l'amiral Avellan, vinrent mouiller dans le port de Toulon, au bruit des canons et des hourras. Une réception enthousiaste fut faite aux marins russes par une population frémissante accourue de tous les points de la Provence. Trois jours après, à Paris, l'amiral, avec soixante officiers et marins, fut

accueilli par un concours immense de population.

Pendant tout leur séjour, les ovations se multiplièrent; les Russes pouvaient à peine se rendre aux fêtes organisées en leur honneur, tant la foule se pressait sur leur passage.

Déjà le mot d'alliance franco-russe était dans toutes les bouches, lorsque se répandit la nouvelle de la venue prochaine de l'empereur de Russie. Par sa visite officielle au président de la République le successeur d'Alexandre, Nicolas II, semblait vouloir donner créance à ces bruits d'alliance. Aussi, lorsque le tsar et la tsarine arrivèrent à Paris, au mois d'octobre 1896, ce ne fut plus de l'enthousiasme, ce fut du délire. Le gouvernement leur fit une réception grandiose; des fêtes féeriques furent organisées en leur honneur; mais ce qui alla le plus profondément au cœur des royaux visiteurs, ce fut certainement l'explosion si spontanée et si vibrante des sentiments exprimés par des millions de spectateurs, qui tous, hommes, femmes, enfants, surent témoigner l'affection la plus vive, sans se départir un seul instant du respect dû à nos augustes hôtes.

BERNARD (Claude), célèbre physiologiste, né à Saint-Julien (Rhône) le 12 juillet 1813, vint à Paris pour essayer de faire jouer une tragédie en cinq actes. Détourné de la carrière littéraire par Saint-Marc-Girardin, il étudia la médecine. Interne des hôpitaux en 1839, préparateur de Magendie au Collège de France en 1841, il suppléa son maître, en 1847, dans la chaire de physiologie expérimentale et fut appelé, en 1854, à la chaire de physiologie générale nouvellement créée à la Sorbonne. Élu membre de l'Académie des sciences, la même année, il succéda à Magendie en 1855 et, trois ans après, passa au Muséum comme professeur de physiologie générale.

Membre de l'Académie de médecine en 1861, il fut élu membre de l'Académie française en mai 1868 et nommé sénateur, par décret impérial du 6 mai 1869. Il mourut à Paris le 10 février 1878. Ses funérailles furent célébrées, en grande pompe, aux frais de l'État.

Véritable créateur de la physiologie expérimentale, Claude Bernard avait acquis par ses travaux scientifiques une renommée européenne. Il a publié de nombreux ouvrages qui sont, pour la plupart, les résumés de ses cours au Collège de France.

DUMAS (Jean-Baptiste), chimiste, né à Alais en 1800, mort à Cannes en 1884, fut d'abord élève en pharmacie, puis se rendit à Genève, où il étudia la botanique, la médecine et la chimie. Venu à Paris en 1821, il entra comme répétiteur à l'École polytechnique, devint, en 1832, membre de l'Académie des sciences, puis professeur à la Faculté des sciences, à la Faculté de médecine et au Collège de France. Il fonda, avec Perdonnet, l'École centrale des arts et manufactures et, par ses belles découvertes, fit faire des progrès immenses à la chimie.

Député du Nord à l'Assemblée législative (1849), ministre de l'agriculture et du commerce en 1850, il fut, après le coup d'État, nommé sénateur. Vice-président du Conseil de l'instruction publique, il devint secrétaire perpétuel de l'Académie des sciences (1868) et remplaça Guizot, en 1875, à l'Académie française.

Parmi ses importants travaux, il convient de citer des études complètes sur l'alcool amylique et sur l'ensemble des alcools; la découverte de l'oxamide, la détermination précise de la composition de l'air et de l'eau; la fixation de l'équivalent du carbone, et enfin la découverte de *la loi des substitutions*, qui a renouvelé la chimie organique.

L'EXPÉDITION DE TUNISIE. COMBAT A SFAX

La République, résolue à conserver la paix, si nécessaire au relèvement de la France après les désastres de la guerre de 1870, n'est intervenue qu'avec prudence dans les événements qui ont agité l'Europe jusqu'à ces dernières années. Répudiant une politique continentale, sans pour cela détourner ses regards de la trouée des Vosges, elle s'est appliquée à organiser, à étendre, à compléter notre empire colonial.

L'avenir de notre belle colonie de l'Algérie pouvait être mis en cause par le voisinage de la Tunisie, abandonnée à l'incurie de fonctionnaires turcs. La crainte de voir l'Italie s'implanter à Tunis détermina la France à déclarer la guerre à la Régence. Des tribus pillardes du littoral, les Kroumirs, ayant à plusieurs reprises commis des déprédations sur le territoire de la province de Constantine, sans que le bey de Tunis fît rien pour réprimer ces désordres, les troupes françaises entrèrent en Tunisie, au mois d'avril 1881. D'autres, venues de Toulon, débarquèrent à Tabarca et s'emparèrent de Bizerte (1er mai). Le 12, le général Bréart arrivait devant Tunis et imposait au bey le traité du Bardo, qui plaçait la régence de Tunis sous le protectorat français.

Un soulèvement éclata dans l'intérieur du pays. L'armée française, renforcée, dut poursuivre pendant plusieurs mois les tribus rebelles. L'escadre de la Méditerranée vint bombarder Sfax, la seconde ville de la Régence, foyer principal du mouvement. Les marins français se signalèrent par leur audace et, après un assaut meurtrier, se rendirent maîtres de la ville. Les troupes françaises occupèrent ensuite Sousse et Gabès. Enfin, au mois d'octobre, elles marchèrent sur Kairouan, la ville sainte des Tunisiens, dans laquelle elles entrèrent le 26.

La conquête était terminée. A la fin de l'année notre influence était définitivement établie. Sous notre administration, la Tunisie s'est transformée; les finances ont été réorganisées, les travaux publics développés; l'agriculture et le commerce, puissamment encouragés, ont ramené la prospérité dans ce pays, dont l'annexion était pour nous d'une extrême importance, tant à cause des richesses naturelles qu'il renferme que parce qu'il protège à l'est la frontière de notre belle colonie algérienne.

BRAZZA (Pierre - Paul - François - Camille, comte Savorgnan de), explorateur, né le 27 janvier 1852, en rade de Rio-de-Janeiro, à bord de *la Vénus*.

Italien d'origine, M. de Brazza entra, en 1868, à l'école de marine de Brest, à titre étranger, prit part, en 1870, aux opérations de la flotte française dans la mer du Nord et sur les côtes d'Algérie et se fit naturaliser français en 1874.

Nommé enseigne de vaisseau en 1875, il demanda et obtint une mission d'exploration dans l'Afrique équatoriale. Dans une série de voyages, de 1876 à 1885, il explora l'Ogoué, fonda à plus de 800 kilomètres dans l'intérieur, le poste de Franceville, signa avec le roi des Batekés un traité aux termes duquel ce chef acceptait le protectorat de la France, et établit sur les rives du Congo la station de Brazzaville.

Nommé lieutenant de vaisseau en 1883, M. de Brazza partit avec une mission nouvelle, reconnut les affluents de droite du Congo, établit une série de stations, affermit dans tout le pays l'autorité de la France et reçut le titre de commissaire général du Congo et du Gabon. La colonie dont M. de Brazza a doté la France a une superficie d'environ 720.000 kilomètres carrés et une population de 5 millions d'habitants.

COURBET (Amédée-Anatole-Prosper), marin, né à Abbeville le 26 juin 1827. Élève de l'École polytechnique, aspirant en 1849, il était contre-amiral en 1882. L'année suivante, il reçut le commandement des forces navales réunies sur les côtes de l'Annam pour venger la mort du commandant Rivière.

Courbet, qui ne comptait encore à son actif aucun fait de guerre, se révéla, dès le début de la campagne, habile marin et tacticien. En peu de temps il bombarda et prit les forts qui commandaient la rivière de Hué. Nommé commandant en chef des forces de terre et de mer, il s'empara de Son-Tay, le 17 décembre 1883, après une lutte héroïque de trois jours. Ses brillants services lui valurent d'être promu vice-amiral en 1884. Le guet-apens de Bac-Lé ayant rouvert les hostilités avec la Chine, l'amiral Courbet reprit la mer, força les passes de la rivière Min, coula avec ses torpilleurs les vaisseaux chinois et détruisit l'arsenal de Fou-Tchéou. Après avoir bombardé et pris Ké-Lung dans l'île Formose, il anéantit la dernière escadre chinoise et occupa les îles Pescadores (mars 1885).

Ce fut son dernier exploit. Moins de trois mois après, il mourut à bord du *Bayard*, épuisé par les fatigues de ces campagnes prolongées.

EXPÉDITION DU TONKIN. SURPRISE DE LANG-SON.

Un négociant français, Jean Dupuis, établi en Chine, avait parcouru la vallée du fleuve Rouge et appelé l'attention de notre gouvernement sur l'intérêt qu'il y avait à ouvrir un débouché aux marchandises chinoises par le Tonkin. A la suite d'hostilités provoquées par les autorités annamites, le lieutenant Garnier fut chargé de régler le différend entre Dupuis et les Annamites. Las bientôt des lenteurs calculées des négociateurs annamites, Garnier, avec une poignée d'hommes, s'empara d'Hanoï et des principales villes du Tonkin. Mais attiré dans une embuscade, il périt le 21 décembre 1873.

Le gouverneur de la Cochinchine ordonna l'évacuation du Tonkin et signa avec l'empereur d'Annam le traité du 15 mars 1874, qui plaçait l'Annam sous le protectorat français et ouvrait le fleuve Rouge au commerce étranger. Mais la vallée du fleuve Rouge était infestée par les Pavillons noirs, bandes de pillards qui faisaient la contrebande entre la Chine et le Tonkin. Le commandant Henri Rivière, chargé de réprimer leurs désordres, s'empara d'Hanoï; comme Garnier, il périt le 19 mai 1883 en défendant la ville

contre un retour offensif des Pavillons noirs. Une véritable expédition fut alors entreprise pour venger sa mort. La Chine signa, le 11 mai 1884, le traité de Tien-Tsin, qui laissait la France libre de poursuivre son action au Tonkin.

Le guet-apens de Bac-Lé (23 juin) rouvrit les hostilités. L'amiral Courbet, chargé d'attaquer la Chine elle-même, sur ses côtes, fit sauter avec ses torpilleurs la flotte chinoise, détruisit l'arsenal de Fou-Tchéou et s'empara des îles Pescadores.

Sur terre, le général de Négrier s'empara de Lang-Son et poursuivit même les Chinois au delà de leurs frontières. La situation s'améliorait, lorsque survint l'affaire de Lang-Son. Le général de Négrier, attaqué en avant de la ville, par des forces bien supérieures, avait dû rétrograder. Blessé, il avait remis le commandement au lieutenant-colonel Herbinger, qui battit précipitamment en retraite.

Cette affaire amena la chute du ministère Jules Ferry. Le nouveau cabinet, présidé par M. Henri Brisson, négocia la paix avec la Chine, qui renouvela le traité de Tien-Tsin (9 juin 1885).

BERT (Paul), physiologiste et homme politique, né à Auxerre le 19 octobre 1833, fut d'abord préparateur du cours de Claude Bernard au Collège de France, professeur à la Faculté des sciences de Bordeaux, puis professeur de physiologie générale à la Sorbonne.

Secrétaire général de la préfecture de l'Yonne et préfet du Nord, après le 4 septembre 1870, il se consacra dès lors à la politique. Élu député par le département de l'Yonne, il siégea à l'extrême gauche, s'occupa surtout des questions d'instruction publique et se montra toujours hostile à l'influence du clergé. Il fut ministre de l'instruction publique dans le cabinet formé par Gambetta (novembre 1881 à janvier 1882) et fut nommé, en janvier 1886, résident général en Annam et au Tonkin. Moins d'un an après, il mourut du choléra à Hanoï (11 novembre).

L'œuvre scientifique de Paul Bert est considérable. Parmi ses nombreux travaux, les plus importants sont : *De la greffe animale ; Vitalité des tissus animaux ; Notes d'anatomie et de physiologie comparées ; la Pression atmosphérique*, recherches de physiologie expérimentale, travail remarquable pour lequel l'Académie des sciences lui décerna, en 1875, le grand prix biennal de 20,000 francs.

PASTEUR (Louis), né à Dôle le 27 décembre 1822, fils d'un ouvrier tanneur, entra à l'École normale supérieure, débuta comme professeur au lycée de Dijon et devint professeur de chimie à la Sorbonne.

D'importantes découvertes, fécondes en applications industrielles, firent de bonne heure au savant chimiste une renommée universelle. Adversaire déclaré de la doctrine de la génération spontanée, il démontra que le phénomène de la fermentation était dû à la présence d'êtres microscopiques organisés et en déduisit des conséquences pratiques pour la fabrication du vinaigre et de la bière et le traitement des maladies du vin. En 1863, il étudia les maladies des vers à soie ; les moyens qu'il préconisa pour les combattre rendirent aux départements séricicoles leur prospérité un moment compromise.

En 1877, Pasteur aborda l'étude des virus, découvrit et cultiva les microbes, puis au moyen de cultures transformées en vaccin, traita avec un plein succès le charbon, le choléra des poules et le rouget des porcs. Enfin en 1885, il découvrit le vaccin de la rage. Membre de l'Académie des sciences et de l'Académie française, grand-croix de la Légion d'honneur, l'illustre savant est mort le 28 septembre 1895.

PACIFICATION DU HAUT SÉNÉGAL.

Dès le xve siècle, les Dieppois avaient établi des comptoirs français sur les côtes du Sénégal. Cette colonie, cédée aux Anglais par le traité de Paris en 1763, fut rendue à la France par le traité de Versailles en 1783; mais quelque peu délaissée, elle végéta pendant de longues années. Ce fut surtout sous l'habile et vigoureuse administration du général Faidherbe (1854-1865) que la colonie se développa. Il fonda le port de Dakar, refoula les Maures Trarsa, qui inquiétaient continuellement le territoire de Saint-Louis, soumit l'empire Toucouleur, dompta les peuples du Cayor, du Fouta, du Bondou et, après avoir affermi notre domination sur le pays, dirigea des explorations vers le Niger. La guerre de 1870 vint interrompre le cours de nos conquêtes. Le gouvernement de la République s'attacha à compléter l'œuvre si heureusement commencée par le général Faidherbe. Les expéditions du capitaine Galliéni et du général Borgnis-Desbordes nous ouvrirent l'accès du Niger (1880-1893). En 1890, le colonel Archinard conduisit une expédition contre le roi de Ségou Ahmadou, s'empara de sa capi-

tale, le refoula vers le Nord et établit le protectorat français dans le bassin moyen du Niger. Au Sénégal s'ajoute maintenant le Soudan français.

Sur la côte de Guinée, la France possède encore Casamance, les rivières du Sud, la Côte d'Ivoire, Grand Bassam, Assinie, le Dahomey, qui a été conquis, en 1893, par le colonel Dodds sur le roi Behanzin. Enfin M. Savorgnan de Brazza a doté la France d'une belle et grande colonie sur la rive droite du Congo (1876-1885).

Ainsi de la Méditerranée à l'équateur, la France possède une vaste zone d'influence : Algérie, Tunisie, Sahara, Soudan, Sénégal, Dahomey, Congo, masse énorme qui enveloppe presque toute la côte occidentale de l'Afrique et qui est appelée tôt ou tard à former un empire compact et puissant par le Sahara et le lac Tchad. D'intrépides explorateurs, Flatters, Monteil, Crampel, Maistre, Mizon, ont sillonné en tous sens ces immenses régions, signant des traités avec les chefs indigènes et faisant aimer les Français, venus en protecteurs et non en conquérants.

CARNOT (Marie-François-Sadi), petit-fils du grand Carnot et fils du ministre de l'instruction publique de 1848, naquit à Limoges le 11 août 1837.

Ancien élève de l'École polytechnique, ingénieur des ponts et chaussées, Sadi Carnot fut, en 1870, préfet de la Seine-Inférieure. Député de la Côte-d'Or en 1871 et toujours réélu, il siégea à gauche, fut sous-secrétaire d'État aux travaux publics (1878), ministre des travaux publics (1880 et 1885), et ministre des finances (1886).

Après la démission de M. Jules Grévy, en décembre 1887, M. Sadi Carnot, qui n'était pas candidat à sa succession, fut spontanément élu président de la République.

Grâce à la confiance qu'inspirait au parti républicain la probité politique du président, grâce au prestige dont il jouissait en Europe, la France put traverser heureusement la crise de l'agitation boulangiste, préparer l'éclatant succès de l'Exposition Universelle de 1889 et voir se lever l'aurore de l'alliance franco-russe.

M. Carnot touchait au terme de son mandat et sa réélection n'était pas douteuse, lorsque, le 24 juin 1894, il fut lâchement assassiné, à Lyon, par l'anarchiste italien Caserio Santo.

FAURE (François-Félix), président de la République, né à Paris le 30 janvier 1841.

Ouvrier tanneur à Blois, puis armateur au Havre et président de la Chambre de commerce de cette ville, il prit part à la guerre de 1870 comme chef de bataillon de garde mobile et, pour sa belle conduite, fut nommé chevalier de la Légion d'honneur, le 31 mai 1871.

Aux élections du 21 août 1881, il fut élu député du Havre et, le 14 novembre de la même année, entra dans le cabinet présidé par Léon Gambetta comme sous-secrétaire d'État au nouveau ministère du commerce et des colonies.

Le 24 septembre 1883, M. Jules Ferry, président du Conseil, l'appela au même poste. Pour la troisième fois, il occupa le sous-secrétariat des colonies dans le cabinet Tirard (5 janvier, 16 février 1888).

Constamment renommé par les électeurs du Havre, M. Félix Faure fut l'un des chefs du groupe de l'Union républicaine et prit souvent la parole dans les questions coloniales. Ministre de la marine dans le cabinet Dupuy (30 mai 1894), M. Félix Faure, après la démission de M. Casimir Perier, a été élu, le 17 janvier 1895, président de la République. Il est mort, dans l'exercice de ses fonctions, le 16 février 1899.

VUE DE TANANARIVE

L'île de Madagascar, découverte en 1506 par les Portugais et située sur la côte orientale d'Afrique, dont elle est séparée par le canal de Mozambique, a une longueur de 1.515 kilomètres. Large de 450 à 600, elle offre une superficie de 590.000 kilomètres carrés. Ses côtes sont basses et marécageuses; mais l'île est très montagneuse; le sol s'élève progressivement par une succession de plateaux plus sains, plus fertiles, pour aboutir à une haute chaîne de montagnes, dont le massif principal, l'Ankarath, atteint des hauteurs de 2.500 mètres.

Sous les règnes de Louis XIII et de Louis XIV, les Français avaient fondé quelques établissements sur la côte de l'île de Madagascar.

Bien que fort négligés par la suite, ces établissements ne furent pas entièrement perdus de vue. Sous la Restauration, la France, ne voulant pas laisser prescrire ses droits, réoccupa fort Dauphin et la petite île Sainte-Marie. Mais le développement de la puissance des Hovas, tribu guerrière venue probablement de la Malaisie, et l'influence anglaise paralysèrent nos efforts.

Deux Français cependant, Laborde et Lambert, avaient pu, en dépit des missionnaires anglais, faire pénétrer notre influence dans le pays (1831-1855). Nos droits furent formellement reconnus en 1868 par le gouvernement hova. Mais après nos désastres en 1870, les Hovas, encouragés par les Anglais, prétendirent retirer aux Français le droit de posséder des terres à Madagascar. Laborde étant mort à Tananarive, sa succession fut confisquée par les Hovas.

Les réclamations de la France en faveur des héritiers étant demeurées sans résultat, une escadre alla bombarder la côte occidentale de l'île et occuper Tamatave (1883). Les hostilités se continuèrent jusqu'en 1885, mais sans vigueur, car nous étions alors engagés dans l'expédition du Tonkin.

Le 17 décembre 1885, toutefois, la reine des Hovas signait un traité par lequel elle acceptait, sans que le mot de protectorat eût été prononcé, la présence à Tananarive d'un résident français chargé de représenter le gouvernement hova dans toutes ses relations extérieures. La France conservait Diégo-Suarez et recevait une indemnité de guerre de 10 millions.

MADAGASCAR

Ce traité ayant reçu des atteintes continuelles, le gouvernement français se décida, en 1894, à entreprendre une action énergique. Une armée de 15.000 hommes, sous le commandement du général Duchesne, débarqua à Majunga, au mois d'avril 1895.

Dès le début, le corps expéditionnaire se trouva aux prises avec de graves difficultés matérielles. Le pays, marécageux sur les côtes, puis rocheux et désert, n'offrait point de routes praticables. Il fallut en ouvrir une pour le service de l'artillerie et des convois, et notre armée, durement éprouvée par les fatigues et le climat, n'avança que lentement. Elle occupa successivement tous les postes ennemis et parvint, le 15 juin, à Subervieville, sur un plateau salubre, où elle put rester trois semaines à se refaire.

Le général Duchesne se porta de là sur Andriba, dont il s'empara le 21 août; il y organisa une colonne volante de 4.500 hommes. Celle-ci quitta Andriba, le 12 septembre, culbuta l'ennemi dans toutes les rencontres et arriva, le 27 septembre, sur les hauteurs qui dominent Tananarive. Les Hovas firent devant la ville une dernière résistance; mais lorsque les obus tombèrent sur le palais d'*Argent*, siège du gouvernement, la reine fit sa soumission et accepta le protectorat français (30 septembre).

Les difficultés reparurent presque aussitôt. Des intrigues, des complots ourdis par les ministres hovas menaçaient la sécurité des Français. L'agitation se propageait dans tout le pays. Pour en finir, le gouvernement français fit voter une loi (8 août 1896), qui déclarait Madagascar « colonie française ».

Le général Galliéni, nommé résident général, reçut la mission de pacifier l'île. Avec une énergie toute militaire, il a triomphé de toutes les intrigues de palais, a dépossédé la reine complice de la résistance, a refoulé les bandes rebelles et entrepris la soumission graduelle de toutes les populations encore indépendantes. Sous son administration vigilante et ferme, les écoles se multiplient, des routes se construisent, les travaux publics se développent, les finances, la justice, les postes s'organisent peu à peu; enfin l'œuvre de la colonisation commence.

L'EXPOSITION UNIVERSELLE DE 1900. LE PONT ALEXANDRE III

La grande fête de la paix, inaugurée le 14 avril 1900, occupe une plus grande surface que les précédentes et cependant, sauf son annexe de Vincennes, elle est encore dans l'intérieur de Paris. Les deux rives de la Seine offraient un attrait dont on a profité pour réunir les deux vastes emplacements du champ de Mars et de l'Esplanade des Invalides sur la rive gauche, et le Trocadéro sur la rive droite.

La porte principale s'ouvre un peu en reculement de la place de la Concorde et à l'extrémité du Cours-la-Reine; en suivant le bord de l'eau, on arrive au magnifique pont Alexandre III, qui est l'œuvre supérieure de l'Exposition avec les deux palais de l'avenue Nicolas II; puis, toujours sur la rive droite, le palais de la Ville de Paris, de l'Horticulture et des Congrès jusqu'au Trocadéro dont les jardins ont été utilisés pour les édifices des colonies françaises et étrangères. Le Champs de Mars est occupé à droite par les palais du génie civil et des moyens de transport, et à gauche par les palais des mines et métallurgie et des fils, tissus et vêtements. L'ancienne galerie des machines de 1889 a été divisée et on

y a installé une splendide salle de fête. Le grand palais de l'Électricité a été construit parallèlement et, au devant de cet ensemble, le Château d'eau fait face à celui du Trocadéro. Sur la rive gauche, au pont de l'Alma, commence la rue des Nations, magnifique reconstitution de monuments étrangers, pour la plupart garnis de richesses artistiques, car les pays et leurs souverains n'ont pas hésité à les orner de leurs collections les plus rares. Revenus du pont Alexandre III, nous pouvons jeter encore un coup d'œil d'admiration sur cette conception grandiose, car à droite nous voyons au loin les palais des Champs Élysées se profilant entre les pylônes du pont et à gauche, de chaque côté de l'esplanade, les palais de la décoration et du mobilier, des industries diverses, des manufactures nationales et des arts décoratifs, puis enfin au fond l'hôtel des Invalides avec son beau dôme doré si gracieux de forme.

L'exposition de 1900 couronne le dix-neuvième siècle par l'apothéose de la paix. Puisse le soleil du siècle se lever sur le monde dans un ciel sans brumes!

TABLE DES GRAVURES

FIN DE LA TABLE DES GRAVURES.